数字新媒体营销产教融合型系列教材

市场调查

SHICHANG DIAOCHA

主　编　于秋红
副主编　王　勇　朱向东

苏州大学出版社
Soochow University Press

图书在版编目(CIP)数据

市场调查／于秋红主编. -- 苏州：苏州大学出版社，2024.12. --（数字新媒体营销产教融合型系列教材）. -- ISBN 978-7-5672-5049-9

Ⅰ．F713.52

中国国家版本馆 CIP 数据核字第 20249Q3R54 号

书　　名：	市场调查
主　　编：	于秋红
责任编辑：	史创新
助理编辑：	周　雪
封面设计：	刘　俊
出版发行：	苏州大学出版社(Soochow University Press)
社　　址：	苏州市十梓街1号　邮编：215006
印　　装：	苏州市古得堡数码印刷有限公司
网　　址：	www.sudapress.com
邮　　箱：	sdcbs@suda.edu.cn
邮购热线：	0512-67480030
销售热线：	0512-67481020
开　　本：	787 mm×1 092 mm　1/16　印张：17.75　字数：389 千
版　　次：	2024 年12 月第1 版
印　　次：	2024 年12 月第1 次印刷
书　　号：	ISBN 978-7-5672-5049-9
定　　价：	58.00 元

凡购本社图书发现印装错误，请与本社联系调换。服务热线：0512-67481020

数字新媒体营销产教融合型系列教材编委会

主　任　徐惠钢
副主任　许广举　施　杨
编　委　梁柏松　胡朝斌　尹自强
　　　　田　林　杨　帅　蔡瑞林
　　　　林志明　沈向东　施晓岚
　　　　徐金龙

前 言

营销活动的起点是识别营销机会,这就需要企业能够深入理解顾客的需求及行为特征,识别竞争对手、分析竞争对手的战略及策略,研究宏观和微观环境及其变化,了解企业自身的优势及劣势。市场调查能够帮助企业识别营销机会,发现营销问题,从而高效整合资源,实现营销目标。市场调查贯穿于企业的整个营销过程,目标市场营销战略的制定,产品、价格、渠道、促销组合策略的策划和优化,营销计划的有效执行和控制,都需要通过市场调查来提供信息,以供决策者据此做出正确决策。因此,市场调查是市场营销的重要组成部分。

市场调查课程在市场营销专业培养方案和课程体系中,是一门非常重要的专业基础课程。市场调查课程不仅要培养学生相关的信息收集和整理分析能力,还要培养学生敏锐的市场洞察力、分析和解决营销问题的能力。市场调查课程具有专业性、实践性和综合性三大特点。专业性体现在其严谨的理论框架和科学的操作流程上,从调查目标明确、调查方案设计,到抽样设计,再到调查问卷设计、数据收集与分析、调查报告写作,每一步都蕴含着深厚的专业智慧。实践性则表现在这门课程强调动手操作能力上,学生需要通过实际操作来掌握问卷设计、数据收集、分析处理等关键技能。综合性则要求学生在学习过程中,能够综合运用营销学、消费者行为学、统计学、计算机软件操作等多学科知识和技能,以形成全面的市场分析能力。

本教材编者从事市场调查课程教学工作多年,主持并参与过多项市场调查项目,从课程之间的横向联系以及理论结合实际的角度,对市场调查课程有了更多的思考和总结。鉴于此,编者萌发了编写此教材的强烈愿望,并经过数载努力,终于完成本教材。

本教材具有以下三大特色:

其一,本教材在遵循市场调查过程的前提下,结合学生认知特征,对部分内容进行了重新整合。本教材涵盖了市场调查的基本过程和主要内容,从调查的设计,到数据的收集、整理和分析,再到调查报告的写作。在具体内容的安排上,结合多年教学中对学生特点的观察,对部分内容的顺序进行了微调。例如,对调查方法的介绍,先介绍学生最为熟悉的问卷调查法,再介绍定性调查方法;对数据分析的介绍,先介绍SPSS数据分析软件的基本操作,再介绍描述统计、假设检验,最后介绍多元分析方法。

其二,本教材注重可读性和趣味性。除数据分析部分的章节以外,其他部分每章节的开始部分都有引例介绍,便于学生对本章内容有一个直观的初步了解。在章节内部,阐述市场调查理论和方法的同时,编者精心设置了大量通俗易懂、生动有趣的实例和知识的扩展链接,旨在帮助学生更好地理解抽象的概念和原理,激发他们的学习兴趣。

其三,本教材在数据分析部分特别结合了SPSS数据分析软件的操作内容,从数据分析的基本原理出发,逐步深入到具体的分析方法和操作步骤,为学生提供了一条从理论到实践、从方法到工具的完整学习路径。

本教材在编写过程中,参考了大量相关书籍和文献,吸收并借鉴了许多专家和学者的研究成果。这些宝贵的学术资源为本教材的编写提供了坚实的理论基础和丰富的实践案例。编者已在教材末详细列举了参考书目与文献,在此特向各位作者表示最诚挚的感谢和敬意。

本教材每章开始部分的学习目标、每章结束部分的本章小结和本章思考题,便于学生学习和巩固所学知识。数据分析部分所涉及的原始数据,都可以下载,以供学生练习使用。为便于教师授课和备课,编者还精心准备了配套的教学PPT。所有资源敬请师生登录苏州大学出版社教育资源下载与服务平台(http://www.sudajy.com)下载。

由于编者水平有限,加之时间仓促,书中难免存在不足和疏漏之处。编者诚挚地欢迎广大师生提出宝贵的建议,以便在再版时加以改进和完善。

编者邮箱:qq-rain@163.com

常熟理工学院　于秋红

2024年10月

目录

- 第1章 市场调查概述 / 1
  - 1.1 市场和市场调查 / 2
  - 1.2 市场调查的类型与原则 / 5
  - 1.3 市场调查的内容与一般程序 / 11
- 第2章 市场调查方案设计 / 17
  - 2.1 市场调查方案设计的含义和作用 / 18
  - 2.2 确定市场调查课题 / 19
  - 2.3 市场调查总体方案的设计 / 26
- 第3章 抽样设计 / 36
  - 3.1 抽样概述 / 38
  - 3.2 抽样设计的程序 / 39
  - 3.3 抽样方法 / 43
  - 3.4 代表性误差与抽样误差 / 50
  - 3.5 样本容量 / 51
- 第4章 调查问卷设计 / 60
  - 4.1 调查问卷设计的基本概念 / 61
  - 4.2 调查问卷设计的步骤 / 64
  - 4.3 调查问卷中的问题和答案设计 / 68
  - 4.4 调查问卷中的量表 / 72
  - 4.5 调查问卷设计中应注意的问题 / 86
- 第5章 二手资料的收集：文案调查法 / 103
  - 5.1 文案调查法概述 / 105
  - 5.2 文案调查法内部资料来源 / 108
  - 5.3 文案调查法外部资料来源 / 110
  - 5.4 大数据来源 / 116
- 第6章 原始资料的收集：定量调查方法 / 124
  - 6.1 询问调查法/问卷调查法 / 125

6.2 观察调查法 / 132
6.3 实验调查法 / 138

第7章 原始资料的收集：定性调查方法 / 150
7.1 焦点小组访谈法 / 152
7.2 深度访谈法 / 159
7.3 投射法 / 161

第8章 数据准备 / 165
8.1 调查数据的编辑 / 165
8.2 调查问卷编码 / 168
8.3 调查问卷录入 / 174

第9章 SPSS数据文件准备 / 179
9.1 SPSS简介 / 179
9.2 数据文件建立 / 182
9.3 数据文件管理 / 185

第10章 数据的描述统计分析 / 193
10.1 基本的描述统计分析方法 / 193
10.2 创建统计表 / 201
10.3 制作统计图 / 205
10.4 多选题分析 / 211

第11章 假设检验 / 218
11.1 假设检验的基本思想 / 218
11.2 均值比较 / 222
11.3 双变量交叉表及卡方检验 / 233

第12章 相关与回归分析 / 238
12.1 相关分析 / 238
12.2 回归分析 / 240

第13章 因子分析 / 250
13.1 因子分析基本思想 / 250
13.2 因子分析结果及其解释 / 252
13.3 SPSS因子分析过程 / 254
13.4 因子分析在市场研究中的应用 / 261

第14章 市场调查报告写作 / 263
14.1 调查报告的作用 / 264
14.2 书面调查报告的写作 / 265
14.3 调查结果的口头汇报 / 272

参考文献 / 275

第1章 市场调查概述

【学习目标】

- 理解市场调查的概念
- 了解市场调查的意义和重要性
- 把握市场调查的分类
- 了解市场调查的基本原则
- 理解市场调查的内容和具体应用
- 了解市场调查的基本流程
- 形成对市场调查及其工作的基本认知

【导入案例】

小岛鞋市场调查的故事

两家鞋生产企业为了扩展海外市场，分别派一名营销人员去了解某小岛上鞋市场的情况。两人乘船来到了该岛，发现岛上所有人都是赤脚行走，无一人穿鞋，于是他们离开了小岛，返回自己所在的企业汇报情况。他们带来了完全相反的结论。

一名营销人员的结论是"那里没有人穿鞋，根本没有市场"。

另一名营销人员的结论是"那里没有人穿鞋，是一个巨大的潜在市场"。

如果是你，你如何向企业汇报？

企业的市场营销活动从识别营销机会开始，市场调查是市场营销活动的起点，是市场营销活动中的一个重要环节，也是企业市场营销活动中的重要职能单元之一。本章主要介绍市场调查的相关概念、作用、分类、原则、内容、过程等。

1.1 市场和市场调查

1.1.1 市场的含义

在营销研究中，对"市场（market）"这一概念至少有这样三个不同层面的理解：市场是商品交换的场所；市场是商品交换关系的总和；市场是某种商品的现实需求和潜在需求的总和。在营销领域，最符合营销思想、最具现实意义的当属第三种理解，对于营销人来说，"市场就是需求"。为了能够更好地理解市场这一概念，可将市场分解成以下三个要素：

$$市场 = 人口 + 购买力 + 购买欲望$$

这三个要素构成了现实的市场；缺少一个，可以理解成潜在的市场。

1.1.2 市场调查的概念

对于市场调查，存在两种不同的理解：一种认为市场调查就是 market research，即对市场的调查；另一种理解为 marketing research，即市场调研、市场营销调查。目前市场调研、市场营销调查甚至市场研究都是市场调查这一概念的不同表述。但对于同一个概念，国内外专业人士仍然有很多种定义和表述。

美国市场营销协会（American Marketing Association，AMA）对市场调查所下的定义是：收集、记录和分析有关生产者将货物与劳务转移及销售给消费者的各种问题的全部事实。

美国学者卡尔·迈克丹尼尔认为：市场调查是指对与营销决策相关的数据进行计划、收集和分析，并就分析结果与管理者沟通的过程。

美国学者帕拉苏拉曼对市场调查的定义是：用于系统收集、记录、分析和解释数据的一整套技术和原则，为营销产品、服务或思想的决策者提供帮助。

中国学者陈启杰认为：市场调查是指个人或组织为某一个特定的市场营销问题的决策所需开发和提供信息而引发的判断、收集、记录、整理、分析、研究市场的各种基本状况及其影响因素，并得出结论的系统的、有目的的活动与过程。

中国学者张灿鹏认为：市场调查是市场信息工作的范畴，是运用科学方法，有目的、系统地生成市场信息，分析所得结果，传达研究发现及其暗含信息，为市场预测与管理决策提供科学依据的客观过程。

综上可见研究者们对市场调查所下的定义大同小异。将这些定义进行总结归纳，我们将市场调查定义为系统、客观、科学地进行计划、收集、整理、分析和报告与企业特定营销问题相关的信息的活动。

对于市场调查的概念，我们可以从以下几个方面进行理解和分析。

一是对市场调查对象的理解。广义的市场调查对象是市场营销所有活动和每一阶段的问题。狭义的市场调查以顾客/市场为调查对象，也可以理解为市场调查的重点是顾客/市场，这也正体现了"顾客是上帝"，营销要以顾客为中心，以市场需求为出发点的思想。例如，进入一个新的市场或研发一种新的产品时，目标客户的界定及特点分析、广告设计、产品定价、产品改进、消费者对产品满意度的分析、对于竞争对手的研究等，都是市场调查要做的工作。

二是对市场调查工作的理解。定义中的五个关键动词概括了市场调查要完成的工作：计划、收集、整理、分析和报告。这五个动词也代表了市场调查的过程和程序：首先进行调查的计划，然后进行信息的收集，再对所收集的信息进行整理和分析，最后写作并汇报调查研究报告。

三是对市场调查的要求。"系统、客观、科学"反映了市场调查的基本要求，这也是市场调查的基本原则。

系统：市场调查作为一门学科，要成体系，体现出来就是市场调查这门学科理论体系的架构。市场调查也是一种系统的工作，包括问题的分析、计划的制订、信息的收集整理、报告的写作等一系列的过程。以上过程中的每一环节都很重要，要有条不紊地进行。

客观：市场调查是对事实的反映，要实事求是，力争客观全面地收集信息，同时还要对真实信息进行准确的理解和分析，帮助企业进行正确的营销决策。

科学：系统、客观的工作要求有科学的理论和方法来指导。市场调查不是随便发发问卷那么简单。从营销问题的分析、调查的设计开始，有市场营销学、消费者行为学等相对成熟的科学理论来指导；调查工作的开展也有科学的信息收集方法和工具；调查资料的整理分析有定性、定量的科学方法，甚至有专门的统计分析工具。总之，市场调查的所有环节都是科学的工作。

1.1.3 市场调查的作用

市场调查工作在市场营销活动和市场营销学体系中的重要作用可以用图1-1来表示。从图1-1中可以看出市场营销理论体系的架构和市场营销相关的工作内容，市场调查在市场营销工作和市场营销理论体系中的重要地位和指导作用也一目了然。市场调查是市场营销活动中的重要环节，也是营销经理做出所有决策的重要依据。

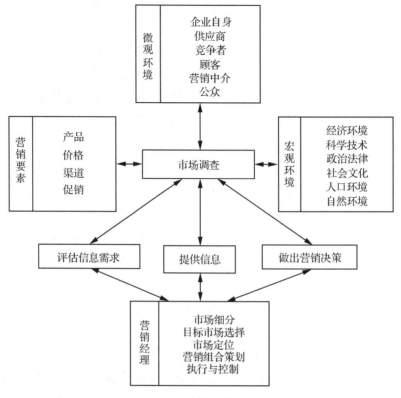

图1-1 市场调查的作用

1. 市场调查可以帮助企业识别营销机会

市场调查的核心作用之一是识别营销机会，这也是市场营销活动的起点。通过市场调查，企业能够深入理解顾客需求特点及消费行为特征，识别竞争对手，分析宏观和微观环境及其变化，了解企业自身的优势和劣势，及时掌握企业所面临的机会和威胁，从而制订营销战略，高效整合资源，实现营销目标。

2. 市场调查可以为企业制订和优化营销策略提供依据

通过市场调查，企业可以了解目标市场的特点及竞争对手的市场定位，从而确定本企业的市场定位。营销组合策划也要基于市场调查所提供的信息，新产品创意来源、产品概念测试、产品试销、包装设计、品牌策划、制订产品价格、价格变动、定价策略选择、广告媒体研究、广告创意测试、广告效果研究、促销策略选择、营销渠道选择、渠道研究……无不需要进行市场调查。

3. 市场调查能够辅助营销计划的执行和控制

通过市场调查，企业可以监控营销计划的实施过程，使用指标来评估营销绩效，确保各项营销活动按照计划实施，发现问题并及时调整，以达到预期效果。市场调查通过收集和分析营销活动相关数据，评估营销活动是否按照预期的方式实施，是否产生了预期的效果，如企业通过零售终端POS机所收集的动态数据追踪单品销售情况。终端扫描仪不仅可以监控本企业产品的销售情况,还可以监控竞争对手的销售情况,以了解本企业与竞争对手的市场份额。

1.2 市场调查的类型与原则

1.2.1 市场调查的类型

对于市场调查类型的分析,有助于加深对市场调查的理解。市场调查的分类方法很多,见表 1-1。

表 1-1 市场调查的类型划分

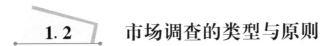

1. 按调查过程的周期划分

市场调查按照调查过程的周期划分,可以分为横剖调查和纵贯调查。

横剖调查是在某一时间点对调查对象进行的横断面的研究,纵贯调查是在较长时间段内的不同时间点对调查对象进行的纵向面的研究。通常单次的问卷调查为横剖调查。也有横剖调查和纵贯调查结合在一起的调查,这样的调查不仅研究现在,还研究过去、预测未来、发现事物的发展变化规律等。例如固定样本连续调查,按一定时间间隔对特定的被访者展开调查,主要目的在于了解消费者的消费行为在长时间内的变化及变化的原因等。

2. 按调查的基本方法划分

市场调查按照调查的基本方法划分,可以分为定性调查和定量调查。

定性调查是相对比较灵活随意的调查,它意味着调查结果并没有经过量化或者定量分析;定量调查则通过高度标准化、结构化的调查工具和方法收集数据,并对数据进行统计分析。定性调查常见的调查方法主要有焦点小组访谈、深度访谈、投射法等,定量调查的调查则多是通过发放标准化的问卷来完成。除了资料收集方法的区别以外,定性调查和定量调查在调查任务、调查样本、硬件条件、分析方法等方面也存在很大差异(表1-2)。虽然差别很大,但并不是说两种调查方法是不相容的、互相替代的,相反,两种调查方法恰恰是互补的。例如,一般先进行定性调查,在定性发现的基础上,可能还会开展定量调查,得到准确的量化结论;在量化研究的基础上,如有必要,也会运用定性调查进行深入的了解和挖掘。

表1-2 定性调查与定量调查的比较

比较项目	定性调查	定量调查
调查任务	探测性的或更深层次的任务	描述性的或解释性的任务
调查样本	规模很小的、没有代表性的样本	达到一定数量的、有代表性的样本
硬件条件	录像、照片等	调查问卷、计算机
分析方法	记录、解释、判断,主观性的	统计、分析、描述、推断,客观性的
调查结果	文字描述	数据展示

3. 按调查内容的范围划分

市场调查按照调查内容的范围划分,可以分为专题性市场调查和综合性市场调查。

专题性市场调查是为解决特定、具体的营销问题所做的专门针对某个方面的市场调查。调查涉及的内容范围较窄,调查的深入程度可以根据具体要求有所不同,如新产品包装测试、广告效果研究、顾客满意度调查等都属于专题性市场调查。

综合性市场调查是为了全面了解市场的情况而针对所有方面进行的调查。调查涉及的内容范围很广,提供的信息全面反映市场的情况。一般情况下,企业要进入一个全新的市场、进入一个新的行业或领域,所开展的调查就是综合性市场调查。因为企业只有对新的市场或新的领域有全面的了解,才能正确分析,理性决策,降低决策风险。

4. 按调查的资料来源划分

市场调查按照调查的资料来源划分,可以分为实地调查和文案调查。

实地调查是对原始资料(一手资料)的收集,文案调查是对已有资料(二手资料)的收集。一次市场调查往往结合运用两种方法:没有任何文案资料基础的实地调查是几乎不可能的,但只有二手资料而缺少实地调查收集得到的一手资料,得到的调查结果可能针对性不强,指导意义不大。假如现在要进行某产品使用和态度的调查,那么我们的第一反应可能是要收集资料,例如什么是使用和态度的调查,调查涉及哪些方面,如何展开调查,调查结果怎么分析,以什么方式来呈现。还要收集该产品的相关资料和以往的相关调查。这样,我们的调查就有了理论和现实的依据,但是只有这些文案调查还不够,还需要开展实地调查,去收集第一手的资料。

5. 按调查的性质划分

按照调查性质的不同可以将市场调查划分为探索性调查、描述性调查、解释性调查和预测性调查。

探索性调查是当研究的问题或范围不明确时所采用的一种调查方法，主要用来初步了解、定义问题，发现或提出问题，寻找机会等。探索性调查一般在小范围内针对专家、业务人员、用户、行业人士等以访谈或座谈会的形式进行初步询问调查，有时也会参考以往类似的调查资料，发现问题所在，为进一步的调查做准备。例如，关于投资方案是否可行的讨论、关于销量下滑原因的初步分析、关于几个备选方案的评估等。探索性调查常见的方法有文案调查、小规模的询问调查、焦点小组访谈等。

描述性调查是指进行事实资料的收集、整理，把市场的客观情况如实地加以描述和反映的一种调查方法。描述性调查比探索性调查更深入、更细致，能够反映事实的全貌，回答的是"是什么"的问题。

解释性调查又称因果关系调查，是在描述性调查的基础上，找出各个因素之间的相互关联，进一步分析何为因、何为果的一种调查方法。解释性调查回答的是"为什么"的问题。解释性调查通常通过实验调查方法实现。

在许多市场调查中，探索性调查、描述性调查和解释性调查是连续进行、逐步深入的关系，大多数的调查起源于探索性调查，继而进行描述性调查和解释性调查。从调查课题能够看出市场调查是何种调查。例如，常见的描述性调查课题：细分市场特征的研究、产品生命周期的调查、品牌形象的测试、目标客户群媒体接触习惯的调查等；常见的解释性调查课题：不同广告表现方式如何影响消费者对品牌的认知、新老包装的销售效果、促销方式对产品销量的影响等。

预测性调查是对未来的变化做出估计的一种调查方法，属于市场预测的范围。预测性调查回答的是"将来是什么"的问题，常采用一些预测方法和模型来进行定性和定量分析。

除了以上五种分类方法以外，市场调查还可以按照调查研究内容的特点划分，分为宏观环境调查和微观环境调查；按照调查对象的范围划分，分为全面调查（普查）和抽样调查；按照调查目的的性质划分，分为应用性市场调查和基础性市场调查。

【相关链接】

用户画像

一、用户画像的定义与起源

1. 定义概述

用户画像，英文为 persona，是一种在产品设计和市场研究中常见的用户模型。

它基于对目标用户群体的深入理解，通过调研、访谈、数据分析等手段，构建出具有代表性和典型性的用户角色。用户画像通常包含用户的基本属性、行为习惯、心理特征、使用场景等多个维度，旨在帮助企业和产品设计者更精准地把握用户需求，优化产品设计和提升用户体验。

2. 起源与发展

用户画像的概念最早由阿兰·库珀提出，他在1999年出版的《About Face：交互设计精髓》一书中详细阐述了用户画像的构建方法和应用场景。库珀认为，用户画像能够帮助设计者从用户的角度出发，理解用户的需求和行为模式，从而设计出更符合用户期望的产品。

随着互联网和大数据技术的发展，用户画像的应用逐渐从传统的市场研究扩展到产品设计、用户体验、精准营销等多个领域。企业通过收集和分析用户数据，构建出更为丰富和立体的用户画像，以实现更精细化的运营和服务。例如，电商平台通过用户画像进行个性化推荐，提高用户满意度和购买转化率；社交媒体平台利用用户画像优化内容分发策略，提升用户活跃度和留存率。用户画像已成为现代企业不可或缺的重要工具。

二、用户画像的构成要素

1. 基本信息维度

基本信息维度是用户画像构建的基础，它涵盖了用户的一些基本属性，这些属性有助于我们对用户进行初步的分类和理解。① 人口统计信息：包括年龄、性别、受教育水平、职业、收入等，这些信息有助于识别用户的基本社会经济特征。② 地理位置：用户的居住地可以反映其生活环境和文化背景，对市场细分和地域性产品开发具有指导意义。③ 家庭结构：用户的婚姻状况、子女数量等信息，有助于了解用户的生活状态和消费需求。

2. 行为与偏好维度

行为与偏好维度深入挖掘用户的行为模式和个人喜好，为产品设计和个性化服务提供依据。① 购买行为：用户的购买历史、频率、偏好品牌等信息，可以揭示其消费习惯和品牌忠诚度。② 使用习惯：用户对产品的使用频率、使用时间、功能偏好等，有助于优化产品功能和提升用户黏性。③ 心理特征：用户的性格倾向、生活方式、价值观等，可以用于设计更符合用户心理预期的产品特性。

3. 社交与技术使用维度

社交与技术使用维度关注用户在社交网络和技术产品中的活动，反映其社交属性和对技术的适应能力。① 社交网络活动：用户在社交平台上的活跃度、互动方式、社交圈层等，有助于了解其社交影响力和信息获取渠道。② 技术接受度：用户对新技术的接受程度、常用应用、操作系统偏好等，可以指导技术产品的设计和市场推广策略。③ 信息获取渠道：用户获取信息的主要渠道，如搜索引擎、新闻媒体、专业论坛等，影响着内容营销和信息传播策略的制订。

（资料来源：搜狐网. 何为"用户画像（Persona）"，它在产品设计和市场研究中发挥了什么作用呢？［2024-07-15］. https://www.sohu.com/a/793504279_121124379.）

1.2.2 市场调查的原则

1. 科学性原则

科学性原则是指市场信息必须通过科学的方法来获得。这一原则要求市场调查人员从调查设计、抽样设计到资料收集、数据分析和统计处理等过程都必须严格遵循科学的方法和程序。

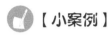【小案例】

速溶咖啡市场调查

速溶咖啡这个新产品刚刚投放市场时，厂家自信它会很快取代传统的豆制咖啡而获得成功。因为它的味道和营养成分与豆制咖啡相同，而饮用方便，不必再花长时间去煮，也不用再为刷洗煮咖啡的器具而费很大的力气。厂家为了推销速溶咖啡，就在广告上着力宣传它的这些优点。出乎意料的是，购买者寥寥无几。是什么原因造成消费者不愿意购买方便、口味又好的速溶咖啡，而宁愿购买麻烦又不易煮好的豆制咖啡？市场调查公司为此设计了一份简单且充分运用了各种调查技术的调查方案，找到了问题的真正原因。整个调查经历了四个阶段。

第一个阶段，提出封闭式问题"您是否饮用速溶咖啡"，这是一个描述性问题。结果有99.7%的被访者回答不饮用，得出结论，绝大多数人不饮用速溶咖啡。

第二个阶段，提出开放式问题"您为什么不饮用速溶咖啡"，这是一个因果性问题。统计分析后表明，多数消费者抱怨速溶咖啡口味不佳。

第三个阶段，为了确认口味不佳是不是真正的原因，调查公司进行了盲测：向每位被试者提供了两杯没有任何标签说明的咖啡，请被试者分辨哪一杯是速溶咖啡，哪一杯是所谓的真正咖啡。结果差异非常大，但其实两杯咖啡都是速溶咖啡。这证明消费者对速溶咖啡的不满可能是一种托词，也就是说，口味不佳并不是真正的原因，真正的原因尚未发现。

第四个阶段，专家们设计了两份购货清单，除了所购咖啡有别（一张写有豆制咖啡，另一张写有速溶咖啡），两份清单上其他的物品都是一模一样的。主持人向被试者展示完两份清单后，要求测试者对持有清单的两名家庭主妇的个人特征作出评价。测试结果如下：大多数人对购买豆制咖啡的家庭主妇的评价是褒义词，如贤妻良母、精于烹任、勤快能干、献身家庭、明晓事理等；而对购买速溶咖啡的家庭主妇的评价都是一些贬义词，如自私自利、懒惰、不善于理家等。于是专家们作出判断，由于早期的速溶咖啡强调省事方便，让人容易对使用者产生不利的联想。

谜底揭开之后，厂家对产品的包装作了相应的修改，除去了使人产生消极心理的因素。广告不再宣传速溶咖啡又快又方便的特点，而是宣传它具有新鲜咖啡的美味、芳香和质地醇厚等特点；在包装上，产品密封性极好，开启时十分费力，这就在一定程度上打消了顾客因用新产品省力而造成的心理压力。结果，速溶咖啡的销路大增，很快成了畅销的咖啡。

（资料来源：陆军，梅清豪. 市场调研［M］. 3版. 北京：电子工业出版社，2012.）

2. 客观性原则

客观性原则是指在调查过程中，尊重客观事实，真实准确地反映客观情况，避免主观偏见或人为地修改数据结果。调查人员应坚持"寻找事物的本来面目，说出事物的本来面目"的原则。

不同专业人士对市场调查原则的不同表述事实上都是客观性原则的体现，客观的信息要求是真实的信息、准确的信息，同时要是全面的信息、即时的信息、动态的信息。

3. 保密性原则

保密性原则涉及的是市场调查从业人员的职业道德问题，是最基本的原则。这一原则体现在两个方面：一是为客户保密。很多市场调查都是受企业委托开展的，保密性原则就是要为调查的委托方保密，不能将委托企业的信息、决策、问题等泄露。二是为调查对象提供的信息保密。很多调查可能涉及调查对象的隐私问题，如收入、职业、家庭状况甚至更详细的个人和家庭的资料，不管出于何种目的，都不能泄露，要做到严格保密，尊重、保护受调查者。

除了以上原则以外，值得一提的是，市场调查人员还有非常重要的一条原则要坚持，即诚信原则。市场调查最大的难题就是如何防止作弊。实事求是、尊重事实是对市场调查人员最起码的要求，作弊则违反了做人做事的基本原则。

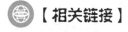【相关链接】

市场调查企业的伦理问题

一、低报价策略

市场调查企业会根据响应率（样本中的应答比率）和问卷长度确定报价。如果这两项没有变化，客户肯定会期待一个较低的合同价。但任何形式的低报价都是非伦理的。本质上，低报价策略只提出一个非现实的低报价以获取这单生意，随后采用一些手段再提升价格。例如，提出一个不现实的响应率就是低报价策略的一种方式。另外，许诺以6 000美元实施一个焦点访谈小组，待客户同意让你做之后却说，"提供给小组访谈成员的礼品是额外收费的"，这也是低报价策略的形式。

二、把主观性带到调查中

市场调查企业切忌使用有偏差的样本、错误使用统计方法、忽略相关数据，以及根据预先决定的目标进行调查设计。有一种调查称为拥护性研究，公司委托调查的目的可能是为了公共关系，或只是为了作势。例如，一家销售减肥品的公司宣称"对于美国650万名减肥者有一个好消息"，因为公司研究显示，人们能够通过该药品减肥并且不反弹，但事实上，样本仅包括与该公司签署了商业协议的20位大学生。

三、滥用应答者

应答者的滥用包括以下几种方式：最普通的是长时间的访谈。客户想要了解额外的问题甚至是不相关的一些问题并不奇怪，但这会导致冗长的问卷、30分钟的电话访问或因特网访问、40分钟的街头访问等。正是由于无法忍受长时间的访问，越来越多的美国人开始拒绝参与电话调查。电话访问的拒绝率已经超过60%，这一比率几乎每十年就会增长10个百分点，49%的被访人认为调查过于涉及个人隐私。

四、销售无价值的调研信息

市场调查企业面对一个对市场调查并不熟悉的客户时，往往有机会赚点昧心钱。例如，一个包括4个焦点访谈和350个在线样本的调查，有可能被市场调查企业以8个焦点访谈、1 000个在线样本和6个月后400个样本的跟踪调查销售出去。

（资料来源：卡尔·迈克丹尼尔，罗杰·盖兹. 市场调研精要 [M]. 6版. 范秀成，杜建刚，译. 北京：电子工业出版社，2010.）

1.3 市场调查的内容与一般程序

1.3.1 市场调查的内容

凡是与企业营销活动相关的调查都是市场调查，因此，市场调查涉及的内容相当广泛，常见的市场调查主要有以下几个方面。

1. 市场需求调查

市场需求调查主要包括人口调查、购买力调查。

（1）人口调查

人构成了市场的主体，有人才有市场，有人才有需求，因此分析一个国家市场、一个地区市场、一个城市市场，首先要对该市场的人口进行调查分析。人口调查包括人口的总量、人口的空间分析、人口的结构分析、家庭状况分析。

① 人口的总量。人口的总量是衡量一个市场的基本要素，反映了一个市场的规模。例如，中国有约14亿人，是一个消费大国，同时也是劳动力供应大国。

② 人口的空间分析。人口的空间分析包括人口的区域分布、城市和农村人口的分布状况、人口的流动特征等。例如，中国的人口主要分布在东南沿海地区；中国是一个典型的农业大国，目前仍有约5亿农村人口。人口的流动特征也是一个很重要的研究指标。虽然中国是一个农业大国，但农民工进城也是很普遍的现象，还有很多一线城市的外来人口比例也都达到了一定的数字，这都是人口的流动特征。此外，人口的分布和流动还可以从城市市场的角度来研究。

③ 人口的结构分析。人口的结构分析是在总人口的基础上，研究不同人口的比例问题，主要包括人口的年龄结构、性别结构、教育结构、民族结构等。

④ 家庭状况分析。家庭状况分析以家庭为单位研究家庭的特点，主要包括家庭的人口数、家庭结构、家庭的生命周期阶段等。

（2）购买力调查

购买力也是构成市场需求的一个重要因素。所谓购买力，是指对产品的实际货币支付能力。与购买力相关的因素有一个国家或地区的经济发展水平、发展阶段、收入分配情况、储蓄和信贷、通货膨胀、居民收入水平、居民对收入的预期等。

2. 消费者调查

市场调查另一项非常重要的内容就是消费者调查，因为倾听"上帝"的声音很重要。根据具体调查的目的和任务的不同，消费者调查可以参照消费者行为学中影响消费行为的四大因素来具体研究消费者的特点，也可以参照消费者购买决策过程（图1-2）对消费行为展开调查，还可按照"5W1H"的思路来设计调查内容：买什么（what）、为何买（why）、谁买（who）、何时买（when）、何处买（where）、怎样买（how）。

图1-2　消费者购买决策过程

3. 市场宏观环境调查

（1）经济环境调查

① 生产方面。包括能源和资源状况，交通运输条件，经济增长速度及增长趋势，产业结构，国内生产总值，通货膨胀率，失业率以及农业、轻工业、重工业的比例关系等。

② 消费方面。包括国民收入、消费水平、消费结构、物价水平、物价指数等。

（2）政治环境调查

包括国家制度和政策、国家或地区之间的政治关系、政治和社会动乱、国有化政策等。

（3）法律环境调查

包括经济合同法、商标法、专利法、广告法、进口限制、税收管制、外汇政策等。

（4）科技环境调查

包括新技术、新产品、新能源的状况，科技发展总水平和发展趋势，本企业所涉及的技术领域的发展情况、专业渗透范围、产品技术质量检验指标和技术标准等。

（5）社会文化环境调查

包括受教育程度和文化水平、民族分布、宗教信仰、风俗习惯、思维方式、审美观等。

4. 市场营销要素调查

市场营销要素调查围绕着营销组合中的"4P"展开，即产品（product）、价格（price）、渠道（place）、促销（promotion）。

产品调查包括新产品概念构想、产品概念测试、产品生命周期分析、产品试销分析、包装测试、品牌知名度和品牌广告知名度分析、品牌渗透率分析、品牌忠诚度分析、品牌吸引力分析、品牌优劣势分析、品牌形象分析。

价格调查包括价格需求弹性分析、新产品消费者预期价格分析、价格差异敏感性分析。

渠道调查包括渠道选择的合理性分析、中间商评价、渠道常见问题分析。

促销调查包括广告效果分析、广告媒体分析、事后广告效果测试。

5. 市场竞争状况调查

市场竞争状况调查主要包括：竞争对手的数量，是否具有潜在的竞争对手，主要的竞争对手是谁；竞争对手的经营规模、人员组成以及营销组织结构；竞争对手经营商品的品种、数量、价格、费用和盈利能力；竞争对手的供货渠道，是否建立了稳定的供货关系网；竞争对手对销售渠道的控制程度，是否拥有特定的消费群体，市场占有率多高；竞争对手采取的促销方式有哪些，提供了哪些服务项目，消费者反应如何；等等。

【小案例】

市场调查要了解消费者的具体细节

没有人比妈妈知道得更多，是吗？但是她知道你穿什么样的内裤吗？居可衣公司就知道。妈妈知道你在杯子里放几颗冰块吗？可口可乐公司就知道。妈妈知道你在吃椒盐卷饼时是喜欢先吃碎的还是先吃完整的吗？你可以去问一下菲多利公司。大公司都知道顾客的需求是什么,需求的时间、地点以及需求的方式。它们能够指出许多甚至我们自己都不知道的各种各样的事情。据权威杂志统计,在美国,有73%的企业都有非常正规的市场调研部门,专门负责产品的调查、预测和咨询工作,并且在每种产品进入新市场时都进行专门的市场调查,及时了解消费者的使用情况。

可口可乐公司知道我们在一个杯子里平均放3.2颗冰块,一年看到该公司69个广告,当气温在39℃时喜欢喝自动售货机里的听装可乐,100万个美国人每天在早餐时都要喝可口可乐。每天早晨公司都能收到详细的有关我们的购买习惯和偏好的最新调查报告。你知道有38%的人宁愿拔牙也不愿意把车开到经销商那里去修理吗?我们每个人每年花20美元购买鲜花;阿肯色州花生酱的消费量在全美国是最低的;51%的男性在穿裤子时先穿左腿,65%的女性在穿裤子时先穿右腿;如果你让一对夫妇分别到同一家商店买啤酒,有90%的可能性是他们买的是不同的品牌。

我们没有哪个习惯是神圣的、不可研究的。宝洁公司曾经做过一项调查,去了解大多数人是把卫生纸叠起来还是揉成一团;另一项研究表明68%的消费者更喜欢把卫生纸的纸头放在卫生纸架的轴的上面而不是下面;雅培制药发现我们每四个人中就有一个人有头皮屑问题;生产面巾纸的金佰利公司统计发现每人每年平均要擤256次鼻子。

在所有公司里,研究顾客最彻底的大概是牙膏制造商。他们知道我们喜欢牙刷的颜色是蓝色,只有37%的美国人用一把牙刷超过6个月,47%的人在刷牙前还要把牙刷浸湿,15%的人在刷完牙后把牙刷浸湿,而24%的人在刷牙前后都要把牙刷浸湿,还有14%的人根本不浸湿牙刷。

对于一些大公司来说,知道顾客买什么、在哪里买、为什么买和什么时候买的情况是有效营销的基石。

(资料来源:陶广华,吴倩君,万青. 市场调查与分析[M]. 2版. 北京:北京理工大学出版社,2020.)

1.3.2 市场调查的一般程序

完整的市场调查过程可以分为调查准备、调查实施、调查总结分析三个阶段(图1-3)。

第一阶段为调查准备阶段,准备充分、计划周全,调查才能顺利开展。调查准备阶段要完成的任务包括:分析企业所面临的营销问题,在此基础上准确界定调查课题,拟定调查项目,确定调查对象和调查单位,设计调查方案,选择合适的资料收集方法,制订调查的整体计划,设计调查表格(调查问卷)。

第二阶段为调查实施阶段,这一阶段的主要任务是完成资料的收集。为了保证资料收集的质量,需要对调查人员进行选择、培训,对调查过程进行监督、控制,严格按照调查计划完成调查任务,确保收集资料的质量。

第三阶段为调查总结分析阶段，是调查成果生成的阶段。要对回收回来的调查资料进行审核、整理、分析，对调查数据进行录入处理，对调查结果进行统计分析，绘制统计图表，撰写调查报告，进行调查结果的汇报总结。

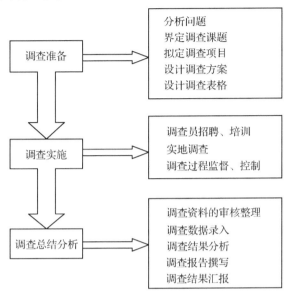

图1-3 市场调查过程

本章小结

1. 市场调查是系统、客观、科学地进行计划、收集、整理、分析和报告与企业特定营销问题相关的信息的活动。

2. 市场调查按照调查过程的周期划分，可以分为横剖调查和纵贯调查；按照调查的基本方法划分，可以分为定性调查和定量调查；按照调查内容的范围划分，可以分为专题性市场调查和综合性市场调查；按照调查的资料来源划分，可以分为实地调查和文案调查；按照调查的性质划分，可以分为探索性调查、描述性调查、解释性调查和预测性调查。

3. 市场调查要遵循科学性、客观性、保密性等原则。

4. 市场调查的主要内容包括市场需求调查、消费者调查、市场宏观环境调查、营销要素调查、市场竞争状况调查。

5. 市场调查的过程可以分为调查准备、调查实施和调查总结分析三个阶段。

本章思考题

1. 如何理解市场调查的概念?
2. 如何理解市场营销与市场调查的关系?如何理解市场调查在市场营销中的作用?
3. 文案调查和实地调查各有什么样的特点?
4. 何为探索性调查、描述性调查、解释性调查?它们之间的关系是怎样的?
5. 如何理解市场调查的客观性原则?
6. 如何开展消费者调查?
7. 市场调查准备阶段工作的重要性体现在哪里?

第 2 章 市场调查方案设计

【学习目标】

- 了解市场调查方案的作用
- 理解市场调查课题的界定工作
- 区分管理决策课题和市场调查课题
- 理解从市场调查目标到市场调查内容的展开
- 把握市场调查方案的内容构成

【导入案例】

S 公司创立了一个新标准：专业药剂师服务

S 公司是一家连锁药品零售公司，公司在所在的省份拥有约 60 家连锁零售店。S 公司非常注重市场调查，与 R 营销调查公司长期合作，每年都会进行各种市场调查，以了解消费者和竞争者。随着竞争药店越来越多，S 公司今年的市场调查希望能够为公司获取竞争优势提供决策参考。

由于 S 公司已经开始对它的药店进行大规模翻修，R 营销调查公司就没有把药店的门面设计列入调查范围，而是将调查的问题界定在 S 公司在其竞争的药店中的形象和销售优势问题上，其中一个主要的调查课题是：

消费者如何评价零售药店的服务水平？

与此相关的假设是：

消费者对于相互竞争的零售药店的服务水平的评价基本一致。

R 营销调查公司首先安排中心群体参与者分别在几个相互竞争的药房买药，然后对他们进行采访。这种定性调查的结果令人吃惊，它发现了一个人们对药房买药经验的常见误解：在中心群体参与者心目中，根本不存在竞争者的服务。这个结果也与大多数对零售药店服务的认识一致，即零售药店的服务水平比其他任何行业零售店的水平要低。中心群体参与者对 16 个有关药店的概念作了回答，根据调查结果，12 个概念被排除在进一步调查之外。

定量调查是通过随机抽样的方法对 300 名周边居民进行电话调查完成的。调查的任务是在剩余的 4 个概念中发现能提升 S 公司竞争地位的概念。结果表明：顾客对零售药房的最大希望是，药房卖药时能有一位药剂师提供指导。

根据以上调查结果，广告公司为 S 公司设计制作了电视宣传广告。广告突出表现了 S 公司的优秀药剂师（公司还聘请了著名演员扮演药剂师），同时配一句台词"我们创造了全新的 S 药房"。除广播媒体宣传以外，S 公司在报纸广告栏中增加与药房相关的知识，这种知识在以前的价格广告中很少提到。同时，S 公司还直接写信给住在药店附近的居民，邀请他们来 S 公司当面见一见药剂师。这些行动使药房的销售额大大增加。

（资料来源：张华. 市场调查与预测 110 方法和实例［M］. 北京：中国国际广播出版社，2000.）

市场调查的一项重要功能就是诊断功能，从这个角度来说，市场调查如同医生给病人看病，总归要先问一些问题，做一个初步诊断：身体哪里不舒服、不舒服多久了等，有必要的话再开各种检查单。没有一个医生什么都不问，就去给患者开检查单、处方甚至直接手术的。市场调查方案的设计相当于医生开检查单的过程，首先从识别问题开始：企业出现了什么营销问题，出现问题的可能原因是什么，需要做哪些调查。初步诊断清楚了，才能有针对性地设计调查计划即调查方案，有序地开展市场调查活动，有效地解决企业的营销问题。

由此可见，调查方案的设计不只是文案设计那么简单，还包括了非常重要的营销问题的识别分析，这是方案设计的起点。在这个过程中要将问题分析透彻、具体化，具体到能够以此为出发点，界定调查目标。调查目标精准界定以后，就可以在此基础上进行调查的设计即方案的策划了。如果营销问题没有被正确地识别或者分析不清，后面市场调查投入的所有人力、物力、财力和时间都将是一种浪费。

2.1　市场调查方案设计的含义和作用

市场调查方案设计是对调查工作各个方面和全部过程的通盘考虑，涉及整个调查工作过程的方方面面。方案设计是否科学、可行，是市场调查活动能否成功的关键。市场调查不能按照预期进行，有以下几个原因：对调查目标未作适当定义；缺乏初始计划；对调查中需要着重解决的问题没有清晰贯通的思考；对象界定不清；方法选择不当；等等。

2.1.1 市场调查方案设计的含义

市场调查方案设计，就是根据调查研究的目的和调查对象的性质，在进行实际调查之前，对整个调查工作的各个方面和全部过程进行的通盘考虑和总体安排，以做出相应的调查实施方案，制订合理的工作程序。

调查工作的各个方面，是指调查所要涉及的各个组成项目。例如，对某超市的竞争能力进行调查，就应将该市所有或抽选出的超市的经营品种、质量、价格、服务、信誉等各方面作为一个整体，对各种相互区别又密切联系的调查项目进行整体考虑，避免在调查内容上出现重复和遗漏。

市场调查方案设计所指的全部过程，是指调查工作所需要经历的各个阶段和环节，即调查资料的收集、记录、整理和分析等。

2.1.2 市场调查方案设计的作用

市场调查方案设计是市场研究者对市场从定性认识到定量认识的联结点。任何调查工作都是先从问题的定性认识开始的，如在具体调查之前，首先要对该企业生产经营活动状况、特点等有一个详细的了解，然后要明确解决什么问题、调查什么、怎样调查、调查谁、可能会得到什么结论、如何解决问题等，所有这些考虑都是研究者的定性考虑，在此基础上设计相应的调查内容以及收集、整理资料的方法，然后再去实施。

市场调查方案设计在市场调查工作中起着统筹兼顾、统一协调的作用。市场调查工作是一项非常复杂的工程，在调查中可能会遇到各种问题和困难，只有将准备工作做充分，尽量将整个调查工作都计划好，才能使调查工作有序开展。

市场调查方案是调查项目委托方与承担者之间的合同或协议。市场调查方案是调查承担者提供给委托方的重要资料，用于向委托方说明调查收集哪些信息、调查工作如何开展、如何保证项目质量、项目预计经费是多少等。当有多家市场调查机构竞标时，市场调查方案是项目委托方据以选择市场调查公司的依据。优秀的市场调查方案可以提高本公司在项目招标中的竞争力，而一旦中标，市场调查方案则成为双方之间的执行协议。委托方需按照方案的要求提供必要的经费和其他支持，而调查承担者则需按时、保质、保量完成方案中的工作内容。

2.2 确定市场调查课题

市场调查方案设计的第一步就是确定市场调查的课题，从而明确市场调查的目标。

调查课题的确定是调查方案策划过程中非常困难的步骤。首先要正确地剖析企业所面对的决策问题，找到问题的症结和可能的解决方向，才能够进一步确定调查课题。确定调查课题在市场调查过程中起着至关重要的作用，主题不同，目标即不同，调查的内容和范围也就不同。主题明确，目标即明确。

2.2.1 调查背景分析

调查人员首先要了解市场调查的背景，背景不同，意味着调查目标会有很大差别。调查人员需要了解以下背景信息：企业及行业基本信息、资源和限制条件、决策者的目标、营销环境的变化。

1. 企业及行业基本信息

通过了解企业的基本信息、经营状况、销售情况、市场份额、盈利性、行业背景及行业发展、企业及行业发展预测等，调查人员可以初步了解市场调查的基本背景。调查人员不仅应该了解企业的发展情况和预测，还应将企业基本信息与行业背景结合进行分析。如企业的产品销售额下降了10%，而行业整体销售额下降了30%，调查的问题可能会是基于行业不景气的大背景下企业如何寻求发展；如果企业的产品销售额下降，但行业整体销售额一直在上升，调查就要寻找企业自身的问题。

2. 资源和限制条件

调查人员需要了解企业可以利用的资源有哪些，限制条件有哪些，如成本限制、时间限制、公司条件限制等。如果企业的调查预算只有2万元，调查人员给出10万元的调查计划就是不现实的。在调查项目中，时间也是一个重要的限制条件。设想市场调查旨在获取新产品试销的反馈，为即将召开的董事会提供决策依据，从而进一步研究进入新市场可能的策略，对于调查的时间要求就比较紧迫。对于调查的时间要求是影响调查课题定义、调查范围界定和调查方法选择的重要因素。

3. 决策者的目标

制定决策的目的在于实现目标。决策者的目标是什么？常用的确定方法是就一个问题当面告诉决策者各种可行的思路，然后问决策者愿意采取何种解决思路，如果决策者回答"不"，就进一步探讨。

4. 营销环境的变化

除了企业和行业背景以外，调查人员还必须了解营销环境的变化是否导致企业需要做出改变以适应新的环境，从而需要进行市场调查。营销环境包括宏观环境和微观环境，宏观环境包括政治法律环境、经济环境、人口环境、科学技术环境、社会文化环境、自然环境等；微观环境包括供应商、竞争者、企业内部环境、渠道商、顾客、公众等。例如，调查人员需要了解是否要迎合消费者偏好的变化推出新产品、新出台的法律法规给企业带来的新的机遇或挑战、营销手段的变化导致企业不得不寻求新的营销方式、经济发展水平提高导致的消费者购买力和消费理念的变化、如何应对竞争对手新产品铺天盖地的宣传等。

2.2.2 确定调查课题的相关工作

在确定调查课题的过程中，调查人员需要完成一些基础调查工作，进行基本信息的获取，相关工作包括与决策者交流、拜访专家、分析二手资料和进行必要的定性调查等。

1. 与决策者交流

确定调查课题的第一项工作就是要与决策者交流。这一过程至关重要，调查人员需要从决策者那里获取企业与行业的基本信息，如企业出现的问题、问题的起源、决策者对问题的看法、调查的要求和限制条件、决策者能够为调查提供的支持、决策者希望通过调查了解到什么等。

2. 拜访专家

拜访专家可以帮助调查者更好地了解和认识调查课题。相关专家既可以是企业内部的，也可以是企业外部的，既可以是相关领域的行业专家，也可以是相关研究的理论专家。行业专家在相关领域具有多年的观察和积累，能够为调查人员在确定调查课题时提供相关行业的洞见，理论专家能够为调查人员在提炼调查课题时提供理论的支撑。

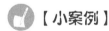
【小案例】

西尔斯公司的再定位

在对现有产品进行修改或者重新定位时，专家能提供很有价值的见解。西尔斯公司对其经营产品的再定位就说明了这一点。多年以来，这家大型零售公司一直为销售问题所困扰。1989 年，西尔斯不敌沃尔玛，失去了美国第一零售商的地位。在咨询行业专家后，调查人员发现了这家公司面临的真正问题：形象缺失。从传统意义上讲，西尔斯公司经营的是折扣店。然而，西尔斯公司试图将其折扣店形象提升成有名气的百货商店形象。结果，西尔斯公司不但没有成功，反而疏远了自己的忠诚顾客。最终，西尔斯公司放弃了升级形象的想法，并再度打造原来的折扣连锁店形象。从那时起，该公司的销售额和利润都提高了。

（资料来源：纳雷希·马尔霍特拉. 营销调研基础：结合社会化媒体［M］. 王学生，杨安良，等译. 4 版. 北京：清华大学出版社，2015.）

3. 分析二手资料

二手资料是相对于原始资料而言的，指为某些其他目的而不是为了当前的市场调查目标而收集的调查资料。而原始资料指针对当前的调查而收集的调查资料。对二手资料的分析是调查者获取调查问题的背景、环境变化、调查的理论支撑等最经济、最快捷的方式，能够为调查人员提供除了从决策者和相关专家那里获取的信息以外的补充信息。

4. 定性调查

通过必要的定性调查，调查人员可以初步了解与决策问题相关的因素，对各因素进行分析，从而提炼调查课题。定性调查可能涉及的调查通常为针对小样本甚至个案的探索性调查，如深度访谈、焦点小组访谈等，调查对象可能为相关专家、消费者、零售店销售员、企业内部员工等。

2.2.3　确定管理决策课题

经过初步的探索性调查，了解企业的决策背景、问题和目标，便可以初步确定企业的行动方案，从而确定管理决策课题。管理决策课题是站在企业角度提出的应该怎样做、是否可以做之类的问题。在确定管理决策课题时，调查人员与企业决策者还要反复确认界定是否合适，是否定义得过于宽泛或过于狭窄。过于宽泛的课题说明在问题分析过程中还没有将问题分析到位，以至于还没有找到解决问题的基本方向。例如，若将管理决策课题确定为"如何恢复失去的市场份额"，初步来看，可供选择的行动方案包括改进现有产品、开发新产品、改变营销过程中的其他要素，以及更进一步地细分市场等。如果没有经过与决策者进一步交流以确定具体的行动方案，管理决策课题就过于宽泛，以至于无法根据管理决策课题定义调查课题。类似的例子还有"如何提高公司的竞争地位""如何改善公司形象"等，都存在定义过于宽泛的问题。

如果将管理决策课题界定得过于狭窄，以至于成了企业唯一的行动方案，会使企业走向误区。例如针对竞争对手的降价策略，将管理决策课题界定为如何改变产品价格来应对竞争对手的降价，就犯了将管理决策课题界定得过于狭窄的错误。事实上，面对对手的价格调整，企业可行的行动方案有很多，如提高产品质量、加大广告力度、开拓新的营销渠道、间接降价等。而跟竞争对手一样进行降价，只是多个行动方案中的一种，甚至有可能是极不明智的策略。

【小案例】

新可乐的失败

一、新可乐的开发原因

在美国有这样一个笑话：假若你在酒吧向侍者要杯可乐，不用猜，十次有九次他会给你端出可口可乐，还有一次呢？对不起，可口可乐卖完了。可口可乐的魅力由此可见一斑。在美国人眼里，可口可乐就是传统美国精神的象征。但就是这样一个大品牌，在

20世纪80年代中期出现了一次几乎致命的失误。

20世纪70年代中期以前,可口可乐一直是美国饮料市场的霸主,然而,70年代中后期,百事可乐迅速崛起。百事可乐针对饮料市场的最大消费群体——年轻人,以"百事新一代"为主题推出一系列青春、时尚、激情的广告,让百事可乐成为"年轻人的可乐"。百事可乐步步紧逼,请毫不知情的消费者分别品尝没有贴任何标志的可口可乐与百事可乐,同时将这一对比实况进行现场直播。结果是,有八成的消费者回答百事可乐的口感优于可口可乐,此举马上使百事可乐的销量激增,虽然可口可乐在1985年的整体市场上仍然占领先地位,但百事可乐在超市销售份额中领先了2%,这对可口可乐来说,是一次很大的挑战。所以可口可乐公司必须采取行动来阻止市场份额的流失,而解决之道看起来就是开发新可乐。

二、新可乐的开发过程

1. 创意形成

为找出衰退的真正原因,尽快摆脱这种尴尬的境地,可口可乐公司开始思考新可乐的开发,因为口感测试百事可乐以更甜而获得消费者的青睐,所以就产生了这样的创意:把可口可乐的味道改得更甜些。

2. 概念的形成和测试

(1) 概念形成

产品概念是指用有意义的消费者术语对构思进行详尽的描述。新可乐的产品概念就是:不再含有抽掉可卡碱的可卡叶的可口可乐。新可乐有更顺滑、更圆润、更大胆的风味,而且味道更甜、更和谐。

(2) 概念测试(市场调查过程)

可口可乐公司为了确定这种新的产品概念能不能被消费者接受,开始了概念测试,即市场调查过程。他们首先设定了一些测试题:① 可口可乐配方中增加一种新成分,使它喝起来更加柔和,你愿意吗?② 可口可乐将与百事可乐的口味相仿,你会感到不安吗?③ 你想试一种新的可乐吗?在确定了测试题之后,可口可乐公司开始了其历史上规模最大的新产品调查活动。首先,市场调查人员开始消费者抽样调查,随后公司又花了400万美元,历时两年多的时间在13个城市中进行了口味测试,以确定新配方。公司进行了大约20万次口感测验,仅最终配方就进行了3万次。在无商标测验中,60%的消费者认为新可乐比原来的好,52%的消费者认为新可乐比百事可乐好。

3. 新可乐的开发与上市

测试的结果使可口可乐公司兴奋不已,市场调查人员认为这种新配方的可乐至少可以将可口可乐的市场占有率推高1%—2%,这就意味着多增加2亿—4亿美元的销售额,于是公司决定推出新可乐。起初,公司用铺天盖地的广告和促销来提高新可乐的知名度,比如可口可乐公司展开了一次声势浩大的"请您品尝"活动。活动中,负责招揽顾客的人将可口可乐一车车地送到工厂、学校等地方。红白气球、标语遍街可见。公司还通过大量的广告来促销。可口可乐为推出新口味饮料而制作的电视广告，一改以往的做法。过去的广告强调浪漫、温情，而现在的广告甚至有女孩将餐巾掷向男友的镜头。不少广告都以"新可口可乐不仅是滋味，还是你温馨的笑容"作为结束语。新可乐就在这些铺天盖地的广告和促销下，推向了市场。

三、新可乐的全面崩溃

新可乐上市不到几个月，消费者就有了强烈的反应，到了5月中旬，每天大约有5 000次电话打给可口可乐消费热线，抱怨这种新饮料难喝极了。除了接到投诉电话之外，可口可乐公司还收到大约4万封抗议信。虽然这些消费者收到了回信和打折券，但是可口可乐公司忽略了这些抗议信。一位心理分析专家告诫说："这不仅仅是可口可乐改变了口味的问题，在我看来，这些消费者的反应如同双亲逝世了。"事实上，这些抗议者绝大部分是由以前从未给公司写过信的老主顾写的，从一些信件的内容可以看出，他们感觉可口可乐公司在情感上抛弃了他们：

"我只需要美味可口的老可口可乐，让新可口可乐以及你们挖空心思想制造的什么更新的饮料见鬼去吧。"

"我是一名码头工人，既不抽烟，也不喝酒，只嗜好可口可乐，而你们连我这点爱好都要剥夺。"

"我现在已经改喝百事可乐了，新可口可乐带给我的是失望、失望，还是失望。"

"改变宪法我同意，改变圣经我也同意。我唯一不同意的是改变可口可乐的配方。"

……

幸好公司的快速反应使其避免了更大的灾难。在新可乐推出三个月后，可口可乐公司就重新提供旧可乐，并将旧可乐称为"经典可乐"，与新可乐一起在货架上销售。后来公司又重新加强了对经典可乐的宣传，并将新可乐作为辅助性产品。经典可乐重新成为公司的主要品牌，也是美国软饮料的领先品牌。新可乐成为公司的"进攻性品牌"——对手是百事可乐——广告中明确比较了新可乐与百事可乐味道的区别。即使这样，新可乐也只占据了2%的市场份额。在1990年的春天，公司重新包装了新可乐，并将其作为一个延伸品牌，以"可乐Ⅱ"的新名字重新推向市场。现在，经典可乐占据了美国饮料市场的20%以上；而"可乐Ⅱ"只占据了微不足道的0.1%。至此，新可乐已经是全面崩溃。

四、新可乐失败的原因

1. 营销调查的失败

新可乐的失败，最大的问题就是出在调查上。本来根据调查所得出的结果，新可乐应该是很成功的，然而结果截然相反，为什么呢？我们先看可口可乐公司测试的过程：他们进行口味测试都是在无商标的前提下，即他们没有明确告诉消费者这样的新可乐是拿来取代旧可乐的,公司把营销问题限定得太窄了。调查只限于口味问题,未涉及产品形象。然而,对于许多人来说,可口可乐与棒球、热狗和苹果派一起成为美国的习俗,它代表了美国社会中最根本的东西。可口可乐公司把一切都考虑周全了,唯一忽略的就是这种"爱"。毫无疑问,美国大众生活在一个纷繁复杂、光怪陆离的大千世界中,什么都有可能改变。美国人的内心是急躁、不安的,甚至有身似漂萍的感觉。他们能抓住的东西很少不会改变,而可口可乐除外。在他们看来,可口可乐代表永恒,代表爱心,代表关怀。所以这些一旦成为过眼云烟,他们变得怒不可遏。对于许多消费者来说,可口可乐的象征性意义比它的口味更重要。而如果可口可乐公司调查的范围能够更广些,能够更深些,是应该能发现这些情感因素的。

当时可口可乐的营销总监赛尔希奥·齐曼回忆道:"我们自己已经臣服于百事的观点——味道是唯一重要的——我们认为,要售出更多可乐就要改进配方。当时我们觉得其他一切办法都已用尽,消费者不肯买就是因为味道。回过头来我想,如果当年更换了广告代理商,并以强有力的宣传活动不断给消费者提供购买可口可乐的理由,也许能奏效。但是我们没有这样做。"

2. 新可乐的广告策略

新可乐的广告是成功还是失败,说法不一。先来看他们的广告策略:他们把观众定位在青少年,并高薪聘请一些青春偶像上电视以"紧跟潮流"。这些对于正处于偶像崇拜年龄段的青少年来说,无疑是颇具成效的。在广告播映后的调查中,很多受访者都表示知道这个广告,并由此知道了新可乐。也就是说,新可乐在推广其知名度上是成功的,观众都知道有这样一种饮料。不过新可乐的广告也带来了很多负面影响,比如被不少广告当作结束语的"新可口可乐不仅是滋味,还是你温馨的笑容"就总给人自吹自擂的感觉。新可乐广告给了老顾客很多的不快,这也是新可乐失败的一个原因。

(资料来源:① 向洪,简晓蓉,贾其才. 哈佛市场[M]. 青岛:青岛出版社,2005. ② 塞尔希奥·齐曼. 可口可乐营销革命[M]. 沈开艳,等译. 上海:上海译文出版社,2003.)

2.2.4 将管理决策课题转化为市场调查课题

调查人员在确定调查课题的过程中,要注意区分管理决策课题和市场调查课题,调查人员需要完成的是将管理决策课题转化为市场调查课题。管理决策课题是站在决策者的角度来定义的,回答的是决策者需要做什么或如何做的问题,为行动导向型;而市场调查课题是站在调查者的角度来定义的,回答的是需要收集什么信息的问题,为信息导向型。

表2-1给出了管理决策课题和相应的市场调查课题。注意,如果对于管理决策课题有很多不同的行动方案,需要调查人员反复与决策者进行交流,以缩小行动方案的范围,避免将管理决策课题定义得过于宽泛而无法确定市场调查课题。例如,对于表2-1

中的管理决策课题"如何恢复失去的市场份额",面对产品销售市场份额下降的情况,决策者的问题是"如何恢复失去的市场份额",可供选择的行动方案有很多。假设决策者认为问题的根源在于对市场的细分不合适,因此希望市场调查来提供与此相关的信息。这样,市场调查课题才被界定为"发现和评价不同的细分市场依据"。

表 2-1 管理决策课题和市场调查课题

管理决策课题	市场调查课题
是否应该推出新产品	确定顾客对新产品的偏好程度及购买意向
是否应该增加广告开支	确定现行广告的效果
是否要调低产品的价格	确定需求价格弹性及不同价格水平对企业销售的影响
如何恢复失去的市场份额	发现和评价不同的细分市场依据
为新产品选择包装	评估备选包装设计的有效性
通过开新店增加市场渗透	评估新商店的潜在地点
如何增加商店流量	测量目前商店的流量
如何增加重复购买行为	评估目前的重复购买行为
如何在地区间分配广告预算	在相关地区确定目前的市场渗透水平
决定为线上渠道生产何种产品	确定消费者对线上购买不同产品的信心

2.3 市场调查总体方案的设计

2.3.1 确定市场调查目标

市场调查课题确定以后,就可以根据调查课题确定具体的调查目标。调查目标是对市场调查课题的进一步分解和引申,因此,可以直接表述为调查课题,也可以将调查课题分解开来,列出具体的两项或多项调查目标。

2.3.2 确定调查内容提纲

将调查目标进一步展开就是调查内容提纲。调查内容提纲也就是调查项目,调查项目是调查问卷设计的依据。

所确定的调查项目都是围绕调查目标来进行的,是为实现调查目标服务的。

调查项目的表述应该是清楚的。通过调查,答案是能够获取的。必要时,可附上对调查项目的详细解释,以确保调查项目的明确性。

调查项目之间一般是相互联系的,有时可能存在着内在逻辑关系或相应的因果关系。所以，在调查项目中，会先提出一些假设，并希望在今后的调查中得到进一步的验证。

【小案例】

新能源汽车的市场调查目标及调查内容

一、市场调查目标

某新能源汽车公司为了增加竞争力，了解新能源汽车使用者与潜在使用者的需求与建议，以作为研究改进新能源汽车的有效参照，组织人员对全国3个城市进行调查。

二、市场调查内容

1. 新能源汽车使用状况分析：驾车经验分析；驾驶速度分析；每日行驶里程数分析；每日行驶时间分析；主要用途分析；搭载情况分析；交通状况分析；汽车更换频率分析；使用满意度分析。

2. 新能源汽车需求分析：理想的新能源汽车外形分析；充电方式分析；公共设施的配合分析；愿意购买价格分析；购买可能性分析；欲购买的原因分析；不想购买的原因分析；购买时机分析。

（资料来源：杨勇. 市场调查与预测［M］. 2版. 北京：机械工业出版社，2021.）

某品牌快餐食品进入成都市场的市场调查目标及调查内容

一、市场调查目标

为某品牌快餐食品进入成都市场进行广告策划提供客观依据；为某品牌快餐食品的销售提供客观依据。调查目标具体有：

了解成都地区快餐食品市场状况；

了解成都地区消费者的人口、家庭等统计资料，测算市场容量及潜力；

了解成都地区消费者对快餐食品消费的观点、习惯、偏好等；

了解成都地区常购快餐食品的消费者情况；

了解竞争对手的广告策略、销售策略。

二、市场调查内容

1. 消费者调查内容包括：

消费者统计资料（年龄、性别、收入、文化程度、家庭构成等）；

消费者对快餐食品的消费形态（食用方式、花费、习惯、看法等）；

消费者对快餐食品的购买形态（购买过什么、购买地点、选购标准等）；

消费者理想的快餐食品店描述；

消费者对快餐食品类产品广告、促销的反应。

2. 市场调查内容包括：

成都地区快餐食品店数量、品牌、销售状况；

成都地区消费者需求及购买力状况；

成都地区市场潜力测评；

成都地区快餐食品销售通路状况。

3. 竞争者调查内容包括：

成都市场上现有哪几类快餐食品店及其品牌、定位、档次等；

市场上现有快餐食品的销售状况；

各品牌、各类型快餐食品的主要购买者描述；

竞争对手的广告策略及销售策略。

（资料来源：淘豆网. 遛洋狗成都市场调查方案. ［2024-07-24］. https://www.taodocs.com/p-295739084.html.）

2.3.3　确定调查对象和调查单位

调查对象就是根据调查目标和调查内容所确定的调查范围以及所要调查的总体。调查对象可以从年龄限制、地域限制、性别限制等方面来界定，如某城市的所有家庭、某品牌的消费者等。调查单位是调查对象所构成的个体，即调查对象中的每一个具体单位，如以家庭为单位、以个人为单位等。

调查人员需要根据实际情况明确调查对象的边界，如界定为30岁以上的女性与界定为40岁以上的女性，所获得的调查数据可能会存在很大的区别。

2.3.4　确定调查的组织方式

在市场调查方案中，还要明确采用何种组织方式。市场调查的组织方式包括普查（全面调查）和抽样调查。全面调查获取的信息充分而全面，但工作量大、费用高、时间长、质量控制难度大；抽样调查费用低、效率高、质量控制较好。调查方式的选择要结合调查的目的、费用预算、调查对象特点等因素综合考虑。

在选择抽样调查时，抽样设计是市场调查方案设计的重要组成部分，其内容可以作为市场调查方案的一部分，也可以独立形成抽样设计方案。抽样设计的内容包括界定调查对象总体、抽样框、抽样方法和组织方式、样本容量的确定等。这部分内容将在后面章节进行具体介绍。

2.3.5　选择调查方法

调查人员可以根据已经确定的调查目标和调查内容，选择相应的调查方法。基本的调查方法包括询问法、观察法和实验法等。

询问法是指调查人员通过向被调查者询问而获得事实、观点和态度等方面的信息。常见的询问调查方法有：定量的问卷调查方法，定性的深度访谈、小组座谈等。观察法是指在进行或不进行干预的条件下观察被调查者，如观察消费者的购买行为。技术的进步为观察法提供了更加实用的观察记录工具，观察法得到越来越广泛的应用。实验法指调查人员控制实验条件，通过改变一个或多个变量，如价格、包装、广告等，观测这些变量对其他变量如销售额的影响，以确定变量之间的因果关系。这些调查方法将在后面各章中详细介绍。

2.3.6 拟定调查活动进度表

调查设计人员还要明确调查的时间期限，拟定调查活动进度表。调查时间期限从调查工作的开始时间到结束时间，一般包括的任务内容有调查方案设计、调查问卷设计、预调查、问卷修订和印刷、访问员招聘和培训、调查实施、资料的整理分析、数据编码和录入、数据分析、调查报告撰作、调查报告提交和汇报等。

对调查活动的内容分解完成后，还需要明确各个活动内容的时间进度安排以及主要负责部门或负责人，形成调查活动进度表，以便按时、有序地完成各项任务。如果调查委托企业明确地给出了调查的最后时间期限，各活动安排可以采用逆推的方法，即从最后的截止时间逆向地安排每一项活动的时间期限。表2-2为市场调查活动进度表示例。

表2-2 市场调查活动进度表示例

活动内容	计划天数	起止时间	负责人	备注
调查方案设计				
抽样设计				
调查问卷设计				
问卷预调查、修改定稿				
访问员招聘和培训				
调查实施				
数据整理、编码、录入和分析				
调查报告撰写				
调查报告打印、提交和汇报				

2.3.7 确定调查资料的整理和分析方法

在市场调查方案设计中还应明确调查资料的整理和分析方法，具体包括调查资料的整理、数据编码、数据录入以及数据分析。特别要明确采用何种软件或方法进行数据录入，数据分析采用何种软件或具体要进行哪些数据分析等。

2.3.8 制订调查的组织实施计划

为了确保调查工作顺利进行、保证调查质量，应明确调查的组织实施计划，内容包括调查的组织管理、人员配置、人员招聘和培训、质量控制、质量保障措施等。应详细介绍参与调查的所有人员的详细情况、工作任务、相关责任等。对于访问员的招聘和培训，要写清招聘条件、培训方式、培训内容。除了要保证调查数据的质量以外，还包括后期数据处理阶段的质量控制措施。

2.3.9 确定调查结果的提交方式

在市场调查方案设计中还要写清调查结果的提交方式，包括最终报告的形式、数量、质量，调查结果的汇报方式和内容，原始资料的备份等。通常需要提交电子和纸质版的调查报告，可能还需要调查人员制作PPT，向委托企业做口头汇报。进行口头汇报时，要对调查目标做清楚和简洁的说明，对采用的调查方法进行介绍和解释，还要对调查结果进行详细的说明。

2.3.10 确定调查费用预算

市场调查方案设计还应包括调查费用预算。做费用预算时应列出各个阶段所需的费用，最好说明计算费用时的假设和依据。费用预算包括方案策划费、抽样设计费、问卷设计费、印刷费、访问员劳务费、差旅费、被调查者的礼品费用、统计处理费、报告撰写制作费、电话费、市内交通费、税金、鉴定费、新闻发布会及出版印刷费用、项目佣金等。表2-3为市场调查报价单示例。

表2-3 市场调查报价单示例

项目序号	项目名称	项目费用/元	备注
1	问卷设计	2 000	
2	问卷印刷	1 000	
3	访问员培训	2 000	
4	试调查	2 500	50样本×50元/样本
5	访问员劳务支出	7 500	500样本×15元/样本
6	访问礼品支出	10 000	500样本×20元/样本
7	调查差旅费	5 000	督导与巡查差旅费
8	问卷回收处理	1 000	500样本×2元/样本
9	数据处理	8 000	程序设计、数据分析
10	调查报告撰写	4 000	
11	报告打印与装订	2 000	文字排版，5份装订
12	项目利润	5 000	税金与利润

本章小结

1. 市场调查方案设计，就是根据调查研究的目的和调查对象的性质，在进行实际调查之前，对整个调查工作的各个方面和全部过程进行的通盘考虑和总体安排，以做出相应的调查实施方案，制订合理的工作程序。

2. 市场调查方案设计首先要确定调查课题，调查者要了解以下企业营销背景信息：企业及行业基本信息、资源和限制条件、决策者的目标、营销环境的变化。在确定调查课题的过程中，调查者需要完成一些基础调查工作，进行基本信息的获取，相关工作包括与决策者交流、拜访专家、分析二手资料和进行必要的定性调查等。

3. 确定调查课题的过程中要努力将管理决策课题转化为市场调查课题。管理决策课题是站在决策者的角度来定义的，回答的是决策者需要做什么或如何做的问题，为行动导向型；市场调查课题是站在调查者的角度来定义的，回答的是需要收集什么信息的问题，为信息导向型。

4. 市场调查方案设计的内容包括调查目标、调查内容提纲、调查对象和调查单位、调查的组织方式、调查方法、调查活动进度表、调查资料的整理和分析方法、调查的组织实施计划、调查结果的提交方式、调查费用预算等。

本章思考题

1. 市场调查方案设计的内容有哪些？
2. 如何进行市场调查的背景分析？
3. 如何确定管理决策课题？
4. 为以下管理决策课题确定相关的市场调查课题。
（1）为什么产品的销售额下降了？
（2）我应该为我的新产品制订一个什么样的价格策略？
（3）我的新去屑洗发水应该以什么形象打入市场？
（4）竞争对手推出了模仿的新产品，我应该如何应对？
（5）在既定预算的前提下，我应该选择什么媒体来做广告？
（6）我此次节日促销活动的效果怎么样？
（7）我是否应该增投户外广告？

5. 案例分析。

Barbecue Blues 调料公司

W 女士是一名会计，她有两个嗜好——收集蓝调音乐和吃用自制的调料做出的烧烤。她经常在招待客人的时候播放她的音乐并端出她用自制的调料做出的菜。四年前，在朋友的鼓动下，她毅然辞去了自己的工作去追求她拥有一家自己的公司的毕生梦想。她用自己的积蓄和从家里借来的钱买了一条小的食物生产线并开始生产自己的调料。因为她的两个嗜好不能分离，W 女士决定用"Barbecue Blues"这个名字作为公司的品牌。由此，Barbecue Blues 公司诞生了。

公司最初的战略是通过三个州的零售商店和特殊食品市场来卖调料。事实上，这个战略非常有效。三年之后 Barbecue Blues 公司已经占领了这个区域调料零售市场 18% 的份额。第三和第四年的经营虽然非常稳定，但事实上每个区域市场的销量并没有增长，销售收入的增长大部分归功于通货膨胀。为了制订一个可以让销量增长的战略，W 女士雇用了一位营销经理——C 女士。

C 女士提议延伸烧烤调料的生产线，于是 W 女士制作出了一种新的调料。W 女士把最初鼓励她进入调料市场的朋友集中在了一起。经过对这种新调料的抽样测试之后，他们都认为这种新调料与最初的调料在口味上完全不同，但质量始终如一。大家对新调料如此积极的评价使 C 女士决定委托市场调查公司进行一项营销调查来确定消费者对这种新调料的反应。

（资料来源：小吉尔伯特·A. 丘吉尔，汤姆·J. 布朗. 营销调研基础［M］. 景奉杰，杨艳，王毅，等译. 6 版. 北京：北京大学出版社，2011.）

(1) 请为此次调查定义管理决策课题和市场调查课题。
(2) 请确定市场调查内容。

附录

S 市 WD 仓储式购物中心可行性调查策划书

一、调查背景

S 市 WD 地产有限公司拟在 S 市高新区建一处仓储式购物中心，为探测其方案的可行性，进而确定购物中心的商圈半径、目标顾客等，为其市场定位提供科学依据，现委托××市场调查公司在 S 市范围内进行一次专项市场调查。

××市场调查公司 WD 项目组经研究，特提出本计划方案，供与 WD 地产有限公司交流参考之用，并作为项目操作之依据。

二、调查目标

通过与 WD 地产有限公司沟通，本次市场调查工作的主要目标是：

1. 探究消费者的购买心理、购买动机及其购买行为特点,为市场细分及市场定位提供科学依据;

2. 了解消费者对超级市场的认知,探查各超市的品牌知名度;

3. 探查消费者对 WD 仓储式购物中心的接受程度,确定其商圈半径;

4. 分析市场竞争态势,明晰主要竞争对手的优势和弱势及面临的机会和威胁(SWOT 分析)。

三、调查内容

根据上述调查目标,建议本次调查内容主要包括如下各项:

1. 探究消费者的购买心理、购买动机及其购买行为特点。本部分旨在对消费者对超市的需要与期望进行深入的探讨,以明确消费者在超市消费中所寻求的利益点,为市场细分及市场定位提供科学依据。本部分需要的主要信息点将包括:

(1) 消费者(家庭)平时购买日用品的习惯——购买地点、频率、数量和品种。

(2) 导致该种购物模式的因素——方便快捷、价格实惠、质量可靠。

(3) 消费者对超市消费的认知。

(4) 对超市各种特性重要性的评价(排序法)。

(5) 消费角色——提议者、决策者、购买者、使用者和影响者。

(6) 消费模式——有计划购买、冲动购买。

2. 分析目前 S 市超市的竞争态势,明晰主要竞争对手的优势和劣势,以及 WD 仓储式购物中心所面临的机会和威胁(SWOT 分析)。本部分是专门针对品牌的研究,旨在通过对市场上主要竞争对手的比较评价,对整体的市场竞争态势进行描述与评价,从而帮助客户进行评估,找出其竞争力所在,并发现所面临的问题与威胁,以便于在制订市场营销策略时扬长避短。本部分所需信息将包括:

(1) 目前 S 市各超市的品牌知名度——第一提及、提示前、提示后。

(2) 品牌购买——曾经购买、过去 3 个月购买过。

(3) 对曾经光临过的超市的总体评价。

(4) 对曾经光临过的超市的特性评价。

此外,如有需要,还将对目前几家超市进行分日期、分时间段的人流量和客流量的测试。

3. 探查消费者对 WD 仓储式购物中心的接受程度及对其发展的意见与建议,从而确定 WD 仓储式购物中心的商圈半径及其投资规模。本部分内容包括:

(1) 消费者对 WD 仓储式购物中心的接受程度(五分法)。

(2) 消费者对其构想的评价及对其发展的意见与建议。

4. 此外,还将收集包括消费者的年龄、性别、家庭收入状况及职级等在内的背景资料以备交互分析之用。

四、目标被访者定义

因本次调查是一项市场前景预测，我们在样本定义时遵循以下原则：一是样本要有广泛的代表性，以期能够基本反映消费者对WD仓储式购物中心的需求状况，从而确定其商圈半径。二是样本要有一定的针对性。由于超市购物需要有一定的购买与支付能力，因此，本次调查的母体是S市具有超市购物经验的居民。基于以上原则，我们建议采用如下标准甄选目标被访者：

1. 15—55周岁的S市区域常住居民。
2. 本人及其亲属不在相应的单位工作。
3. 在过去6个月内未接受或参加过任何形式的相关市场调查。

五、数据收集方法

本项目的数据收集方法如下：

1. ××市场调查公司将根据与S市WD地产有限公司探讨所达成的共识设计问卷，问卷长度控制在15分钟左右，问卷经双方商讨确定之后正式启用。
2. 采用以WD仓储式购物中心为中心、1千米为间隔半径等距抽样的方法确定被访者。
3. 采用结构性问卷进行街头面访调查。

六、样本量

根据以往的研究经验，考虑到统计分析对样本量的要求和成本方面的经济性，我们建议本次研究所需要的样本量约为300个。

七、访问员安排

1. 本次调查工作由××市场调查公司访问员负责完成。
2. 正式调查前由××市场调查公司研究督导对访问员进行专门培训，以确保调查工作质量。

八、质量控制与复核

1. 本次问卷访问复核率为30%，其中15%为电话复核，15%为实地复核。
2. 实行一票否决制，即发现访问员一份问卷作弊，该访问员所有问卷作废。
3. 为确保科学高效地完成调查工作，成立专门的项目小组为客户服务。

九、数据录入与处理

参与此项目的所有数据录入及编码人员将参与问卷的制作与调查培训；在录入过程中需抽取10%的样本进行录入复核，以保证录入质量；数据处理采用SPSS软件进行。

十、调查活动时间安排（自项目确定之日起）

程序	1	2	3	4	5	6	7	8	9	10	11	12	13	14	15	16	17	18	19	20	21	22	23	24	25	26	27	28
方案与问卷设计																												
问卷试访																												
调查实施																												
数据处理与分析																												
报告撰写与发布																												

十一、报告提交

由××市场调查公司向 WD 地产有限公司提交调查报告书一份及所有原始问卷，并提供包括调查报告、原始数据、分析数据、演示文稿在内的光盘一份，如有需要，可向 WD 地产有限公司作口头汇报。

十二、费用预算

项目费用预算约为×元，其用途分别如下（清单略）。

1	问卷设计、问卷印刷	× 元
2	调查与复核费用	× 元
3	数据处理（编码、录入、处理、分析）	× 元
4	报告撰写与制作	× 元
5	差旅及其他杂费	× 元

合计：人民币×元整

（资料来源：杨凤荣. 市场调查方法与实务［M］. 北京：科学出版社，2007.）

第 3 章　抽样设计

【学习目标】

- 理解抽样的含义与特点
- 掌握抽样的相关概念
- 理解抽样设计的程序
- 区分概率抽样和非概率抽样方法
- 理解和掌握概率抽样的各种方法
- 理解和掌握非概率抽样的各种方法
- 理解抽样误差的概念
- 理解影响样本容量的因素
- 掌握样本容量的计算方法

【导入案例】

新媒体调查/老抽样问题

一家软件公司的高管决定建立一个改进消费者体验项目来记录消费者如何使用其产品，目的是用收集的数据来改进产品；一个新闻网站的编辑决定开发一项即时的民意调查，以便询问网站的访问者对重大政治问题的看法；一个产品针对特定人群的营销人员决定使用一个社交网络来收集消费者的反馈。这些决定与停刊的《文学摘要》（Literary Digest）杂志有什么共同点？

1932 年，在互联网出现之前很久，《文学摘要》杂志的"抽签民调"已经连续 5 次成功预测了美国总统大选结果。对于 1936 年的大选结果，该杂志实施了其规模最大的一次调查，向全国发送了 1 000 万张选票。在收到并整理了 230 万张选票后，该杂志充满自信地宣布兰登将会在大选中轻而易举地击败对手罗斯福。大选结果却是罗斯福获胜，而兰登仅获得了美国历史上最少的选票。《文学摘要》杂志的信誉因此一落千丈，不到两年就停刊了。

《文学摘要》的失败是抽样调查和民意测验的分水岭。这次失败驳斥了样本越大越好的说法。这次失败为新的、更现代的抽样方法打开了大门。盖洛普调查，以及 Elmo Roper，另一著名的调查公司，则因它们对 1936 年选举做出的正确且"科学"的预测而获得了广泛的关注。

《文学摘要》失败的民意调查成为事后反思的主题，失败的原因在城市居民中广为流传。通常的解释是覆盖面偏差：选票大多发送给"富人"，而这建立了一个排除穷人（更可能投票给民主党候选人罗斯福而不是共和党候选人兰登）的抽样框。但是，后来的分析表明事实并非如此。实际上，低回复率（230 万代表不到发放的选票的 25%）和/或无回复误差（罗斯福的拥护者更可能不把调查问卷寄回）是失败的重大原因。

当微软首次披露 Office Ribbon 界面时，一位经理解释说微软利用从改进消费者体验项目中收集的数据对界面进行了重新设计。这导致其他人猜测收集的数据可能会偏向初学者——他们更不会拒绝参与这个项目——从而导致微软制作了一个令资深使用者感到困惑的界面。这又是一个无回复误差的例子。

此前提及的那位开发即时民调的编辑将目标锁定在新网站的访问者，以社交网站为基础的市场调研的目标则是某款产品的"朋友"，这些调查都会造成无回复误差。营销人员通常吹嘘凭借社交网络收集的数据使他们多么"了解"被调查的受访者。但是受访者信息不可能告诉营销人员那些没有回复的人是谁。因此，新媒体调查也会犯多年前《文学摘要》的致命老错误。

如今各公司设计以概率抽样为基础的正规调查，并花了大力气——也花了大价钱——来控制覆盖面误差、无回复误差、抽样误差和测量误差。新兴的即时民调和社交圈内朋友式的调查可能会赏心悦目，但无法替代那些正规调查方法。

（资料来源：戴维·莱文，凯瑟琳·赛贝特，戴维·斯蒂芬. 商务统计学 [M]. 岳海燕，胡宾海，等译. 7 版. 北京：中国人民大学出版社，2017.）

市场调查中，我们希望获得调查对象全体的相关信息，但很多时候这是不太现实的，如我们无法在某次调查中接触到所有消费者，去询问他们相关问题；另外从成本和效率的角度考虑，询问所有消费者也是不可取的，因为我们会发现，从部分消费者那里获取的信息也具有很好的可信度，同时又节省了大量的时间和经费。在大部分的市场调查中，都会用到抽样调查（简称抽样）。所谓以小明大，见微知著，一叶落知天下秋……都蕴含着抽样的思想。

从开篇导入案例中可以看出，对于抽样，样本的代表性是决定抽样结果准确性的关键，科学的抽样设计需要考虑从什么样的调查对象范围内来抽取样本、用什么方法抽取样本、调查的精度要求如何、抽取多少样本才能保证调查的精度要求等，这些即是本章要介绍的内容。

3.1 抽样概述

3.1.1 抽样与普查

第2章已经介绍过调查对象和调查单位，在调查对象和调查单位界定清楚的基础上，抽样是从调查对象的全体中抽选出一部分调查单位，用以获得信息的过程。在大多数的市场调查中，抽样是一个非常重要的环节，市场调查中用抽取到的调查单位信息来推断未知的调查对象全体。普查则是要对调查对象的全体进行调查。市场调查中并不经常用到普查，因为普查耗费更多的人力、财力和时间，甚至在很多情况下普查是不可行的。抽样与普查相比，则具有成本较低、节省人力和时间的优点，而且经过精心挑选的调查单位同样能够获得精确的估计结果。

尽管普查具有很多的局限，但这并不意味着在市场调查中从来不会进行普查。如果调查对象的单位很少，则可能实现普查，如在针对企业客户进行调查时，客户的数量相对广大消费者来说规模小很多，是可数的，则普查就成为可能；又如调查对象为江苏省所有高校的市场调查课程教师，普查也是可行的。在大数据时代，很多情况下我们已经拥有了能够收集、存储和处理更大规模数据的能力，这使得我们使用所有数据而不是抽样数据成为可能。

3.1.2 总体和样本

总体是指所要调查对象的全体。样本是从总体中按照一定抽样方法抽取出来所要直接调查的那部分调查单位的集合。例如，要调查某市某品牌牙膏的使用情况，可以按抽样理论从该市的全体居民中抽取部分居民进行调查，全体居民就是总体，抽取的那部分居民就是样本。

总体和样本中包含的调查单位数量分别称为总体容量和样本容量。根据总体中调查单位是否可知或可数，总体可以分为有限总体和无限总体。有限总体是指调查单位数已知且可数的总体，如江苏省规模以上工业企业、某城市商业区内的快餐店等。无限总体是指调查单位数未知、不可数或数量无限的总体，如某化妆品所有消费者、一个月内光临某超市的顾客等。

在第2章我们还介绍了一个重要概念：调查单位，指调查对象个体。根据样本中包含的调查单位数，可以将样本分为大样本和小样本。通常当样本容量大于等于30时，称为大样本；当样本容量小于 30 时，称为小样本。样本容量是决定抽样误差大小的重要因素，从减小误差的角度考虑，我们总是希望样本容量越大越好；同时，样本容量也是影响调查费用的重要因素，样本容量越大，调查费用也就越高，调查实施的难度也就越大。样本容量的确定是抽样设计中的重要内容。

3.1.3 抽样框和抽样单元

抽样框又称抽样框架、抽样结构，是指供抽样使用的调查单位构成的全体。理想的抽样框通常是以具体的名册形式出现的，常见的抽样框如某商店会员列表、工商企业名录、街道派出所里的居民户籍册、售楼处收集的意向购房人信息册……在没有现成的名册的情况下，调查人员也可以自己编制或自定义抽样框，如对于某产品消费者的研究，可以定义在一定时间范围内购买了该产品的消费者为抽样框。

把总体分成有限个互不重叠的部分，每个部分称为一个抽样单元。抽样单元可以有好多级，如调查总体为某高校全体在校生，商学院就是一个一级单元，市场营销专业是一个二级单元……

3.1.4 重复抽样和不重复抽样

重复抽样又称重置抽样，是指每次从总体中抽取一个单位调查登记后，再把这个单位重新放回原总体，继续进行下一次的抽取。重复抽样下，每个调查单位可能被多次抽取到。不重复抽样又称不重置抽样，是指每次从总体中抽取一个单位调查登记后，不再把这个单位重新放回总体，而是从总体剩下的单位中继续抽取。在不重复抽样下，每个调查单位不会第二次被抽取到。

3.2 抽样设计的程序

抽样设计的程序可以分为定义调查总体、确定抽样框、选择抽样方法、确定样本容量、确定抽取样本的操作程序五个步骤，见图 3-1。

图 3-1 抽样设计的程序

3.2.1 定义调查总体

定义调查总体就是确定调查对象的全体。在定义调查总体时，可供参考的标准包括地域特征、时间特征、人口统计特征、产品或服务的使用特点、排除特征。① 地域特征，如国家、地区、省份、城市等。② 时间特征，指调查的时间周期，如年份、季节、月份、过去半年、过去三个月等。③ 人口统计特征，包括年龄、性别、家庭状况、职业等。④ 产品或服务的使用特点。根据调查目标，需要针对符合使用或接触条件的对象进行调查，调查对象可能被界定为某产品的使用者、看过某广告的人、某银行的信用卡用户、某产品的潜在购买者、使用竞争对手的产品的消费者等。⑤ 排除特征。在界定调查对象时，还要注意定义调查对象的排除特征。出于安全性和准确性的考虑，在市场调查中通常会排除本行业或相关行业从业者，以及一定时间之内参加过相关调查的对象。

例如，某羽绒服生产企业想了解即将到来的冬季东北三省女性对羽绒服的需求情况，将调查总体界定为东北三省想要在即将到来的冬季购买羽绒服且年龄在18岁以上的女性。调查总体的界定示例见表3-1。

表3-1 调查总体的界定示例

界定标准	表现
地域特征	东北三省
时间特征	即将到来的冬季
人口统计特征	18岁以上的女性
产品或服务的使用特点	想要购买羽绒服的个体
排除特征	过去3个月没有接受过相关调查者、非相关行业从业者

总体定义的特征也会出现在调查问卷中，以筛选出符合条件的应答者。

【小链接】

为确定应答者是否合格而设置的过滤性问题的实例

1. 在过去3个月中，你接受过关于任何产品或广告的访谈吗？

是→终止调查

否→继续调查

2. 过去一个月中你使用过下列哪些洗护发产品？（向应答者展示产品卡片，标出所有提及的产品）

（1）普通洗发水　　　（2）去屑洗发水

（3）护发液/即时润丝精　　（4）浓缩润丝精

提示：如果选（4），则跳到问题4；如果选（3），则继续问题3。

3. 你说你过去一个月中用过一瓶护发液/即时润丝精。上周你是否用了护发液/即时润丝精？

是（在上周用了）→继续调查

否（在上周没用）→终止调查

4. 你的年龄属于下列哪一组？（请标出）

(1) 18 岁以下→终止调查

(2) 18—24 岁

(3) 25—34 岁

(4) 35—44 岁

(5) 45 岁以上→终止调查

5. 以前的调查显示，某些职业的应答人对某一产品的反应与其他人不同。你或你的家庭成员现在为广告代理商、市场调查公司、咨询公司或制造和销售个人护理产品的公司员工吗？

是→终止调查

否→继续调查

（资料来源：卡尔·迈克丹尼尔，罗杰·盖兹. 市场调研精要［M］. 6 版. 范秀成，杜建刚，译. 北京：电子工业出版社，2010.）

3.2.2 确定抽样框

确定好总体之后，下一步就是要确定一个合适的抽样框，抽样框是总体抽样单位的列表，最终样本要从抽样框中抽取。因此，抽样框是决定样本代表性的重要因素，确定抽样框往往也是抽样设计中困难的步骤。如调查对象总体为某城市的所有家庭，表面来看，似乎按照户籍名册、居住小区地图等都可以很轻松地确定抽样框，但是真正使用起来才发现，以户籍名册为抽样框的话，那些居住在该城市但户籍不在该城市的家庭不在抽样框内；以居住小区地图作为抽样框的对话，则重复列出了具有多处住所的家庭，还要注意新的小区是否在地图上等问题。

现实中往往很难获得一个理想的、现成的抽样框。有时调查人员可以编制一个抽样框，如以电话号码为抽样框，可以设置符合条件的号码区段作为抽样框。同时，很多在线调查公司拥有在线可访问样本库供调查使用。

3.2.3 选择抽样方法

抽样方法包括概率抽样和非概率抽样两大类方法。概率抽样是调查人员按照完全随机的方法选择样本，每一个调查单位是否被抽中完全由概率客观决定，而不受任何人员的主观控制。概率抽样方法下可以计算抽样误差，进而可以进行统计意义上的区间估计和假设检验。相对于非概率抽样，概率抽样需要更专业的操作实施和更高的费用。非概率抽样是调查人员按照个人判断来选择样本。在非概率抽样下，样本的选择可能取决于便利因素，也可能依赖调查人员的主观判断。与概率抽样方法比较，非概率抽样调查实施相对容易、节省时间且费用较低，但非概率抽样无法确定样本的代表性，不能够计算抽样误差，因此不建议进行统计意义上的参数估计和假设检验。对于概率抽样和非概率抽样方法，下一节将会详细介绍。

3.2.4 确定样本容量

在实际的市场调查中，样本容量的大小由定性因素和定量因素决定。在非概率抽样中，样本容量的大小由调查人员根据经验和主观判断来决定。在概率抽样中，样本容量的大小则可以采用统计方法进行计算。

3.2.5 确定抽取样本的操作程序

不管采用何种抽样方法，都有必要详细规定抽取样本的操作程序，特别是对于概率抽样，应尽可能将所有出现的情况列清楚，指出出现此种情况时如何操作，以防止调查人员将主观做法带入调查。

【小链接】

适于操作的抽样计划

以下指南是有关你在某个街区访问时应走的路径。在城市中，这可能是一个城市街区；在农村，街区可能是一块被道路包围的土地。

1. 如果在你的路线中遇到死胡同，继续沿这条路、街或道的另一面向反方向走。在可能的地方右拐，每隔两户访问一户。

2. 如果你沿街区走了一圈，又回到了出发点，而没有完成列出的电话簿上家庭的四次访问，那么，可以试着访问起点的那一家。（很少用到这一方法）

3. 如果你调查了整个街区，还是没有完成所要求的访问，则继续从街（或乡间小路）对面最近的第一个住户开始。只要这个地址在你纸上的一个"×"旁出现，就把它当作你所在区域的街道中的另一个地址，并访问这一家。如果不是，就访问这家左边的一家。永远遵守右手法则。

4. 如果这一地区街对面从第一号开始都没有住户，在第一号对面的街区转一圈，并遵循右手法则（这意味着你将按顺时针方向在街区转一圈），然后沿路线每隔两户访问一户。

5. 在起始门牌号对面邻近的街区绕过一圈后，如果你没有完成所需的访问，就按顺时针方向在下一个街区访问。

6. 如果第三个街区的住户数不够完成你的任务，就再做几个街区，直到完成要求的户数为止，要按顺时针方向绕原有的街区来找。

（资料来源：卡尔·迈克丹尼尔，罗杰·盖兹. 市场调研精要［M］. 范秀成，杜建则，译. 6 版. 北京：电子工业出版社，2010.）

3.3 抽样方法

上一节已经简单介绍过概率抽样和非概率抽样方法的特点，图 3-2 给出了概率抽样和非概率抽样的基本方法。概率抽样方法包括简单随机抽样、等距抽样、分层抽样和整群抽样；非概率抽样方法包括便利抽样、判断抽样、配额抽样和裙带抽样。

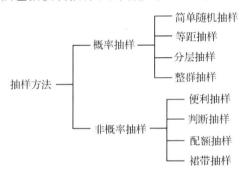

图 3-2　概率抽样和非概率抽样方法

3.3.1　概率抽样方法

1. 简单随机抽样

简单随机抽样又称单纯随机抽样，是指从总体单位中不加任何分组、排队，完全按随机原则抽取调查单位。在简单随机抽样中，每个单位被抽中的概率是已知且相等的。简单随机抽样是所有抽样方法中最简单、最完全随机的，也是统计中据以进行推断和估计的最基本抽样方法。

简单随机抽样首先对总体单位进行编号，然后可以采用抽签、摇号、随机数表的方法进行抽样（图 3-3）。采用抽签或摇号方法时，每次抽取一个数字，对应数字编号的调查单位被抽出作为调查对象，再将抽中的号码放回或不放回（重复或不重复抽样），然后再按照同样的方法抽出第二个数字，以此类推，直到抽取到满足样本数量要求的调查单位为止。随机数表法则是采用现成的或自己制作的随机数表，可以用于从既定总体中来抽取样本。

图 3-3　简单随机抽样

简单随机抽样由于需要对总体单位进行编号，因此需要一个理想的抽样框，然而现实中，一个能够对所有单位进行编号的理想抽样框是很难实现的，即使能够实现，编号的工作量也是巨大的。如果调查对象的信息存储在计算机中，则可以通过计算机程序来随机选择样本。

需要注意的是，抽样中的"随机"与我们生活中的"随机"概念是不同的。没有学过抽样设计相关理论的人可能会认为街头"随机"拦访属于简单随机抽样。事实上，街头拦访的方法属于非概率抽样中的便利抽样，而不属于简单随机抽样。因为拦访的过程中选择哪一位被访者，是受调查人员主观或个人因素影响的，而非完全客观的，因此不属于概率抽样。

2. 等距抽样

等距抽样又称机械抽样或系统抽样，先将总体中的调查单位进行编号，随机地抽取第一个样本单位，然后再按照编号等间隔地抽取其他样本单位。具体的执行步骤如下。

① 对调查对象总体按照某种方式进行排队并编号。

② 计算抽样间距：抽样间距＝总体容量/样本容量。

③ 在 1 至抽样间距之间随机抽取一个数字，该数字对应的调查单位为第一个被抽取进入样本的单位。

④ 第一个样本单位对应的随机数字加抽样间距，计算得到的第二个数字为第二个调查单位对应的编号；第二个数字加抽样间距计算得到的数字为第三个调查单位对应的数字，以此类推，直到抽取到样本要求的数量为止（图3-4）。

A	B	C	D	E
1	6	11	16	21
2	7	12	17	22
3	8	13	18	23
4	**9**	**14**	**19**	**24**
5	10	15	20	25

图 3-4　等距抽样

例如，从 1 000 名大学生中按照等距抽样的方法抽取 50 名大学生进行调查。首先对该 1 000 名大学生进行编号；然后计算抽样间距：抽样间距＝总体容量/样本容量＝1 000/50＝20，即需要每隔 20 个编号抽取一名大学生；随机选择 1—20 之间的一个数字，如选到的数字为 9，则编号为 9 的大学生作为第一个样本单位被抽出，后面被抽到的大学生编号依次为 29、49、69……949、969、989。

在对总体单位进行排队编号时，可以采用按照有关标志排队或无关标志排队的方法。按照有关标志排队是指对调查单位进行排队的标志与调查之间有密切的关系。例如，研究大学生的学习情况时，对大学生采用按照学习成绩进行排队；研究居民消费情况时，对居民按照收入水平进行排队。按照有关标志排队可以获得更有代表性的样本。按照无关标志排队是指排队的标志与调查之间没有直接的关系。按照无关标志排队抽取的样本，可以视为一个不重复抽样的简单随机样本。

在等距抽样中，如果总体容量不能被样本容量整除，可供采用的方法有以下两种：一是在总体中随机剔除等于整除后余数个数的调查单位，然后再对剩下的总体单位进行编号、计算抽样间距。二是采用环形抽样的方法。取最接近计算结果的整数作为抽样间距，随机起点选择 1 至总体容量之间的任意一个随机数字，然后以这个随机数字为起点，按照抽样间距抽取样本单位，在达到总体编号的末尾后，把编号起始数字（1、2、3……）依次置于末尾编号的后面，即转回到编号的开始，仍然与位于编号末尾的上一个样本单位等距，继续抽取样本单位，直至抽取到样本要求的数量为止。

在确定抽样间距时，还要注意一个问题：抽样间距不能与所研究现象的自身周期相等，否则将会产生严重的误差。如研究某超市的经营状况，按照时间间隔等距抽样，抽样间距为7，假设第一次调查的日期为星期一，以后每次调查的日期都是星期一，那么可能会对该超市的经营状况做出非常悲观的估计。

3. 分层抽样

分层抽样也称分类抽样、类型抽样，指先对总体每个单位按照一定的标志分为两个或多个相互独立的组，然后按简单随机抽样分别从各组中抽取一定的单位构成样本。为了获得具有代表性的样本，分层抽样一般按有关标志来分层。例如，在一次预测选举结果的民意调查中，如果男性和女性关心的问题有明显的差异，那么性别是划分层次的适当标志。

在分层抽样中，为各组分配样本单位数时，可以按照等比例或不等比例的方式。

（1）等比例分层抽样

在等比例分层抽样中，各组中抽取样本单位的数量占样本容量的比例等于各组占总体容量的比例，即各组中的样本单位数与该组的规模大小成比例。规模大的组分配较多的样本单位数，规模小的组分配较少的样本单位数。这种方法简便易行，适用于各组之间规模差异不大，或各组之间组内差异比较接近的情况（图3-5）。

图3-5 分层抽样（等比例）

（2）不等比例分层抽样

不等比例分层抽样指不按照组的规模，而是按照各组的内部差异程度来分配各组的样本单位数。内部差异程度大的组，分配较多的样本单位数；内部差异程度小的组，分配较少的样本单位数。这种抽样方法适用于各组的规模悬殊，或各组之间的组内差异很大的情况。例如，调查中若规模较小的组，组内差异很大，而规模较大的组，组内差异很小，这种情况下，如果按照等比例分层抽样的方法，规模小的组分配较少的样本单位数，规模大的组分配较多的样本单位数，则会导致抽取的样本代表性不足。应该采用不等比例分层抽样，按照组内差异的大小来分配各组样本单位数。

4. 整群抽样

将总体单位按一定标志划分为若干群，然后采用概率抽样方法随机抽取一定数量的群，将抽中的群中所有单位作为样本，或再按照概率抽样方法从抽中的群中抽取一定数量的单位作为样本。如果将抽中的群中的所有单位视为调查对象归入样本，则称为单阶段整群抽样；如果再从抽中的群中按照概率抽样方法各抽取一定数量的单位作为样本，则称为多阶段整群抽样（图3-6）。

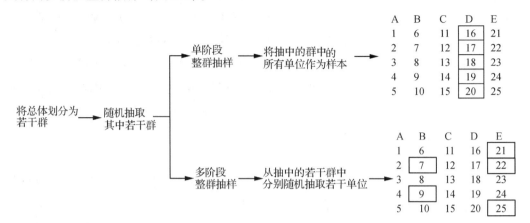

图3-6　单阶段整群抽样和多阶段整群抽样

按照地理区域抽样是整群抽样的典型方式。以地理单位如省、市、县甚至小区为单位将总体分群，然后从所有群中随机抽取若干地理单位，下一步不管是按照单阶段整群抽样还是按照多阶段整群抽样方法进行抽样，都会获得地理位置相对比较集中的调查样本，避免了样本在地理分布上的过于分散。因此，整群抽样是成本相对较低、节省访问时间的一种抽样方法。但是，整群抽样适用于群内单位差异较大而群间差异相对较小的情况。如果群内单位差异较小而群间差异很大，则整群抽样获得的样本代表性就会很差，而现实中这种情况出现的可能性更大。要解决这个问题，可以增加抽取的群数。

下面以具体例子来说明整群抽样的优缺点。假设要研究某城市家庭消费情况，计划抽取200个家庭作为调查样本。如果按照简单随机抽样方法，则抽到的200个家庭会散布在该城市的各个区域、各个小区，调查人员想完成调查，甚至要跑遍城市的几乎所有小区。如果按照多阶段整群抽样方法，首先从该城市小区中随机抽取10个小区，然后再在该10个小区中各随机抽取20户家庭，按照这种方法抽取的200个家庭分布在相对较集中的10个小区，调查人员只需在这10个小区按照抽中的名单挨家挨户走访就可以完成调查工作。相对于简单随机抽样，整群抽样耗费的时间和费用大幅减少；样本的代表性则是简单随机抽样优于整群抽样，因为住在一个小区的家庭之间在收入水平、生活方式、消费行为等方面具有相似性。

5. 其他概率抽样方法

除了简单随机抽样、等距抽样、分层抽样、整群抽样以外，根据实际情况，还可以对这四种基本抽样方法进行灵活使用，如采用与单位规模大小成比例的概率抽样（PPS抽样）、多相抽样等。

PPS抽样是一种不等概率抽样方法，指抽样单位被抽选到的概率与单位规模大小成比例的抽样方法。例如，以学校、社区、工厂、农场、城镇等为单位进行抽样调查，不同抽样单位之间的规模差别可能会很大，而研究的变量又与调查单位的规模大小相关度很高,则需要对规模较高的调查单位赋予较高的抽中概率,对规模较小的调查单位赋予较低的抽中概率。总之,被抽中的概率与单位规模大小成比例,这种情况下,即为PPS抽样。

多相抽样是指在同一抽样框中,先抽取一个含有很多单元的大样本,收集基本的信息,然后在这个大样本中抽一个子样本,收集更详细信息的抽样方法。多相抽样与多阶段整群抽样的区别在于后者将所有抽取到的单位均进行同样的调查,而多相抽样中每一次抽样的调查内容是不同的。例如,二相抽样先对第一次抽取到的大样本进行简单的调查,然后根据需要再对第二次从大样本中抽取到的子样本进行更详细的调查。多相抽样适合于希望先获取总体中的大致信息,再进行分层或进一步调查的情况;经费有限,又想获取更详细的信息时也可以采用多相抽样。例如,某次市场调查内容分为两部分,一部分要求调查对象填写调查问卷,相对比较容易,而另一部分要求调查对象到指定的实验室进行时间较长、操作较复杂的实验调查。为了节省费用,采用二相抽样,对第一次抽取到的所有样本均进行问卷调查,然后再从该样本中抽取少部分调查对象进行实验调查。

6. 四种概率抽样方法的对比

表3-2列出了四种概率抽样方法的优缺点。

表3-2 四种概率抽样方法的优缺点

概率抽样方法		优点	缺点
简单随机抽样		简单、直观,易于理解;统计计算容易	构建抽样框难度大,成本高,不能保证样本代表性,样本代表性比分层抽样和按照有关标志排队的等距抽样差
等距抽样	按照无关标志排队的等距抽样	易于理解	构建抽样框难度大,成本高,不能保证样本代表性,样本代表性与简单随机抽样相同
	按照有关标志排队的等距抽样	可增加样本代表性,样本代表性比简单随机抽样好	构建抽样框难度大,成本高
分层抽样	等比例分层抽样	样本包含了所有类别单位,样本代表性比简单随机抽样好	要求分层变量最好与调查内容相关;可能对总体分组难度大,成本高
	不等比例分层抽样	样本包含了所有类别单位,样本代表性比等比例分层抽样好	
整群抽样	单阶段整群抽样	易于操作,成本低	除非各群都充分体现了总体,否则样本代表性差
	多阶段整群抽样		

3.3.2 非概率抽样方法

1. 便利抽样

便利抽样，顾名思义，样本的选定完全根据调查人员的方便来决定。例如，化妆品生产企业会把新产品放置于公司卫生间，让公司内部员工试用、反馈试用结果，这种情况下，试用的公司内部员工就是一个便利抽样的样本；街头拦访也是便利抽样方法；将调查问卷放在网站上让消费者通过网络来完成问卷调查也是便利抽样方法；电视台或者广播电台邀请观众或听众拨打热线电话或打开某个网站参与相关活动或投票也是便利抽样方法。便利抽样操作简单，成本低，速度快。但是，便利抽样并不能保证样本代表性，因此不建议根据便利抽样的结果来推断总体。便利抽样通常适用于获取灵感、发现问题、提出假设的探索性调查等。

2. 判断抽样

判断抽样是根据调查人员的主观判断或经验，从总体中选择调查人员认为具有代表性的样本作为调查对象。例如，新产品投放市场之前选择购物中心进行市场测试，选择哪几个购物中心作为测试场所取决于调查人员的主观判断，就是一种判断抽样。判断抽样中，调查人员选择调查单位时依据专家的经验判断，或者依据对调查总体的了解来选择具有一般代表性的"平均型""多数型"的样本；根据研究目的，可能还会选择具有"极端性"的样本以发现、总结问题。判断抽样同样具有成本低、方便和快速的特点，然而，由于判断抽样在很大程度上依赖调查人员的主观标准，因此，抽样调查结果同样不建议推断总体。

3. 配额抽样

配额抽样是对总体依据一定标准或某种特征分成不同群体并事先分配各群体的样本数量，然后再由调查人员按分配的样本数量在各群体内抽取样本。所谓配额，就是对划分出的总体各群体都分配一定数量的调查名额。调查人员可以依据调查对象的单个属性或多个属性来进行分层和配额。例如，在一次化妆品消费行为调查中，抽样设计人员根据经验，按照性别标准，将样本中男性和女性调查对象的比例设定为3∶7。配额抽样与便利抽样和判断抽样相比，加强了对样本结构的控制，因此样本具有较高的代表性。配额抽样类似于概率抽样中的分层抽样。二者的区别在于：首先，配额抽样每一层的配额通常并不一定严格按照每一层的规模或变异程度来客观确定；其次，在每一层内部抽样过程中并不要求按照随机原则来抽取样本，通常对于调查对象的选择仍然依赖调查人员的主观判断。

4. 裙带抽样

裙带抽样又称滚雪球抽样，指在对个别符合要求的受调查者进行调查的基础上，根据他们提供的信息，进一步对其他相关单位进行调查，即由调查对象推荐其他调查单位，直至满足样本容量要求为止。裙带抽样适用于发生率低或较难接触到调查对象的调查，如对于某些特殊群体（失业人员、具有某种小众爱好的群体、患有某种疾病的人等）的调查。通过裙带抽样获得的样本单位在人口统计、消费行为或其他与调查内容相关的特征方面通常具有相似性，因此较容易获得符合条件的样本，但是，调查单位之间的这种相似性和关联性可能导致样本不能很好地代表总体。

【相关链接】

抽样方法的选择

在选择抽样方法时，首先要考虑是使用概率抽样还是非概率抽样。要根据调查目标，判断是否要以样本的结果为基础对总体进行推断。如果要对总体进行推断，则应选用概率抽样；如果只是了解一些概况或者是正式调查前的预调查，则可用非概率抽样。

在考虑选择哪一种概率抽样方法时，要结合抽样框的情况和收集数据的方法来决定。例如，是否具备或有可能建立一个包括所有总体单元的名录框。如果具备这样的名录框，而且总体单元的分布并不很广，总体单元之间的差别也不是很大，则可考虑采用简单随机抽样；如果上述条件不具备，则考虑其他抽样方法。

调查是否要求对一个相当大的地理区域进行面访？如果是则不宜采用简单随机抽样，而应考虑使样本单元相对集中，可以采用一阶段或二阶段整群抽样。

总体单元是否自然形成群体或是否有此类群体的名录，如住户、机关、学校等，或者是否打算使用地域抽样框？若总体单元自然形成群体，有关群体的名录也有现成的，或建立这样的名录比建立一个总体单元的名录要便宜得多，或者可以使用地域抽样框，则应考虑使用一阶段整群抽样或多阶段抽样。

是否具有辅助信息的抽样框，如抽样框中是否包括年龄、性别、省份、收入、企业规模等？如果有，而且这些变量与调查变量相关，则可以考虑采用分层抽样。如果有准确的且与主要调查指标相关的大小度量，则可以考虑使用 PPS 抽样；如果大小度量不太准确或与主要调查指标的相关性不太大，则考虑按度量大小分组，并以此分层。

是否需要做子总体的估计？子总体能否在抽样框中确定？如果是，则考虑将子总体作为层进行分层抽样；若不是，考虑采用多相抽样。

如果抽样框缺乏分层的信息，也缺乏对总体单元进行筛选的辅助变量，而又打算分层，则考虑二相或多相抽样。先抽取一个相当大的第一相样本，用以收集第二相样本中所需要的分层信息。

如果在收集的信息中有部分信息收集起来费用比较高，如需要专门的技术人员当面进行直接测量，这种情况可以考虑采用多相抽样，只用较小的第二相样本来收集那些费用较高的数据。

（资料来源：徐映梅. 市场调查理论与方法［M］. 2 版. 北京：高等教育出版社，2023.）

3.4 代表性误差与抽样误差

调查误差是指调查结果与实际情况之间的偏差。在市场调查中，调查误差可能产生于调查的任何一个环节。例如，在市场调查设计环节，因市场调查方案设计不科学、概念定义不清、问卷设计有歧义、问卷语义表达有倾向性或诱导性等而产生偏差；在调查环节，因调查人员和调查对象之间的相互影响而产生回答偏差，由于调查对象拒访而产生数据缺失；在数据处理过程中，存在编码错误、数据录入错误、计算偏差；等等。以上误差产生于抽样环节之外，是人为操作不当造成的。在抽样环节中，调查误差可能是人为操作不当造成的，也可能是抽样调查本身产生的非人为失误造成的，前者称为代表性误差，后者称为抽样误差。

3.4.1 代表性误差

代表性误差是指因抽样设计或抽样实施中的错误或问题而产生的误差。代表性误差能在样本设计和执行中通过小心谨慎而避免或使之极小化。代表性误差包括抽样框误差、调查对象误差和抽选误差。

1. 抽样框误差

抽样框误差主要是指由于抽样框不能代表总体而引起的样本代表偏差。在实际调查中，抽样框往往与总体不一致，可能的情况包括不完整的抽样框、含有不相关的抽样框。不完整的抽样框是指属于总体的部分调查单位没有列入抽样框；含有不相关的抽样框是指抽样框中含有调查总体之外的调查单位（图3-7）。

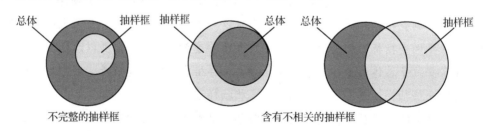

图 3-7 抽样框误差

2. 调查对象误差

调查对象误差是因为对调查对象范围限定得不准确而引起的误差。例如，将某项研究的调查对象年龄限定在35岁以上，后来却发现不少年轻人也应该包含在这个研究中，当初应该将年龄限定在20岁以上。

3. 抽选误差

在抽样实施过程中，特别是非随机抽样中，出于主观原因，人为地选择偏高或偏低单位进行调查而产生的误差就是抽选误差。例如，要了解女性对外出工作的看法，如果在工作日的白天做家庭访问，就会出现明显的偏差，因为外出工作的女性没有包括在样本中。

3.4.2 抽样误差

抽样误差是指在遵循随机原则的情况下，所抽得的样本统计结果与总体实际值之间的偏差。不管采用何种抽样方法，样本毕竟不等同于总体，因此，样本统计结果与总体实际值之间的偏差是不可避免的，即抽样误差是非人为操作失误造成的，是抽样本身不可避免出现的偏差。

例如，我们想知道购买某产品的消费者的平均年龄，但是对所有消费者进行全面调查是不现实的，因此我们采用抽样调查，用随机抽样方法抽取了一个容量为 200 的样本。假如总体的平均年龄为 30 岁（事实上，你可能永远也无法知道这个数字），而我们根据样本计算的平均年龄为 32 岁，则样本平均年龄与总体平均年龄的偏差即为抽样误差。

3.5 样本容量

3.5.1 相关概念及符号

在前面各节中，我们尽量避免使用统计公式和符号来对相关内容进行介绍，在本节中，样本容量的确定需要运用统计学的方法进行计算，因此需要涉及一些统计的相关概念及符号。

1. 总体参数

总体参数（表 3-3）用以描述调查总体的特征，常见的总体参数包括总体均值、总体比例（成数）、总体方差和标准差。例如，在消费者调查中，总体参数是描述所有消费者即调查对象全体的特征的指标，如总体均值——消费者平均年龄、平均收入水平等，总体比例（具有某一特征的调查单位占所有调查单位的比重）——消费者中男性占比、每周使用次数在三次以上的重度使用者占比、看过某产品广告的消费者占比等，方差和标准差（反映某一特征的变异程度）——年龄的标准差、收入水平的标准差。在实际调查中，总体参数是未知的，需要我们通过样本来对总体参数进行估计或检验。

表 3-3　总体参数和样本统计量

分类	总体	样本
容量	N	n
均值	μ	$\bar{X}$
比例	π	p
方差	σ^2	S^2
标准差	σ	S

2. 样本统计量

样本统计量（表 3-3）用以描述调查样本的特征，常见的样本统计量包括样本均值、样本比例（成数）、样本方差和标准差。在实际调查中，样本统计量是可以计算出来的。

3. 允许的极限误差

在实际调查中，我们采用统计推断的方法对总体参数进行估计和检验，即用样本统计量来估计和检验总体参数，如用样本均值来估计总体均值、用样本方差来估计总方差、用样本比例来估计总体比例等。以总体均值的参数估计为例，在用样本均值来估计总体均值时，采用区间估计的方法，如根据样本计算出的消费者平均年龄为 40 岁，我们对总体平均年龄的估计为 40±2 岁，即 38—42 岁，38—42 称为置信区间，置信区间中的 2 就是允许的极限误差。你对总体的真实平均年龄在你构建的置信区间内有几成把握，这个把握程度就是置信水平。允许的极限误差、置信区间和置信水平是有关系的，允许的极限误差越大，构建的置信区间范围就越大，置信水平就越高。如你对消费者平均年龄在 40±40 岁有接近 100% 的把握，虽然你的把握程度很高，但是允许的极限误差太大，这样构建的置信区间范围太大，也就失去了实际参考价值。现实中会根据允许的极限误差大小、要求的把握程度来确定样本容量。

4. 平均抽样误差

平均抽样误差是指所有可能的样本的抽样误差的平均值。在既定的抽样方法和样本容量下，事实上我们可能抽到的样本有很多个。例如，从四名同学 A、B、C、D 中用简单随机不重复抽样的方法抽取两名同学作为样本，则抽到的两名同学可能为 A 和 B、A 和 C、A 和 D、B 和 C、B 和 D、C 和 D，一共 6 种可能的样本，将所有可能的样本的均值计算出来，再计算出这些均值与总体均值的偏差，即抽样误差，这 6 个可能的样本抽样误差的平均值即为平均抽样误差。现实中，总体容量和样本容量不可能只有 4 和 2，因此可能的样本也不可能只有 6 个。随着总体容量和样本容量的增加，所有可能的样本数多到几乎不可计量，而现实中平均抽样误差也是不可能通过一次抽样计算出来的，但是我们可以运用统计知识知道平均抽样误差的数值特征。

根据抽样分布理论，样本统计量的值取决于你抽到哪一个样本，而你抽到哪一个样本是随机的，因此，样本统计量是随机变量。以简单随机重复抽样下总体均值的区间估计为例，在大样本情况下（样本容量大于等于30），样本均值服从正态分布，用符号表示为 $\bar{X} \sim N\left(\mu, \dfrac{\sigma^2}{n}\right)$，即样本均值的均值为总体均值 μ，样本均值的方差为总体方差的 n 分之一，则样本均值的标准差为 $\dfrac{\sigma}{\sqrt{n}}$。样本均值的标准差即为样本均值 $\bar{X}$ 偏离样本均值的均值 μ 的平均距离，也即样本均值偏离总体均值的平均距离，因此样本均值的标准差即为平均抽样误差，也称为样本均值的抽样标准误。在后面的内容中，我们也直接称平均抽样误差为抽样误差。

根据前面的分析，采用简单随机重复抽样，用样本均值估计总体均值时的平均抽样误差为 $\dfrac{\sigma}{\sqrt{n}}$。在这里，直接给出用样本比例估计总体比例时的平均抽样误差为 $\sqrt{\dfrac{\pi(1-\pi)}{n}}$。其他抽样方法和抽样组织形式下的平均抽样误差不再在这里给出公式。

平均抽样误差的大小与以下几个因素有关：

① 样本容量 n 的大小。样本容量越大，样本代表性就越好，抽样误差也就越小。如果样本容量等同于总体容量，抽样调查就变成了普查，则不存在抽样误差。

② 总体的变异程度 σ。总体调查单位之间的差异程度越大，则抽样误差越大；若总体调查单位之间不存在差异，则不存在抽样误差。

③ 抽样方法。对于概率抽样方法，根据调查经验，按照有关标志排队的等距抽样方式的抽样误差最小，分层抽样其次，接着是按照无关标志排队的等距抽样，再是简单随机抽样，整群抽样的抽样误差最大。

④ 抽样的组织形式。一般来说，在其他条件不变的情况下，重复抽样的抽样误差要大于不重复抽样的抽样误差。

在参数估计中，大样本情况下，我们根据样本均值构建的总体均值的置信区间为 $\bar{X} \pm z \dfrac{\sigma}{\sqrt{n}}$，其中 $z \dfrac{\sigma}{\sqrt{n}}$ 为允许的极限误差，用符号 Δ 表示，即

$$\Delta = z \dfrac{\sigma}{\sqrt{n}}$$

允许的极限误差的大小是以 z 倍的平均抽样误差来表示的，z 称为概率度，与置信水平有关，置信水平越高，则构建的置信区间范围越大，允许的极限误差越大，即概率度 z 的值也就越大。根据样本均值的抽样分布 $\bar{X} \sim N\left(\mu, \dfrac{\sigma^2}{n}\right)$，当置信水平为 90% 时，对应的概率度 z 为 1.645；当置信水平为 95% 时，对应的概率度 z 为 1.96。表 3-4 给出了常用的置信水平和对应的概率度。

表 3-4 常用的置信水平和对应的概率度

置信水平	概率度
90%	1.645
95%	1.960
95.45%	2.000
99%	2.580

3.5.2 样本容量的确定

1. 简单随机重复抽样下样本容量的确定

（1）估计总体均值时样本容量的确定

通过前面的分析，已知在简单随机重复抽样下，用样本均值估计总体均值时平均抽样误差为 $\frac{\sigma}{\sqrt{n}}$，允许的极限误差为 $\Delta = z\frac{\sigma}{\sqrt{n}}$。在实际抽样调查中，若事先给定了允许的极限误差、置信水平（置信水平对应概率度 z）、总体标准差（未知的话可以估计或根据经验判断），就可以根据公式推出需要的样本容量，即

$$n = \frac{z^2 \sigma^2}{\Delta^2}$$

调查人员在还没有抽取样本的情况下，如何确定总体标准差呢？可以利用以前考察的结果，或者事先进行试点调查，用试点调查的标准差代替总体标准差，还可以查阅相关二手资料，或通过主观判断给出总体标准差的值。

例 3-1 某地区进行家庭月消费额的调查，按照简单随机重复抽样方法，已知根据以往的相关调查，家庭月消费额的标准差为 500 元，此次调查允许的极限误差为 50 元，置信水平为 95%，求样本容量。

解 已知 $\sigma = 500$，$\Delta = 50$，95% 置信水平对应的概率度 $z = 1.96$，则

$$n = \frac{z^2 \sigma^2}{\Delta^2} = \frac{1.96^2 \times 500^2}{50^2} = 384.16 \approx 385$$

注意：为了能够保证抽样精度，最终计算得到的结果采用进一法。

（2）估计总体比例时样本容量的确定

估计总体比例时，平均抽样误差为 $\sqrt{\frac{\pi(1-\pi)}{n}}$，极限误差为 $\Delta = z\sqrt{\frac{\pi(1-\pi)}{n}}$，推导出样本容量公式为

$$n = \frac{z^2 \pi(1-\pi)}{\Delta^2}$$

如果在实际调查中，不知道总体比例 π 的具体值，则可以采用预调查中的比例值，

或根据相关资料及经验等给定总体比例值，还可以取总体比例值为 0.5，这是最保守的样本量估计值，因为 π＝0.5 时，π（1－π）的值最大，为 0.25，这样算出来的样本容量最大。

例 3-2　某宠物店欲研究其所在城市养宠物的家庭占比，要求置信水平达到 95％，允许的极限误差为 0.05，则简单随机重复抽样下，必要样本容量为多少？（根据经验，该城市养宠物的家庭占比约为 20％）

解　已知 π＝0.2，Δ＝0.05，95％置信水平对应的概率度 z＝1.96，则

$$n = \frac{z^2 \pi (1-\pi)}{\Delta^2} = \frac{1.96^2 \times 0.2 \times (1-0.2)}{0.05^2} \approx 246$$

2．简单随机不重复抽样下样本容量的确定

在简单随机不重复抽样下，估计总体均值和总体比例时的样本容量公式分别为

$$n = \frac{Nz^2 \sigma^2}{N\Delta^2 + z^2 \sigma^2}$$

$$n = \frac{Nz^2 \pi (1-\pi)}{N\Delta^2 + z^2 \pi (1-\pi)}$$

3．影响样本容量的因素

从样本容量的计算公式中可以看出，影响样本容量的因素主要有以下几点：

一是调查对象标志的变异程度。在研究总体均值和比例时，对应的变异程度分别为总体方差 σ^2 和比例方差 $\pi(1-\pi)$，在其他条件相同的情况下，调查对象的变异程度越高，即方差越大，需要的样本容量就越大。

二是允许的极限误差。从公式中可以看出，允许的极限误差 Δ 越大，需要的样本容量就越小。

三是调查结果的把握程度。调查结果的把握程度即置信水平，置信水平越高，则概率度 z 就越大，需要的样本容量就越大。

四是抽样方法。本节给出了简单随机重复抽样和不重复抽样下平均抽样误差和样本容量的计算公式，其他抽样方法因平均抽样误差不同，样本容量的计算公式也不一样。平均抽样误差越大的抽样方法，需要的样本容量就越大。

五是抽样组织形式。重复抽样和不重复抽样的平均抽样误差不同，因此需要的样本容量也不同。在同等条件下，重复抽样需要的样本容量比不重复抽样的样本容量大。

以上由统计方法确定的样本容量只是为了保证达到给定的精确度和置信水平。在实际调查中，为了达到这个样本容量要求，可能需要接触更多的调查对象，因为还要考虑调查的发生率和完成率。发生率指的是接触到的调查对象中符合调查要求的人数的比率。例如，一项关于洗衣液的调查，要求调查对象使用过洗衣液，在实际调查过程中，发现询问到的调查对象中大约只有 80％ 调查对象使用过洗衣液，80％ 的发生率意味着

要找到1位符合条件的调查对象则平均要询问1.25个人。假如根据样本容量公式计算得到的最终样本容量要求是400，那么就要询问400÷80%＝500人，即初始样本容量为500。假如对于调查对象有多个限制条件，总的发生率就是每个限制条件下的发生率的连乘积，因此限制条件越多，总的发生率就越低，需要的初始样本容量就越大。完成率是符合条件的调查对象完成调查的百分比。例如，调查对象能够合格完成调查问卷的比例为90%，那么初始样本容量还需要用最终样本容量除以90%。总的来说，初始样本容量＝最终样本容量÷（发生率×完成率）。

除了以上因素以外，在确定样本容量大小时，还要注意以下定性因素，包括决策的重要性、调查的性质、变量的数量、数据分析方法、相似调查中的样本容量以及资源限制。① 决策的重要性。决策越重要，对于信息精确度的要求也就越高，也就要求样本容量越大。② 调查的性质。在探索性调查中，调查方法多是定性调查，样本容量较小，如焦点小组访谈，通常样本容量只有6—12；而在描述性调查中，多数为定量调查，要求样本容量达到一定的规模才能够进行量化分析。③ 变量的数量。随着调查中涉及的变量数量的增加，样本容量也可能随之增大，因为要取最保守的样本容量，也就是由要求样本容量最大的变量来决定样本容量。④ 数据分析方法。很多数据分析方法对样本容量有要求。在一些多元统计分析中，数据分析方法结合变量的数量来确定样本容量，如最小要求为变量数量的多少倍等；如要对数据进行分组对比分析，则要求的样本容量更大。⑤ 相似调查中的样本容量。很多调查可以参照经验，结合相似调查中的样本数量来确定样本容量。表3-5列举了一些调查中所需的参考样本容量。⑥ 资源限制。调查中的时间、人员、资金的限制也会影响样本容量的大小。

表3-5　调查中所需的参考样本容量

调查类型	最小样本容量	典型样本容量范围
问题识别（如市场潜力）	500	1 000—2 500
问题解决（如价格）	200	300—500
产品测试	200	300—500
试销调查	200	300—500
电视/广播/印刷品广告（每一个被测试广告）	150	200—300
试销市场审计	10 家商场	10—20 家商场
专题组座谈	2 个小组	10—15 个小组

本章小结

1. 总体是指所要调查对象的全体。样本是从总体中按照一定抽样方法抽取出来所要直接调查的那部分调查单位的集合。总体和样本中包含的调查单位数量分别称为总体容量和样本容量。抽样框又称抽样框架、抽样结构，是指供抽样使用的调查单位构成的全体。

2. 抽样设计的程序可以分为定义调查总体、确定抽样框、选择抽样方法、确定样本容量、确定抽取样本的操作程序等五个步骤。在定义调查总体时，可供参考的标准包括地域特征、时间特征、人口统计特征、产品或服务的使用特点、排除特征等。

3. 抽样方法包括概率抽样和非概率抽样两大类方法。概率抽样方法包括简单随机抽样、等距抽样、分层抽样和整群抽样；非概率抽样方法包括便利抽样、判断抽样、配额抽样和裙带抽样。

4. 简单随机抽样又称单纯随机抽样，是指从总体单位中不加任何分组、排队，完全按随机原则抽取调查单位。等距抽样又称机械抽样或系统抽样，先将总体中的调查单位进行编号，随机地抽取第一个样本单位，然后再按照编号等间隔地抽取其他样本单位，等距抽样包括按照有关标志排队的等距抽样和按照无关标志排队的等距抽样。分层抽样指先对总体每个单位按照一定的标志分为两个或多个相互独立的组，然后按简单随机抽样分别从各组中抽取一定的单位构成样本。在分层抽样中，为各组分配样本单位数时，可以按照等比例或不等比例的方式。整群抽样是将总体单位按一定标志划分为若干群，然后采用概率抽样方法随机抽取一定数量的群，将抽中的群中所有单位作为样本，或再按照概率抽样方法从抽中的群中抽取一定数量的单位作为样本，前者为单阶段整群抽样，后者为多阶段整群抽样。

5. 便利抽样，指样本的选定完全根据调查人员的方便来决定。判断抽样是根据调查人员的主观判断或经验，从总体中选择调查人员认为具有代表性的样本作为调查对象。配额抽样是对总体依据一定标准或某种特征分成不同群体并事先分配各群体的样本数量，然后再由调查人员按分配的样本数量在各群体内抽取样本。裙带抽样又称滚雪球抽样，指在对个别符合要求的受调查者进行调查的基础上，根据他们提供的信息，进一步对其他相关单位进行调查，即由调查对象推荐其他调查单位，直至满足样本容量要求为止。

6. 抽样环节产生的调查误差包括代表性误差和抽样误差。代表性误差是由人为操作不当引起的，包括抽样框误差、调查对象误差和抽选误差。抽样误差是指在遵循随机原则的情况下，所抽得的样本统计结果与总体实际值之间的偏差。抽样误差是不可避免的。抽样误差的大小与样本数量的大小、总体的变异程度、抽样方法以及抽样的组织形式相关。

7. 简单随机重复抽样下，估计总体均值时的样本容量公式为 $n = \dfrac{z^2 \sigma^2}{\Delta^2}$，估计总体比例时的样本容量公式为 $n = \dfrac{z^2 \pi (1-\pi)}{\Delta^2}$。根据统计公式，影响样本容量的因素包括调查对象标志的变异程度、允许的极限误差、调查结果的把握程度、抽样方法、抽样组织形式。除此之外，还要考虑调查的发生率和完成率，以及很多定性因素。

本章思考题

1. 简述抽样设计的过程。
2. 在抽样设计中，界定总体的参考标准有哪些？
3. 市场调查中，理想的抽样框是否存在？如果存在，请给出具体例子。
4. 如何区别概率抽样和非概率抽样？各自的优缺点有哪些？
5. 如何运用随机数表进行简单随机抽样？
6. 简述等距抽样的操作步骤。
7. 简述分层抽样和配额抽样的区别。
8. 为以下总体给出可能的抽样框和抽样方法。
（1）购买某大型超市自制食品的消费者。
（2）足球爱好者。
（3）准妈妈。
（4）养狗的人。
（5）某快餐店的顾客。
（6）某银行的信用卡用户。
（7）奶茶的重度消费者。
（8）某城市潜在购房者。
（9）某城市骑电瓶车的人。

9. 某购物中心想了解顾客对该购物中心的满意度，调查方法为在该购物中心门口拦截调查对象，具体时间为随机抽取的某一周的周一至周六共六天，在购物中心营业时间内，选择第20、40、60、80……个进入该购物中心的顾客作为调查对象。请描述调查对象总体、此次调查的抽样框以及采用的是何种抽样方法。你觉得此次调查的样本代表性如何？为什么？

10. 影响样本容量的因素有哪些？

11. 计算题。

（1）某市进行居民家计调查，按简单随机抽样，已知概率度为2，总体方差是10 000，允许极限误差为10，求样本容量。

（2）假设以往对快餐店的调查显示，80%的顾客喜欢法式薯条，调查人员希望抽样误差低于6%，置信水平为95%（对应的概率度为1.96），求所需样本容量。

（3）某乐园想调查顾客乘坐索道的比率，要求抽样误差不超过5%，置信水平为95%，求样本容量。

（4）W公司的品牌推广计划致力于提高所在区域的品牌形象，为此，W公司进行了一次电话调查以了解公司的品牌认知度和品牌美誉度。调查结果显示，公司品牌认知度为65%，52%的调查对象认为W公司品牌形象较好。此次调查样本容量为100，根据调查结果，品牌认知度在95%置信水平下允许的极限误差为9.35%，品牌美誉度允许的极限误差为9.79%，因此品牌度和品牌美誉认知度的95%置信区间分别为65%±9.35%和52%±9.79%。

① 总经理认为品牌认知度和品牌美誉度估计的允许的极限误差过大，如果要求误差控制在5%以内，置信水平仍为95%，则样本容量应该为多大？

② 如果每份调查的费用预计为25元，在调查费用预算为20 000元的前提下，置信水平取99%，品牌认知度和品牌美誉度估计能够达到什么样的误差水平？

市场调查

第4章 调查问卷设计

【学习目标】

- 了解调查问卷设计的过程
- 掌握调查问卷的基本结构
- 掌握调查问卷说明词的主要内容
- 了解开放式和封闭式问题的特点
- 掌握调查问卷问题和答案的设计方法
- 理解调查问卷设计的注意事项
- 能够根据调查内容完成调查问卷的设计

【导入案例】

请你对10个朋友实施以下问卷调查。你可以选择：A. 将这些问题写下或者打印在纸上，交给每个朋友；B. 将每个问题分别读给你的每个朋友听，并分别记下他们的答案。

(1) 昨天一天您使用个人电脑了吗？（　　）

A. 用了　　　　　　　　　　B. 没用

(2) 昨天一天您大概用了多久的个人电脑？（　　）

A. 不到1小时　　　　　　　B. 1—2小时（不含2小时）

C. 2—4小时（不含4小时）　D. 4小时及以上

(3) 您使用个人电脑的频率是怎样的？（　　）

A. 经常使用　　　　　　　　B. 偶尔使用

(4) 您购买和使用个人电脑的最主要目的是什么？（　　）（单选）

A. 学习（完成老师布置的作业、查阅资料、使用学习软件等）

B. 娱乐（看剧、打游戏、聊天等）

C. 购物　　　　　　　　D. 上网　E. 其他

（5）您对个人电脑的看法是（　　）

A. 对于大学生来说，个人电脑完全不重要，可有可无

B. 对于大学生来说，个人电脑的重要性一般

C. 对于大学生来说，个人电脑很重要，是必需品

（6）在拥有个人电脑之后，您的户外活动与锻炼是否受到影响？（　　）

A. 影响很大，基本成了"宅男""宅女"

B. 影响不大，没有必要就不出门

C. 完全没有影响

（7）您的性别是（　　）

A. 男　　　　　　　　　B. 女

（8）您的年级是（　　）

A. 大一　　B. 大二　　C. 大三　　D. 大四　　E. 其他

请仔细思考和感受：① 问卷是如何把我们要获取的答案标准化的？② 你用了多长时间完成以上访问？如果没有调查问卷，你获取 10 个人的以上信息会更容易还是更费力？③ 你用了多长时间来统计每一道问题的答案分布情况？问卷是否使你的分析工作更容易、结果更直观？④ 不同性别、不同年级的人对个人电脑的使用情况和看法是否存在差异？⑤ 你觉得以上问卷有哪些问题？

本章主要介绍调查问卷的设计流程、调查问卷的基本结构、问题和答案的设计技巧、调查问卷设计应注意的问题等。学完本章内容以后，请你回头来看一看上面的问卷吧！感受一下此问卷的优点，同时以更专业的眼光评估一下，此问卷中存在哪些问题呢？

4.1　调查问卷设计的基本概念

4.1.1　调查问卷的含义与作用

调查问卷又称调查表，它是以书面的形式系统地记载调查内容，了解调查对象的反应和看法，以此获得资料和信息的一种工具。

调查问卷提供了标准化和统一化的数据收集程序。如果没有调查问卷，调查过程将很难标准化，调查对象的回答也将是一堆杂乱无章的信息，难以进行比较和分析。调查问卷使调查中问题的表述和提问的程序标准化。每一个调查人员以相同的问题向被调查

者提问，被调查者也以相同的方式进行回答，只有这样，对于数据的量化分析才成为可能。

调查问卷是调查人员和调查对象之间的双向沟通媒介。调查问卷是从调查对象获取数据和将数据传达给调查人员的主要渠道，这种渠道扮演着两种沟通角色：向被调查者传递调查人员想要问什么；通过调查问卷，被调查者能够将他们的实际情况反馈给调查人员。即使沟通双方相距遥远，不能直接见面交流，通过调查问卷这一沟通媒介，也能够完成信息的传递和反馈。

4.1.2　调查问卷的主要类型

1. 按调查问卷的传递方式划分

调查问卷按传递方式划分，可以分为报刊问卷、邮政问卷、送发问卷、访问问卷、电话访问问卷和网络调查问卷。① 报刊问卷。通过报纸、杂志、书籍等传递给被调查者，填好问卷后，再邮寄回调查机构。② 邮政问卷。调查人员通过邮局向选定的被调查者寄发问卷。③ 送发问卷。调查人员直接将调查问卷发送到选定的被调查者手中，填写完毕再派专人收回问卷。④ 访问问卷。由调查人员根据问卷内容，向被调查者当面提出问题，然后由调查人员根据被调查者的口头回答来填写问卷。⑤ 电话访问问卷。调查人员通过电话向被调查者询问问卷中的相关问题，并记录答案。⑥ 网络调查问卷。将设计好的问卷通过网络传递给被调查者，被调查者通过点击链接或扫描二维码来回答问卷的问题，调查人员甚至可以通过设计好的程序来统计网上问卷的调查结果。

2. 按调查问卷的填写方式划分

调查问卷按填写方式划分，可以分为自填问卷和代填问卷。① 自填问卷。由调查人员将问卷发给被调查者，由被调查者自行填写。报刊问卷、邮政问卷、送发问卷、网络调查问卷均属于自填问卷。② 代填问卷。由调查人员根据问卷内容，向被调查者当面提出问题，然后由调查人员根据被调查者的口头回答来填写问卷。调查内容比较专业、问卷填写难度比较大、要由调查人员对问题及回答要求进行解说的时候，可以选择调查人员代填的方式。电话访问问卷也为代填问卷。代填问卷一般比较准确、真实，不会出现漏填、错填等无效问卷，但是比较费时费力，同时调查人员可能对被调查者的回答造成影响。

4.1.3　调查问卷的基本结构

1. 调查问卷的标题

调查问卷的标题是对调查课题的基本概括，它的功能是能够使被调查者对调查问卷的主要内容和基本用意一目了然，因此，调查问卷的标题要简明扼要，切中主题，如"苏州市手机市场调查问卷""民航乘客生活及消费问卷"。

2. 调查问卷说明词

调查问卷说明词又称前言，是对调查的目的、意义及有关事项的说明。其主要作用是阐明调查的目的和意义，消除被调查者的顾虑，引起被调查者的兴趣，争取被调查者的支持和合作。

（1）调查问卷说明词的主要内容

调查问卷说明词一般包括以下内容：① 问候语。说明词首先要向被调查者表示问候，如尊敬的女士/先生、您好、上午好、下午好等。② 自我介绍。自我介绍部分要说明调查人员的组织、身份等，消除被调查者的戒备心理。③ 调查目的和意义。要向被调查者对本次调查涉及的产品、目的、内容、意义进行说明，争取被调查人员的支持。④ 对被调查者的希望和要求。强调被调查者需要真实、客观地填写问卷，不能由其他人代填。⑤ 说明保密性原则。为了消除被调查者的疑虑，要在说明词中强调被调查者的回答将会严格保密，仅用于此次调查，绝不会向第三方透露被访者的信息。⑥ 向被调查者征询是否需要结果反馈。如果需要结果反馈，请被调查者留下联系方式。⑦ 回报和感谢。向被调查者的支持表示感谢，如果有礼品赠送，向被调查者强调参与此次调查可以领取小礼品。

还有的问卷在说明词中包含了填写说明。问卷的填写说明包括填写的要求、方法、注意事项等，目的是帮助被调查者准确、顺利地回答问题。例如：

① 本问卷中涉及年龄、人口、时间等需要填写具体数字的项目，请填写正确数字。

② 有选择的项目，请在适合您的答案的序号上画"√"。

③ 除特殊要求外，每题只允许选一个答案，有特殊要求的项目请按特殊要求填写。

④ 填写中如有不明白的地方请问调查人员。

（2）调查问卷说明词的形式

调查问卷说明词可以采用开门见山式、宣传与引导并重式。

开门见山式。例如：您好！我们是某某大学管理学院市场营销专业的学生，现正在做一项关于手机的市场调查，我们很荣幸地邀请您作为被调查者完成以下调查问卷，在此表示感谢。问卷中的个人资料我们将严格为您保密。

宣传与引导并重式。例如：您好！××研究所是从事社会文化、生活、消费等市场调查与管理咨询的调查机关，现正在为了 ABC 商业街的再开发而着手进行关于购物行为的调查。

调查问卷说明词的篇幅视问卷的传递方式而定，电话访问问卷说明词不宜过长，访问问卷说明词篇幅可以适当加长，而通过报刊、邮政、网络的调查，因被调查者有充分的时间自填问卷，说明词可以为介绍信的形式。

3. 问题和答案

问题和答案是调查问卷的主体部分，主要是将调查内容转化为具体的问题及备选答案。问题的形式包括开放式问题和封闭式问题,大多数问卷以封闭式问题为主。关于问题和答案的设计,将在本章第3节中详细介绍。

4. 被调查者项目

被调查者项目是有关被调查者的一些背景资料,如性别、年龄、职业、收入、家庭住址、联系方式等。被调查者项目与问卷主体中的问题和答案一样,属于调查内容的一部分,但是在问卷中,被调查者项目通常独立于问卷主体中的问题和答案,位于问题和答案的后面。被调查者项目设置的目的有三:一是便于在调查报告中向报告的读者呈现样本分布。如果不设置被调查者项目,在报告中只能呈现问卷发放数量及有效回收问卷数,而无法呈现发放给了哪些被调查者、这些被调查者是否有代表性等,通过对被调查者性别、年龄等分布比例的呈现,可以让报告的读者相信问卷样本选择的科学性和代表性。二是便于对调查人员的监督控制。调查监督人员可以通过被调查者在个人资料部分留下的电话号码等联系方式,再次联系被调查者,对问卷内容进行复核,以达到对调查人员进行监督和控制的目的。三是便于后期的数据统计分析。有了被调查者的个人资料信息,在后期数据分析的时候就可以将问卷主体中的题目与后面的个人资料结合,进行对比分析。例如,在了解大学生业余生活时,我们除了关注大学生课余都做什么、各项活动的占比以外,还希望了解男生和女生的课余活动是否有区别,而这只有通过对比分析才能得出调查结论。除此之外,我们可能还假设年级不同、专业不同,课余生活不同,因此,在问卷中我们还设置了年级、专业等题目。出于交叉统计分析目的而设置的被调查者项目,是建立在假设基础之上的。

5. 问卷编码

问卷编码是为了便于分类整理、数据录入,易于进行计算机处理和统计分析。问卷编码包括问卷的编号、问题的编号与答案的代码等。根据问题类型的不同,开放式问题为事后编码,封闭式问题为预编码。

6. 必要的注明

必要的注明又称为结束语,设在问卷的最后。可能包括的内容有:对被调查者表示感谢;征询一下被调查者对调查和问卷设计的感受、意见、建议等;调查人员姓名、日期、调查地点等;调查人员对被调查者回答的评价、对调查情况的说明等。

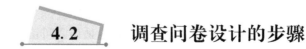

4.2　调查问卷设计的步骤

图4-1为调查问卷设计的大致流程,称之为大致流程是因为在实际的调查问卷设计过程中,不一定完全按照这个过程顺序来执行,其中的步骤可能需要反复,还有一些步

骤里面的内容可能会被打乱或反复。

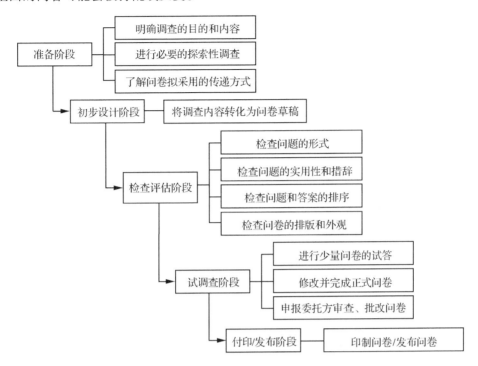

图 4-1　调查问卷设计流程图

4.2.1　准备阶段

在调查问卷设计的准备阶段，问卷设计人员需要明确调查的目的和内容，进行必要的探索性调查，还要了解问卷拟采用的传递方式。

调查问卷设计人员首先应明确调查的目标和内容。调查的目的和内容是问卷设计的指导纲领，问卷设计人员需要仔细研究调查内容中的每一项，并与决策者、方案设计人员、调查人员等进行反复交流，确认调查内容中的哪些是预计需要并且能够通过调查问卷来完成的，问卷设计时需要按照这些调查内容完成问题和个人资料部分的设计。

在调查问卷设计的准备阶段，还需要进行必要的探索性调查。由于行业积累、理论知识、专业能力等方面的制约，问卷设计人员需要就所调查的课题和内容进行深入的了解和学习，因此探索性调查成为问卷设计准备阶段的必要工作。探索性调查可参考以下几个方面：认真学习研究调查相关的理论，以期从理论层面深化对调查课题的认识；向熟悉调查课题和内容的专家学习请教；向具有丰富实际工作经验的工作者学习请教；亲自参加走访、观察、座谈等实践活动，以获得初步的第一手信息；尽可能收集类似调查活动的调查资料，借鉴相关经验。

调查问卷设计前需要考虑的另一个重要因素就是问卷的传递方式。问卷的传递方式直接决定问卷的风格、整体篇幅和难度。如果问卷拟采用面访调查，调查人员与被调查者可以进行充分的交流,则调查问卷可以涉及一些稍冗长、复杂的问题。如果采用邮寄、报刊、网络等传递方式,尽管问卷说明词可以篇幅稍长,但问卷中问题和答案的表述应尽可能简单,以防止问卷填写人员不理解问卷的内容而出现回答偏差;对于电话访问问卷,不管是说明词还是问卷的主体部分,都应尽可能简短。

4.2.2 初步设计阶段

调查问卷初步设计阶段的主要任务是将需要通过问卷来收集的调查内容转化为问卷草稿。将调查内容转化为问卷草稿的过程中,需要注意以下两点:

一是调查内容与调查问卷中的问题并不一定是一对一的关系,针对调查内容中的一项,可能需要设计多个问题。如调查内容中要求研究消费者的"消费偏好",需要根据研究涉及的产品,将消费偏好分解为颜色偏好、款式偏好、品牌选择、规格选择等几个问题;对于"品牌知名度"这项调查内容,展开为调查问卷中的问题,可能需要涉及无提示第一提及知名度、提示前知名度、提示后知名度等问题;又如对于购买商品房的支付行为,可能需要涉及首付款、贷款额度、月还款额、贷款年限、公积金和商业贷款比例等问题。

二是调查内容中的很多专业概念是不适合出现在调查问卷中的。如对于顾客满意度的研究,可能涉及顾客期望、顾客感知质量、顾客抱怨、顾客忠诚等方面,而这些概念是营销领域的专业词汇,是不适合直接出现在调查问卷中的。在理论研究中,我们把这些概念称作潜变量,另一个与之相关的概念叫作观测变量。观测变量也称为观察变量、测量变量,是量表或问卷等测量工具直接获得的数据,潜变量就是不能直接通过问卷来测量的变量,是由若干个观察变量的信息提炼或抽象出来的概念。在问卷设计时,需要将潜变量转化为观测变量,观测变量就是能够直接出现在问卷中用以测量潜变量的变量。通常一个潜变量需要几个观测变量来测量或提炼出来,如顾客对于空调的感知质量,可能包括制冷效果、产品可靠性、耗电量、噪声、售前售后服务等方面。

4.2.3 检查评估阶段

调查问卷草稿初步完成以后,需要反复对问卷进行检查评估,检查评估的内容包括问题的形式、问题的实用性和措辞、问题和答案的排序、问卷的排版和外观等。

1. 检查问题的形式

问题的形式包括开放式问题和封闭式问题。问卷设计人员要反复斟酌每一个问题的形式是否合适,如果改变问题的形式,被调查者作答是变得容易了还是困难了,是否会引起回答偏差,等等。

2. 检查问题的实用性和措辞

问卷中出现的问题是否符合调查内容?是不是必需的?若将该问题去掉,是否能够达到调查的要求？如果将该问题去掉能够达到调查的要求，则考虑是否应该将此问题删除。例外情况包括：为了掩饰真正的调查目的而设置的干扰问题、为了使问卷逻辑上合理而设置的转换话题、为了便于被调查者充分发表看法而设置的一般性的开放式问题、为了检验被调查者是否认真填答问卷而设置的质量控制题目等。问卷设计人员还应反复斟酌问题的措辞，避免存在歧义、敏感性、诱导性。

3．检查问题和答案的排序

问题的顺序是否具有逻辑性？是否遵循了问卷设计中的排序原则？前面的问题是否会影响后面的问题的回答？

4．检查问卷的排版和外观

一份精心设计的问卷还体现在其排版和外观上。简洁明了的问卷要有清晰的说明，篇幅尽量简短；问题过多的问卷要分为几个不同的部分，问题间有适当的区隔，预留合适的空间供被调查者回答，字体和字号合适；含有图表的问卷中图表展示要规范一致，不能出现错别字，同一问题不应跨页。

以上四个方面涉及的内容在下一节还会详细介绍。

4.2.4 试调查阶段

试调查即调查问卷的预先测试，是通过对一小部分被调查者或专业人士进行问卷的测试，旨在发现问卷的缺陷。试调查在问卷设计环节中是非常重要且必需的，因为问卷设计人员不是被调查者，做不到完全站在被调查者的角度来回答问题，因此也无法预估填答过程中问卷可能存在的缺陷。试调查可以发现问卷中可能引起误解的地方、不连贯的地方、不正确的跳跃模式、没有列举出的重要备选项等。完成试调查后，对于发现的问题要进行修改和完善。如果问卷改动较大，则修改完成后需要再进行一次试调查。

4.2.5 付印/发布阶段

调查问卷定稿阶段还需要与调查委托方进行沟通，征得委托方同意后才可以进入付印/发布阶段。若为纸质问卷，则应注意问卷的纸张和印刷质量也会影响被调查者的回答。劣质的纸张、不清楚的印刷会给被调查者一种粗制滥造、调查不重要的感觉，因此填答问卷的时候也不会重视，从而影响填答质量。

随着网络调查的兴起，现在很多问卷都是通过网络来发布的，被调查者只需打开链接或用手机扫描二维码，即可打开调查问卷页面，完成填答。网络问卷虽然不需要印刷，但是在设计、检查、排版、试调查等阶段，与纸质问卷的要求差别不大。

4.3 调查问卷中的问题和答案设计

调查问卷中的问题可以分为两种类型：开放式问题和封闭式问题。

4.3.1 开放式问题

开放式问题是指被调查者可以自由回答的问题，对这类问题调查人员事先不规定答案，被调查者可以根据自己的理解，不受任何限制地做出回答。例如：您为什么选择联想电脑？您认为肯德基哪些方面做得最好？您对我们还有什么建议？您对早餐的营养有什么看法？

1. 开放式问题的主要优点

① 充分性。被调查者可以就所问的问题充分发表自己的看法，从而可以用于确定调查对象的动机、看法、意见等的调查。

② 适用性。适用于不易确定答案或答案过多的问题。例如，对于放在问卷最后的补充问题，问卷设计人员无法预知被调查者的回答而无法预设备选答案，则可以考虑使用开放式问题；如果问题的备选答案太多，被调查者在回答过程中从众多备选答案中来寻找符合的选项，还不如自己填答省时省力，则可以将问题设置为开放式。如对大学生进行调查时，询问"您的专业"；对于私家车车主的调查中询问"您的汽车品牌"，这些问题的备选答案太多，而被调查者自由填答也很容易，因此可以考虑设置开放式问题。

③ 由于无须事先设计备选答案，因此开放式问题的设计相对较简单。

2. 开放式问题的主要缺点

① 不易进行统计汇总。对于大多数开放式问题来说，无法预知被调查者的回答，答案规范程度低，资料分散，不易汇总和整理。

② 填答比较费时费力。填答比较困难，容易引起被调查者不快。因此，在设置开放式问题时，一定要考虑被调查者的填答意愿，填答率可能会受到调查性质、访问礼品、调查人员的引导等方面影响。

③ 对被调查者的表达水平要求较高。特别是对于态度、动机、看法的调查，要求被调查者具有较高水平的语言表达能力和受教育程度、经过深思以后才能够作答，填答难度大。

开放式问题并不一定只出现在问卷的结尾作为补充回答，而是可以出现在问卷中的任何位置。如对于车主的调查，可以在一开始直接询问被调查者汽车的品牌；又如购物中心调查问卷，可以首先询问被调查者最常逛的购物中心名字以及所在城市等。开放式的填答方式甚至可以出现在问卷的答案中，如在列举了所有可能的备选项以后，问卷设计人员为了保证收集信息的准确性和充分性，通常会设置一个"其他"备选项，在"其他"备选项后请被调查者填答具体内容。

4.3.2 封闭式问题和答案

1. 封闭式问题

封闭式问题是指调查人员事先设计好问题的各种可能答案，被调查者只能从中选定一个或几个现成的答案。换言之，封闭式问题收集的信息是结构化的。所谓结构，指信息收集标准化的程度。封闭式问题提供给被调查者的问题和供选择的答案都是完全标准化的，由封闭式问题组成的问卷称为结构化问卷。

（1）封闭式问题的主要优点

① 答案标准化，便于整理分析。不管何种类型的封闭式问题，目前都有一套成熟的编码、录入、定量分析方法，统计软件的应用大大简化了分析过程。

② 答题简单，省时省力。被调查者只需要审视所有选项即可作答。

③ 回答率高。由于回答省时省力，因此回答率较开放式问题高。

（2）封闭式问题的主要缺点

① 适用性和准确性受限制。如没有一个备选答案能够准确描述被调查者的实际情况，但被调查者只能在备选答案中做出选择。

② 真实性受限制。被调查者对不明确、不熟悉或者不愿回答的问题，可能采取猜答甚至胡乱作答的方式。

③ 容易发生回答偏误。备选答案的顺序排列及被调查者的理解习惯、阅读和书写习惯等都可能会导致回答偏误，而这些回答偏误有的可以通过技术处理避免，有的可能无法避免甚至无法检验是否产生偏误。

④ 答案设计难度大。问卷设计人员可能需要花费很多的时间做充分的探索性调查，才能够将所有可能的答案列举出来；同时还要考虑备选答案的顺序、备选答案是否重复或遗漏等问题。

2. 封闭式问题的答案

封闭式问题的答案设置形式有二项选择式、多项选择式、排序式和量表式。

（1）二项选择式

二项选择式又称是非式，即只允许被调查者在给定的两个性质相反的备选答案中选取其一。例如：

您吸烟吗？

① 吸烟 ② 不吸烟

您喝过××品牌的酸奶吗？

① 喝过　② 没喝过

(2) 多项选择式

多项选择式是事先给出三个或三个以上的备选答案，被调查者根据要求，结合实际情况从中选择一个或几个答案。多项选择式根据可选答案的数量，又分为单项选择型（限选一项）、多项选择型（不限定选择项数）和限定选择型（限定选择项数在某一数字之内）。例如：

您的年龄段？

① 18 岁及以下　② 19—30 岁　③ 31—45 岁　④ 46—60 岁　⑤ 61 岁及以上

您在什么情况下会听音乐？（可多选）

① 休息　② 排队　③ 通勤　④ 旅行　⑤ 工作　⑥ 睡前　⑦ 健身　⑧ 其他

请选择您喜欢的运动（按照喜欢程度最多选择三项）

① 跑步　② 游泳　③ 球类运动　④ 跳绳　⑤ 散步　⑥ 跳舞/体操　⑦ 骑车　⑧ 滑冰/滑雪　⑨ 其他

多项选择式问题在设置备选答案时要注意以下问题。

第一，避免答案重复和遗漏。备选答案必须全面覆盖所有可能的情况，并且答案之间要相互独立，不能重叠。

对于行为类型的题目，只需将所有可能的情况列举出来即可。若考虑到选项过多、无法列举全或被调查者选择可能性比较小的选项，可以用"其他（请注明）"项来作为补充。但是，要注意并不能因为设置了"其他"项而忽略前面主要备选答案的设计，如果调查问卷中有很大比例的被调查者选择了"其他"项，说明问卷答案的设置不够全面，掩盖了很多真实的信息，因为选择"其他"项的被调查者很可能没有在选项后面注明具体内容，而事实上他们的真实情况却是不同的。

对于态度、动机、看法类型的题目，通常很难预知被调查者的回答，因此答案的设置会比较困难，除非有充分的前期准备、十足的把握、特定的研究点或关注点，否则可以考虑将问题设置为开放式问题，或将问题分为包含很多题项的量表（量表将在下一节介绍），要求被调查者来打分；在询问被调查者态度、动机、看法时，还要考虑需不需要添加"不知道""没意见""没用过"等补充选项，因为被调查者可能没有接触过或没有使用过所询问的产品、服务等，在这种情况下，若没有设置补充选项，被调查者即使作答了，选出的答案也是无效的。

对于区间选项，应考虑备选答案之间是否重叠，即要保证选项之间的独立性。例如，对于被调查者年龄段的调查，若设置的备选项为"18 岁以下、18—30 岁、30—45 岁、45—60 岁、60 岁以上"，尽管在统计学意义上这样设置没有问题（组限重叠），但在调查问卷中可能会导致个别被调查者，如 30 岁的被调查者，不知道该选择第二个还是第三个选项。

第二，合理编排答案顺序。应答项的顺序会影响被调查者的回答，这已经是经过调查研究人员验证、客观存在的现象。当备选答案为数字、程度、量表等类型时，排在中间比排在两端的备选答案被选择的可能性更大。毕竟，很少有被调查者会承认自己有强烈的看法、态度、倾向等。而当备选答案为词语、短语或句子时，排在两端的备选答案更有吸引力。对于数字等类型的备选答案，不太适合打乱答案顺序，只能顺序或颠倒顺序来编排答案；而对于文字类型的备选答案，可以采用循环或乱序的方式，以消除选项顺序对被调查者作答的影响。在网络问卷中，如问卷星之类的问卷调查平台，设置了"选项随机""选项不随机"两个选择，选项随机即在被调查者填答问卷时，选项排序是乱序的。而对于纸质问卷，选项循环是一个可供采用的处理办法，特别是对于代填问卷，调查人员在将备选答案念给被调查者听时，可以采用循环方式，如对于"您在什么情况下会听音乐？"这个问题的选项："① 休息；② 排队；③ 通勤；④ 旅行；⑤ 工作；⑥ 睡前；⑦ 健身；⑧ 其他"，调查人员给第一个被调查者念的答案顺序为"休息、排队、通勤、旅行、工作、睡前、健身、其他"，而给下一个被调查者介绍的顺序为"排队、通勤、旅行、工作、睡前、健身、休息、其他"，再下一个为"通勤、旅行、工作、睡前、健身、休息、排队、其他"……以此类推。

第三，控制备选答案数目。尽管我们提倡答案不能遗漏，但是在备选项过多时，会增加被调查者填答的难度。目前没有统一、确切的选项个数限制的标准，需要问卷设计人员自行把握。如果觉得选项过多，可以考虑的办法有：将选择可能性小的选项合并为"其他"项；将一个选项过多的问题展开为两个或两个以上问题；将问题设计为开放式问题。

（3）排序式

排序式要求被调查者根据自己的实际情况按顺序排列备选答案。该种方法用于对重要程度、熟悉程度、喜欢程度、关注程度等的排序。相对于多项选择式，排序式除了可以选出合适的备选答案外，还可以区别备选答案的重要性，因此增加了信息量。但是排序式备选答案项数不宜过多，否则会增加回答难度。答案项数过多也会导致被调查者的选择过于分散，特别是在样本量较小时无法发现统计特征。排序式主要有两种方式，一是对所有备选答案进行排序，二是对部分备选答案进行排序。例如：

您选择三八节进行购物的原因（按照重要程度，限选三项），最主要的原因是（ ），其次是（ ），再次是（ ）。

① 商家的折扣比较多　② 买件礼物送给自己　③ 单位发的限时购物券　④ 正好碰上自己喜欢的　⑤ 可以减轻工作压力　⑥ 与好友一起购物　⑦ 跟随大众的队伍　⑧ 其他

（4）量表式

量表式是将备选答案按照表示程度的顺序词语进行排列，要求被调查者根据自己的想法选择相应的词语或数字。量表用于测量被调查者的态度、看法、满意度、情绪等具有主观性的情感。例如：

您对×空调的售后服务满意程度如何？

① 非常不满意　② 不满意　③ 一般　④ 满意　⑤ 非常满意

4.4　调查问卷中的量表

4.4.1　变量/数据的类型

在调查问卷设计和数据处理中，我们常用数字来代表变量的值。例如，性别变量中用 1 代表男，2 代表女；在询问被调查者月收入水平时，1 代表 5 000 元以下，2 代表 5 000—10 000 元，3 代表 10 000 元以上；又如询问被调查者每天上下班通勤时间为多少分钟时，被调查者填写的数字就代表了上下班所用的时间。但是这些数据所承载的信息量、能够运用的分析方法是不一样的。因此，在问卷设计、统计分析时，我们时刻要注意变量的数据类型。在统计学中，变量的数据类型包括四种：定类数据、定序数据、定距数据和定比数据。在后面的介绍中，我们会根据语境称四种类型为变量类型、数据类型或测量的尺度类型。

1. 定类数据

定类数据是只能对事物进行识别或分类的一种数据类型，它是四种数据类型中最简单、信息量最小的一种。例如：

您的性别？

① 男　② 女

您手机的品牌？

① 华为　② 苹果　③ 小米　④ OPPO　⑤ 其他

在定类数据中，数字只起到分类的作用，数字的大小并没有实际的意义，因此，"1 比 2 小""2 比 1 多""3 比 4 好"之类的表述是不正确的，因为定类数据没有大小、多少、好坏之分；也可以随意赋予变量不同的数字，如可以定义 2 = 男、5 = 女，或者定义 82 = 男、28 = 女。对于定类数据不能计算差值、中位数、平均数、标准差等。定类数据能够运用的统计分析方法是有限的，通常可以计算百分比、众数。例如，我们可以说"被调查者中男性占比为 40%""56% 的被调查者使用华为手机（这里'华为'即为众数）"等。

2. 定序数据

定序数据是用来表示等级、顺序的一种数据类型。定序数据中的数值在定类数据的基础上，除了起到分类的作用以外，还具有大小、多少、好坏之分。例如：

您每天花费多少时间用于户外活动？

① 0.5 小时以下　② 0.5—1 小时（不含 1 小时）　③ 1—2 小时（不含 2 小时）

④ 2 小时及以上

以上序号中的数字 1、2、3、4 除了表示类别以外，还具有了"多少"的概念。选择 4 的被调查者户外活动时间多于选择 1、2、3 中任何一个数字的被调查者。但是，1、2、3、4 并没有传递出每天用于户外活动的具体时间是几个小时的信息，如一个被调查者选了 2，我们无法判断他每天具体的户外活动时间；我们也无法计算选择 4 的被调查者比选择 3 的被调查者的户外活动时间多了多少，换句话说，1、2、3、4 之间并不是等距的，2 − 1 不一定等于 4 − 3。因此，你只要按照从小到大的顺序赋予四个选项的值，不一定采用等距的 1、2、3、4，如你可以用 3、8、9、15 四个数字代替 1、2、3、4。因为不等距，定序数据进行加减是无意义的，也不能计算平均数、标准差等，定序数据能够用到的统计分析方法有百分比、众数、中位数。

在实际中，成绩的等第或排名、教师和医生的职称等，都是定序数据。

3. 定距数据

定距数据具有定序数据的所有特性，而且相邻数字之间具有恒定、相等的差额。在定距数据中，1 和 2 之间的距离等于 2 和 3 之间的距离，依此类推。由于数值之间的差额有了恒定和统一的概念，因此定距数据可以相减来计算差额，同时还可以计算平均数、标准差等。

在实际中，典型的定距数据包括考试成绩、IQ 水平、摄氏和华氏温度等。以摄氏温度为例，冰水混合物的温度规定为 0 ℃，一个大气压下沸水的温度为 100 ℃，然后在 0 和 100 之间一百等分，每一格表示 1 ℃，注意"等分"意味着 1 和 2 之间、2 和 3 之间……每一格之间都是等距的。因为相邻数值之间的差额相等，所以数值之间的减法是有意义的。因此我们可以说今天的气温是 10 ℃，明天是 15 ℃，升温 5 ℃，还可以说从 25 ℃ 到 20 ℃，降温 5 ℃，我们还经常见到平均气温为多少之类的表述，都是没有问题的。

定距数据没有绝对零点，换句话说，零不代表没有，而是相对的零，是人为规定的起点。如温度中的 0 ℃ 不代表没有温度，而是一个较低的温度值。因为没有绝对零点，所以计算定距数据的比率是没有意义的，如我们不能说今天的温度是昨天的温度的 2 倍。

4. 定比数据

定比数据拥有前面三种数据类型的所有属性，除此之外，定比数据还有了绝对零点，因此，计算定比数据之间的比率和倍数关系是可行的。例如，我们可以说月收入水平 20 000 元的被调查者是月收入水平为 5 000 元的被调查者收入的 4 倍，每天喝 500 毫升纯牛奶的被调查者的牛奶饮用量是每天喝 250 毫升牛奶的被调查者的 2 倍，收益率为

10%的基金收益水平是收益率为8%的基金的1.25倍，等等。

5. 四种数据类型的总结

定类数据、定序数据、定距数据和定比数据，四种数据类型所承载的信息量是从小到大的，后面的数据类型拥有前面数据类型的所有属性，通常也能够运用前面数据类型中的统计分析方法。

在统计软件如SPSS中，通常只有三种数据/变量类型：类别变量（对应定类数据）、序数变量（对应定序数据）、尺度变量（定距数据和定比数据统一对应尺度变量，用户在进行数据分析时需要自行区分是定距数据还是定比数据）。

在数据分析时，将高测量水平的数据降级为低测量水平的数据进行分析是没问题的，但是，通常不能将低测量水平的数据升级为高测量水平的数据来进行分析。例如，你可以将定序数据视为定类数据计算频数和百分比，但是不能将定类数据视为定序数据计算中位数。对于普通量表数据，可以视为定序变量，也可以视为定距变量，后面会做具体介绍。

四种数据类型的总结见表4-1。

表4-1 四种数据类型的总结

数据类型	特征描述	实例	能够应用的描述统计分析方法
定类数据	用于识别调查对象的类别、属性特征等，无大小、多少、好坏之分	编号、性别、知道的品牌	计算频数、百分比（频率）、众数
定序数据	除识别功能外，还用于表明调查对象的相对顺序，数值具有大小、多少或好坏之分，但是不表示差距的大小	喜好程度、成绩排名、成绩等第	在定类数据能够运用的分析方法基础上，还可以计算百分位数（含四分位数、中位数等）
定距数据	除排序功能外，还可比较调查对象间数值差别的大小，但是没有绝对零点	温度、考试成绩、IQ水平	平均数、百分位数、全距、方差、标准差
定比数据	具有上面三种类型的所有属性，同时具有绝对零点	收入水平、家到单位的距离、存款利率、牛奶饮用量	在定距数据能够运用的分析方法基础上，还可以计算倍数或比率、离散系数

4.4.2 主观看法的测量工具——量表

设想有这样两个问题：第一个问题是"请问您早餐吃的什么？"，另一个问题是"您对早餐的营养怎么看？"，毫无疑问，两个问题的回答难度差别很大。第一个问题很简单，被调查者只需如实回答就可以，而第二个问题回答难度相对较大。在调查问卷设计中，第一种问题涉及行为、事实类型的客观内容，对于被调查者来说，是非常好回答的，对于此类问题，备选答案的设置也是相对较简单的，只需要将所有可能的事实罗列出来就可。而第二种问题涉及被调查者的态度、看法、满意度、偏好、动机等主观内容时，对于被访者来说，回答起来就没有那么简单。如果为开放式问题，被调查者需要思考、组织语言。另外，从数据分析的角度来说，即使被调查者进行了有效的作答，后期的统计分析也是十分困难的，因为对这些主观内容的回答可能非常不规范，答案差别很大。有没有什么有效的工具或方法，来简化这类问题的回答和数据分析呢？

量表是指通过一套事先设计的表述、符号或数字，来测量被调查者主观看法的测量工具。量表实际上就是一把"尺子"，一把用于测量被调查者主观看法的"尺子"。量表本是心理学上用于测量人们心理活动与人格特征的工具，由于市场调查中也常常涉及被调查者主观看法、心理活动的问题，因此，量表在市场调查中也得到了广泛的应用。通过量表可以将需要测量的内容用语言描述出来，然后通过数字打分的形式设定一把"尺子"，让被调查者对照自己的主观想法，选出"尺子"中合适的数字。这种形式为被调查者表达主观看法提供了一个参考框架和一个打分标准，大大降低了被调查者回答的难度。通过量表收集回来的数据，具有高度的标准化，便于调查人员进行数据的整理和统计分析。

4.4.3 量表的分类

量表用于测量被调查者的偏好、态度、满意度、动机等主观看法，被广泛应用于市场调查中。根据量表的表现形式，其类别也多种多样。

1. 列举量表与图形量表

（1）列举量表

列举量表设置了描述要研究的主观看法的多个选项，要求被调查者从中选择符合的选项。例如：

您对××餐厅的就餐环境满意度为（　　）

① 非常不满意　　② 不满意　　③ 一般　　④ 满意　　⑤ 非常满意

您对××购物中心的总体看法为（　　）

① 非常差　　② 比较差　　③ 有点差　　④ 一般　　⑤ 好

⑥ 比较好　　⑦ 非常好

（2）图形量表

图形量表表现为一条直线的形式，直线的两端代表测量的两个极端，被调查者需要在直线的相应位置标记自己的主观看法。例如：

请在直线的合适位置标记您对××购物中心的总体看法。

非常差　　　　　　　　　　　　　　　　非常好
|_____|

图形量表很容易建立，填答也较容易，而且能够获得关于被调查者主观看法的更精

确的信息，但是，对于传统纸质问卷来说，图形量表数据的统计是比较困难的。在网络调查中，图形量表的填答和统计分析都是比较容易的，被调查者只需拉动滑动条至认为合适的位置即可，而计算机会自动统计出被调查者的打分值。

（3）列举式图形量表

为了能够直观表现主观看法的程度，还可以将图形量表和列举量表结合在一起，形成列举式图形量表。例如：

请对此次服务进行打分：

★　　★★　　★★★　　★★★★　　★★★★★

请对此次购物体验进行评价：

☹　　😐　　☺

2. 单项量表与多项量表

单项量表通过单独一个量表题项来测量被调查者的主观看法。例如，调查被调查者对××购物中心的看法，虽然购物中心有很多属性，但是在调查中只设置一个问题，就是对购物中心的总体看法。多项量表包含了很多题项来描述被调查者的主观看法，形成很多个问题，如通过购物环境、品牌选择、价格水平、便利程度四个属性来测量被调查者对××购物中心的看法。

尽管单项量表能够收集被调查者对于研究对象的总体评价或一般看法，而且回答也相对比较简单，但是单项量表收集的数据信息也是比较笼统的。例如，对××购物中心的总体看法打分相同的被调查者，可能在不同的属性上的评价会存在很大差异，调查人员无法收集到更加具体的信息。

相对于单项量表，多项量表还可以检验量表的信度和效度。关于多项量表信度和效度的分析，将在后面进行介绍。

3. 迫选式量表与非迫选式量表

迫选式量表没有中立的选项，要求被调查者必须选择正面的或负面的评价或看法。而非迫选式量表则在选项中提供了中立的选项。例如，询问顾客对于××购物中心停车便利性的看法，提供了"一般"这个中立选项的量表，为非迫选式量表。非迫选式量表和迫选式量表示例如下：

您对××购物中心停车便利性的评价：

① 非常不便　② 比较不便　③ 一般　④ 比较方便　⑤ 非常方便

您对××购物中心停车便利性的评价：

① 非常不便　② 比较不便　③ 比较方便　④ 非常方便

非迫选式量表通常为奇数级量表，常用的为五级量表和七级量表，精度较低的还可以是三级量表，精度更高的可以为九级量表等。在非迫选式量表中，由于被调查者比较含蓄等，可能不愿表达自己的真实看法，因此被调查者会有更大的可能性选择中立选项，导致数据的区分度不是很好。若调查人员预计很少有被调查者对所调查的主题或调查对象持中立态度，则可以将中立选项"一般"去掉，设置成偶数项的迫选式量表。

调查人员选择非迫选式量表可能还有一个原因：考虑到被调查者没有用过或没有接触过所调查人员的主题或调查人员对象，因此无法给出具有明确看法的回答，只能选择中立选项，但是这样会将真正持有中立态度的被调查者和无法回答该问题的被调查者混在一起。考虑到这个问题，调查人员在量表中可以添加"不知道""没有用过""没有意见""没有接触过"等选项。

4.4.4 常用的量表

1. 配对比较量表

配对比较量表是要求被调查者在两个对象或内容中选择其一的量表。例如，要求被调查者在两个品牌中选择更喜欢哪一个品牌、在两个产品属性中选择更关注哪一个属性等。配对比较量表可以进行多次对比，从而达到将涉及的多个研究对象或内容进行排序的目的，因此配对比较量表得出的数据是定序数据。例如，调查人员想知道被调查者对"海飞丝""清扬""采乐"三个品牌的去屑洗发水的购买偏好，可以采用以下配对比较量表：

以下每对去屑洗发水品牌中，您更倾向于购买哪个品牌？（请在每对品牌中勾选相应答案）

① A. 海飞丝　　　　　B. 清扬
② A. 清扬　　　　　　B. 采乐
③ A. 采乐　　　　　　B. 海飞丝

配对比较量表可用于询问被调查者对于品牌、产品、产品概念、属性等的喜欢或关注程度。对于被调查者来说，每次比较只需要从两个选项中选出一个，这种选择要比从众多的备选答案中选出一个要容易得多，但是由于所有配对都需要进行比较，因此当涉及的评价对象数量增多时，配对数量会呈几何级数增加，若要评价所有对象，则组成的配对数为 $m(m-1)/2$（m 为待比较的对象的个数）。

对于配对比较量表的分析，在数据录入时若被调查者在配对比较中选择了该品牌则录 1，没有选中则录 0，统计分析时将每个比较对象所得到的 1 相加，即得到了该对象的偏好次数；对于每一个比较对象来说，从单个被调查者的问卷中获得的偏好次数最多为 $m-1$，最少为 0，所有参与对比的品牌所获得的偏好次数之和应为比较的次数，即 $m(m-1)/2$；通过将比较对象的偏好次数按照从多到少排序，可以获得单个被调查者对比较对象的偏好顺序；通过将所有被调查者在某个比较对象上的偏好数字 1 相加，可以得到该比较对象的总偏好次数；通过将总偏好次数进行排序，可以获得在所有被调查者中比较对象的偏好顺序；通过将所有被调查者对比较对象的偏好次数除以 $nm(m-1)/2$

(n 为被调查者人数），可以得到每个参与比较的对象的偏好百分比，所有比较对象的偏好百分比之和为100%；还可以从所有被调查者的回答中，得到每个比较对象偏好得分的频率。

假设需要比较被调查者对 A、B、C、D 四个品牌的偏好程度，其中比较对象的个数为 $m=4$，需要配对比较的次数为 $m(m-1)/2=6$，假设被调查者数量 $n=8$，8 名被调查者配对比较的结果见表4-2。表中"品牌偏好得分"列分别为四个品牌的得分情况，单个被调查者的"品牌偏好得分合计" $=m(m-1)/2=6$；从"总偏好"行中可以看出所有被调查者的偏好评分情况，A、B、C、D 四个品牌的总得分分别为 11、20、10、7，因此对于所有被调查者来说，四个品牌受欢迎的程度依次为 B、A、C、D；所有被调查者对所有品牌偏好得分的合计为 $nm(m-1)/2=48$，通过将四个品牌的偏好得分合计值除以 48，可以得到每个品牌的偏好得分占比；通过对于"品牌偏好得分"列四个品牌得分中各个数值的频数的统计，可以计算各个品牌的偏好情况，如对 A 品牌来说，品牌偏好得分中 3、2、1、0 出现的频数分别为 2 次、1 次、3 次和 2 次，说明 8 名被调查者中，有 2 个被调查者将 A 品牌选为第一偏好、1 名被调查者选为第二偏好、3 名被调查者选为第三偏好、2 名被调查者选为第四偏好。

表4-2　A、B、C、D 四个品牌偏好得分统计

被调查者	配对比较1		配对比较2		配对比较3		配对比较4		配对比较5		配对比较6		品牌偏好得分				品牌偏好得分合计
	A	B	B	C	C	D	D	A	A	C	B	D	A	B	C	D	
被调查者1	1	0	1	0	1	0	0	1	1	0	1	0	3	2	1	0	6
被调查者2	0	1	1	0	0	1	1	0	1	0	1	0	1	3	0	2	6
被调查者3	0	1	1	0	1	0	0	1	0	1	1	0	1	3	2	0	6
被调查者4	0	1	1	0	1	0	0	1	0	1	1	0	0	3	2	1	6
被调查者5	1	0	1	0	1	0	0	1	1	0	1	0	3	2	1	0	6
被调查者6	1	0	1	0	0	1	1	0	1	0	0	1	2	1	0	3	6
被调查者7	0	1	1	0	1	0	1	0	1	0	1	0	0	3	2	1	6
被调查者8	0	1	1	0	1	0	0	1	0	1	1	0	1	3	2	0	6
总偏好	3	5	8	0	6	2	4	4	4	4	7	1	11	20	10	7	48

2. 李克特量表

李克特量表是以其发明者李克特的名字命名的一种量表。李克特量表由一些对于调查对象的评价的陈述语句（题项）构成，要求被调查者选择对该陈述的同意、支持或符合的程度。最常用的五级量表中，将同意程度分为五级，分别为"非常不同意""不同意""中立""同意""非常同意"。以下是测量顾客对于 A 超市看法的李克特量表。

以下是对于 A 超市的不同评价，请在相应得分处勾选您对该评价同意的程度，1 为

非常不同意，2 为不同意，3 为中立，4 为同意，5 为非常同意。

评价描述	非常不同意	不同意	中立	同意	非常同意
A 超市出售的产品质量很好	1	2	3	4	5
A 超市的购物环境很好	1	2	3	4	5
A 超市销售的产品品种丰富	1	2	3	4	5
我喜欢在 A 超市购物	1	2	3	4	5
A 超市停车方便	1	2	3	4	5
A 超市的服务水平很差劲	1	2	3	4	5
A 超市产品定价合理	1	2	3	4	5
A 超市营业时间合理	1	2	3	4	5

对于被调查者来说，李克特量表比较好理解，填答也较容易，因此被广泛应用于市场调查、科学研究中。但是设计出一套有效、可信、灵敏度高的李克特量表需要下一番功夫。在科学研究中，学者们经常参照其他研究中的成熟量表，如购买意愿、购物卷入度、生活方式、感知质量等都有成熟的量表；而在实际的市场调查中，可以由调查人员根据调查对象和调查涉及的内容，设计一套合适的李克特量表。

假如 A 超市想设计一套有 20 个题项的李克特量表用于调查顾客对于不同超市的看法，可以采用如下步骤。

第 1 步：确定调查内容。调查人员确定针对调查对象的调查内容，如调查顾客对于超市的总体看法，将调查内容设置为产品、服务、环境、价格等几个方面。

第 2 步：收集陈述语句。需要根据调查涉及的内容，构想出 70—100 个对于超市看法的陈述语句。语句可以来源于调查人员、项目经理、超市负责人、顾客、超市工作人员等，收集语句的方法可以采用焦点小组访谈法、深度访谈法等，也可以采取头脑风暴的方式，由参加的人员自由发挥，陈述可以是正面肯定的表达，也可以是负面否定的表达，以这种方式大概收集 70—100 项陈述。

第 3 步：构建量表选项。可以将同意的程度分为"非常不同意""不同意""中立""同意""非常同意"五级，将每一级分别赋予 1—5 分，或者分别赋值为 –2、–1、0、1、2。

第 4 步：量表的预测试。将含有所有量表题项的问卷发放给预测试样本，要求他们对所有题项进行打分。

第 5 步：将负面表述的量表进行反向赋值。例如，"该超市购物环境很差"为负面表述，在量表题项中偶尔使用负面表述的目的在于防止被调查者不仔细阅读题目，而统一选择同意选项。若将同意程度分别赋值为 1—5，则反向赋值的方法为负面表述中的打分 1—5 分别对应正面表述中的 5—1。

第 6 步：计算每个被调查者所有题项的得分合计。将负面表述反向赋值以后，所有量表题项均为正面表述。将每个被调查者在所有量表题项上的打分相加，计算出每个被调查者态度的总分。

第7步：进行量表题项的筛选。

第一种筛选的方法为计算题项与总分之间的相关系数。好的量表题项应该具有较高的区分度，即被调查者的回答应该有所区别。同时，具有较高区分度的量表得分与总分具有较强的相关性，所以可以计算每一个量表题项的打分与总分的相关系数，按照相关系数的大小排序后，依次选择相关系数较大，即排序靠前的量表题项。例如，在构建的原始100个题项中，选择打分与总分之间的相关系数最大的前20个题项作为最终的量表题项。

第二种筛选的方法为比较总分高分组和低分组在题项上的均值差异。首先根据所有题项的态度总分，选择两组被调查者：第一组为态度总分在前25%的高分组，第二组为态度总分在后25%的低分组。分别计算这两组被调查者在各量表题项上的打分均值，通过均值差异的比较，选择那些均值差异显著的题项作为最终的量表题项。

李克特量表的数据分析方法包括：将负面表述反向赋值后，计算每个被调查者的态度总分。例如，在具有20个题项，赋值分别为1—5的李克特量表中，被调查者打分的最高值为100分，一名被调查者的总分为90分，说明他对于调查涉及的对象持有非常肯定的态度，也可以认为他比总分为70分的被调查者持有更加肯定的态度。还可以计算所有被调查者的总分均值而得到被调查者对于调查涉及的对象的总体态度，也可以将该态度均值与其他对象进行对比，得到被调查者对于不同对象的态度差异。例如，A超市总分均值为80分，B超市总分均值为60分，则说明顾客对A超市的肯定程度高于B超市。还可以比较各个题项打分的差异。例如，同样是总分为90分的被调查者，可能在某些题项上的打分存在很大差别。李克特量表数据还可以进行多元统计分析，如方差分析、因子分析、聚类分析、回归分析等。

3. 语义差别量表

语义差别量表两端由描述调查对象特征的两极形容词构成，被调查者需要在合适的选项处标记符合自己看法的等级。例如，测量被调查者对于广告印象的语义差别量表如下：

请仔细阅读下面每组中的相反描述，就上海市X酒店，请在每组描述中符合您看法的数字位置打勾。您对该描述的同意程度越高，则越应该选择靠近该描述的数字；若您认为两端的描述都不能准确描述您的看法，则在中间的数字位置打勾。

位置非常难找	1 2 3 4 5 6 7	位置非常好找
没有特色	1 2 3 4 5 6 7	特色鲜明
服务态度很好	1 2 3 4 5 6 7	服务态度很差
停车极不方便	1 2 3 4 5 6 7	停车非常方便
早餐品种很少	1 2 3 4 5 6 7	早餐极为丰富

```
价格低      1   2   3   4   5   6   7   价格高
卫生很好    1   2   3   4   5   6   7   卫生很差
```

语义差别量表通常用于品牌形象、商店形象、广告印象、新产品开发等调查中。设计人员需要就调查对象特征设计若干组对立的描述性词汇或短语。为了能够迫使被调查在回答问题时仔细思考，可以像李克特量表一样将正负表述随机放置于量表的左边。常用的语义差别量表为七级量表，七级对应的数字可以分别为1—7或 –3— +3。

语义差别量表可以运用的统计分析方法包括：汇总所有被调查者关于各个题项的平均打分，绘制成非常直观形象的语义差别轮廓图。调查人员还可以同时描绘出被调查者对于不同调查对象的打分轮廓图，以找出相对于竞争对手来说自身的优点和不足。需要注意的是，为了使轮廓图更加直观形象，需要在统计分析之前将所有正面表述放置于量表的一端，这个过程类似于李克特量表中的反向赋值过程。图 4-2 为被调查者对 A 和 B 两家快餐店的评价情况。从图中可以看出，被调查者对于 A 快餐店在停车便利性、卫生条件、服务态度和食品选择丰富性方面的评价优于 B 快餐店，而在价格、口味和点餐效率上与 B 快餐店还有一定差距。

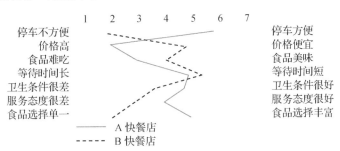

图 4-2　被调查者对快餐店 A 与 B 的评价情况

语义差别量表构建的难点在于量表两端正反向形容词的确定，因为两端的形容词并不一定是语义上的反义词，而且同一个形容词可能会对应很多相反的表述，需要反复斟酌选择用哪一个表述。例如，对于一款甜点的口味测试，正向表述是"甜"，但是反向表述不可能是"甜"的反义词"苦"。又如对于正向表述"有趣的"，反向描述可选"无聊的""了无生趣的""枯燥的"。具体如何表述，需要设计人员根据实际问题选择。

4. 斯特普尔量表

斯特普尔量表以其发明者简·斯特普尔的姓氏命名。量表中间是一个描述性的形容词，由中间向两端通常以 –5 至 +5 来展开。量表为迫选式量表，中间没有零点。为了直观形象，便于被调查者回答，量表通常以垂直的形式来展示。被调查者需要从正负数字中勾选符合自己看法程度的数字。因为只需要给出中间位置的描述性词语，因此构建斯特普尔量表时避免了寻找两极相反描述的繁琐。以下是测量被调查者对于上海某酒店印象的斯特普尔量表。

请就您刚刚收看的广告，在能够描述您看法的数字位置打勾；如果您觉得该描述越准确，就在越大的正数位置打勾，如果您觉得该描述越不准确，就在越远离中心位置的负数位置打勾。

+5	+5	+5	+5	+5
+4	+4	+4	+4	+4
+3	+3	+3	+3	+3
+2	+2	+2	+2	+2
+1	+1	+1	+1	+1
有感染力的	无聊的	充满活力的	令人印象深刻的	与众不同的
−1	−1	−1	−1	−1
−2	−2	−2	−2	−2
−3	−3	−3	−3	−3
−4	−4	−4	−4	−4
−5	−5	−5	−5	−5

4.4.5 量表中的数据类型

前面讨论了态度、看法、满意度、偏好、动机等主观看法的测量工具——量表，常用的量表有配对比较量表、李克特量表、语义差别量表、斯特普尔量表等。量表中的选项或位置除了表明被调查者的态度以外，还具有程度的差别，因此，这些量表数据具有定序数据的特征，可以采用定序数据的统计分析方法。如在很多关于满意度的调查研究中，采用五级量表来测量满意度：1 = 非常不满意，2 = 不满意，3 = 一般，4 = 满意，5 = 非常满意。在报告中会统计被调查者的满意度，如"满意度为 85%"，是指满意度选项等级中选择"满意""非常满意"的被调查者占所有被调查者的比例为 85%，确切地说，这种分析方法是把定序数据降级为定类数据进行的统计分析，因为统计频数和百分比是既可以针对定类数据也可以针对定序数据的分析方法。

以五级量表测量的满意度是否为定距数据呢？从严格意义上说，此类数据并不满足定距数据的特征要求。例如，一个被调查者对调查对象非常不满意（1分），但是稍作改进，该被调查者可能就从非常不满意变为不满意（2分）或一般（3分），但是要使满意（4分）的被调查者的满意度变为非常满意（5分），则可能要困难得多，因此，1—5 数值之间是不等距的。但是，在大多数的统计分析中，为了能够运用更多的统计分析方法，调查人员会假定数值之间距离相等，即将量表数据升级为定距数据。因此，在调查报告中，也会看到"满意度均值为 4.52"之类的表述。

量表数据能否升级为定比数据呢？答案是否定的。首先从满意度的概念来看，在满意度调查中，可以采用 1—5 分来标记从"非常不满意"至"非常满意"五个满意程度，也可以分别以 −2、−1、0、+1、+2 来标记五级满意度水平，被调查者均能够很好地理解并作答。在 -2— +2 的标记方法下,即使某个被调查者选择了 0,我们也不能称该被调查者"没有满意度",而只是该被调查者满意度比较低而已,0 不是绝对的 0,而是相对的 0,因此不满足定比数据的特征要求。其次,在两种标记方式下,打分的倍数或比率关系是不稳定、没有统计意义的。如图 4-3,在第一种标记方法下,被调查者对于服务满意度打分均值为 2.3 分,对于产品满意度打分均值为 4.6 分,若采用第二种标记方法,则服务满意度打分均值为 -0.7 分,产品满意度打分均值为 1.6 分。在两种标记方法下,产品满意度打分均值高于服务满意度打分均值 2.3 分 [4.6 - 2.3 = 1.6 - (-0.7) = 2.3],均值之差是稳定且有意义的。但是,两种标记方法下的均值之比是不稳定的 [4.6/2.3 ≠ 1.6/(-0.7)],因此,取倍数或比率是错误且没有意义的。这也说明了为什么定距数据不能取倍数或者比率,因为一旦数据的相对起点发生了变化,原有的倍数或比率关系也就不存在了。

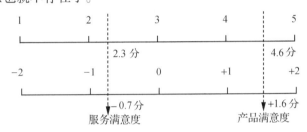

图 4-3 两种标记方法下满意度量表的得分

4.4.6 多项量表的信度和效度

量表用于测量态度、满意度、偏好、动机等主观看法,特别是多项量表,在调查问卷中得到了广泛应用。相对于行为类型的单项选择和多项选择题目产生的定类、定序数据,大多数量表产生的数据可以看作定距数据,能够运用到更多的统计分析方法,特别是多项量表,可以运用如因子分析、回归分析、结构方程等高级的统计分析方法。除此之外,多项量表还可以进行信度和效度的检验,这也是多项量表得到广泛应用的原因。

理想的调查问卷要能够收集到被调查者对于相关问题的准确、有效的回答信息。对于调查问卷中的多项量表,可以对其进行准确性和有效性评价,即评价多项量表的信度和效度。

1. 信度

量表的信度也称为量表的可靠性,是指量表可以避免随机误差,能够提供准确、一致的数据的程度。举例来说,你家里的体重秤,如果能够准确测量你的体重,并且在你的体重没有发生变化的情况下,每次测量时体重秤上的数字是一样的;而在你长胖或变瘦了的情况下,体重秤也能准确给出你的体重数值,从而揭示你体重的变化,则称该体重秤是可信的。如果你家的体重秤在你的体重没有发生变化的情况下,每次称出来的数值总是波动的,则该体重秤是不可信的。同样地,量表的信度就是该测量工具能够准确揭示其测量的主观看法的能力。量表的信度评估方法有三种：重测信度、复本信度和内部一致信度。

（1）重测信度

顾名思义，重测信度是指使用相同的量表在不同的时间、对尽可能相同的被调查者进行重复测量，通过计算两次测量结果之间的相似性作为评价量表信度的标准。如果两次测量结果高度相似，则认为该量表具有较高的重测信度。

重测信度存在两个方面的问题：一是要对同一批被调查者进行第二次访问，大多时候是比较困难的。二是两次测量的时间间隔如何选取，是衡量重测信度的关键。时间间隔太长，被调查者的态度可能已经发生了变化；时间间隔太短，对于被调查者来说，第一次测量的回答还在记忆中，会对第二次测量的回答产生影响。

（2）复本信度

复本信度也称等价形式信度，指构建两个等价的量表，分别对相同的被调查者进行测量，同样用两份量表得分的相关系数来评价复本信度。两次测量结果的相关性强，则量表信度高；相关性弱，则量表信度低。

复本信度存在两个问题：一是设计两份完全等价的量表相当困难，甚至不可能实现；二是即使能够设计出两份完全等价的量表，问卷发放的难度大、时间长、费用高。

（3）内部一致信度

内部一致信度用于评价量表题项内在的一致性，即测量同一现象的不同量表题项测出来的结果之间的同质性。测量内部一致信度最简单的方法就是折半信度，具体做法为将测量同一现象的所有量表题项随机分为两个部分，计算这两个部分量表数据之间的相关性，高度相关表明量表具有较强的内部一致性。折半信度的问题在于，信度的高低高度依赖量表题项之间的划分。

Cronbach's α 系数则克服了折半信度的问题，为所有可能的折半情况的信度系数的平均值。Cronbach's α 系数的值介于 0 至 1 之间，值越大，说明内部一致信度越高；等于或者小于 0.6 时，说明内部一致信度不理想（表 4-3）。

表 4-3 信度的评价标准

Cronbach's α 系数	信度水平	量表处理
0.60—0.65	有些可信	最好不要
0.65—0.70	比较可信	勉强接受，需要调整
0.70—0.80	相当可信	可以接受，少量调整
0.80—0.90	非常可信	完全接受，不需调整
0.90—1.00	十分可信	完全接受，极为少见

2. 效度

量表的效度是指对测量内容的真实反映程度，也就是说，我们用量表收集回来的数据是否真正地反映了我们想要测量的主观看法。设想一个很滑稽的情景：假如你站在一个很准的体重秤上去测量你的体温，尽管这个体重秤具有很好的信度（秤很准），但是上面的数字根本不能反映出你的体温变化，因此这种测量是无效的。

效度主要包括表面效度、内容效度、准则效度和结构效度。

（1）表面效度

表面效度是指量表看上去是测量了应该测量的内容的程度。一方面，表面效度由调查问卷设计人员在问题设计时做出判断。当详细检查每个问题时，就存在表面有效性的隐含评估。问卷不断修订，直至顺利通过调查问卷设计者的主观判断。另一方面，表面效度可能反映出调查人员、专家或熟悉市场、产品或行业的人士就量表是否准确反映了要测试的内容而达成的主观上的一致。

（2）内容效度

内容效度是指量表的题项能够覆盖所调查的内容的程度。内容效度符合标准的量表应该能够覆盖所调查对象的全部内容。例如，在对某饭店的满意度评价中，量表题项只涉及了就餐环境、服务、价格，很显然，这样的量表是缺乏内容效度的，因为其量表题项并没有涉及饭店的重要属性，如食物、卫生等。

同表面效度一样，内容效度主要通过经验判断来进行评价。对于内容效度的评价包括项目所测量的内容是否真正属于应测量的领域，测量所包含的项目是否覆盖了应测领域的各个方面，测量题项的构成比例是否恰当，等等。

（3）准则效度

准则效度是指测量工具所得到的数据和准则变量（准则变量指待预测、待测量或已有理论验证的指标或标准等）相比较的一致性程度或准确程度。准则变量可能是与测量工具同时产生或即将发生的客观行为，如未来是否会购买某产品、未来是否会投票支持某候选人等；可能是待测量的指标事实，如现在是否拥有某产品等；也可能是已通过理论验证的量表、指标或标准等。根据时间跨度的不同，准则效度可以分为预测效度和并存效度。

预测效度是指量表能够准确预测其要预测的准则变量的能力。例如，利用购买意向量表来预测被调查者对某产品的购买行为，如果量表能够准确预测被调查者是否购买该产品，则称该量表具有预测效度。

并存效度是当测量工具和准则变量同时测量时，二者产生的结果的相关程度或测量工具的准确程度。例如，用消费者对智能产品的态度量表（测量工具）估计出不同类型的消费者家中是否拥有智能家电（准则变量），如果估计准确，则称该态度量表具有较高的并存效度。

（4）结构效度

结构效度是指测量是否真正体现最初的理论结构以及体现的程度高低。对于理论研究来说，结构效度是非常重要的。结构效度解决的是量表实际测量的是哪些概念或特征的问题。结构效度要求对每个概念或特征的测量背后有足够的理论支持,并且这些被测量的概念或特征之间应该有合理的关系。结构效度包括收敛效度和区别效度。

收敛效度是量表与其测量的概念或特征的其他量表相关联的程度。区别效度是测量该概念或特征的量表产生的测量值与不同的概念或特征之间的测量值不相关或低相关的程度。例如,如果针对影响顾客满意度的两个潜变量——顾客期望和感知价值设计的多项量表具有充分的理论基础,同时测量顾客期望的量表题项之间具有高度的相关性,测量感知价值的量表题项之间也具有高度的相关性,则称量表具有很好的收敛效度;同时通过量表测量的这两个潜变量之间证实具有较弱的相关性,则称量表具有很好的区别效度。

对于结构效度的检验,可以通过探索性因子分析和验证性因子分析来实现。

4.5 调查问卷设计中应注意的问题

4.5.1 关于问题的内容

1. 避免提出被调查者不能回答的问题

设计调查问卷时,应避免提超出被调查者能力范围的问题,如专业性过强的问题、时间久远的问题、即使时间不是很久远但被调查者回忆起来有困难的问题等。例如:您认为今年秋季服装流行趋势会是什么样子?请问贵公司去年一年开了多少次会议?您在今年夏天买了多少瓶饮料?上周的今天你中午吃了什么?问卷设计人员在进行问题的设计时,要时刻问一下自己:如果我作为被调查者,这道问题我能够准确回答吗?如果不能,则更不能期望被调查者能够回答该问题。

2. 避免提出被调查者不愿回答的问题

直接提出敏感问题、涉及隐私的问题可能会导致被调查者不愿回答,甚至拒绝回答,例如:除了工资收入外,您还有其他收入吗?您有头皮屑吗?贵公司有偷税漏税行为吗?

另外,对于问卷中被调查者个人资料部分,出于保护自己隐私的原因,被调查者可能不愿回答或拒绝回答,因此,对于个人资料部分信息的收集,部分隐私信息应避免使用开放式问题让被调查者直接填答,如年龄、收入水平、体重等,建议使用封闭式问题,将备选答案设置为几个区间段,由被调查者选择。

3. 避免双重问题

双重问题,即一个问题中包括了两个方面的内容,导致被调查者无法回答。例如:请您为××空调的产品质量和售后服务打分;您愿意为专业的理发和烫发等待多长时间?

4. 避免直接提出断定性的问题

您一天中吸多少根烟?该问题假定被调查者都是吸烟的人,而对于不吸烟的人来说，这道题目可能无法回答。因此在问卷中，如果是专门针对某些产品或服务的使用者、接触者等的提问，应先设置过滤性的问题。

在满意度、态度量表中，如果未经过滤提问就使用迫选式量表，不设置中立选项或"不知道""没有用过""没有意见""没有接触过"等选项，也可能使问题变为断定性的问题，导致被调查者无法回答或胡乱作答。

4.5.2 关于调查问卷中的措辞和语句表达

在调查问卷设计中，除了要注意问题本身的内容以外，还要注意问题及答案的措辞和语句表达，这是非常容易被忽略的问题，往往也是容易导致回答偏差的问题。

1. 避免使用不确切的词

在问卷措辞和语句表达中，应使用含义唯一、确定的词语，避免含义不确定的词语。例如：您经常饮用纯牛奶吗？您多长时间去一次超市？① 从不；② 偶尔；③ 有时；④ 经常。这两道问题中的"偶尔""有时""经常"属于典型的不确切的词，被调查者在作答的时候需要对这些词进行主观界定，才能够进行作答，而每个被调查者界定的标准可能是不一样的。例如，对于是否经常饮用纯牛奶这道题目，有的被调查者可能认为每天都喝才算是经常，而有些被调查者可能认为每周喝两次以上就算作经常。类似的措辞还有通常、频繁、很少、几乎、等等、大约、可能、差不多、也许等。

2. 避免使用带有含蓄假定的表达

"请问您家距离××超市有几分钟的路程？"问题中没有说清楚被调查者以什么方式到达××超市，属于含糊不清的语句，被调查者在回答该问题时需要做一个"我是以何种方式到达××超市"这样一个含蓄假定，才能够回答该问题，而每个被调查者的含蓄假定是不一样的，因此答案也缺乏准确性和可比性。

含蓄假定也可能由问题或答案中的个别措辞引起。例如：您在聚餐、郊游等时喜欢拿出手机拍照吗？问题中的"等"字就带有含蓄假定，被调查者在回答该问题时会做不同的情景联想。从这个角度来说，不确切的词均属于带有含蓄假定的表达。

3. 避免使用带有诱导性或倾向性的表达

带有诱导性或倾向性的表达会在无形中暗示或引导被调查者选择特定的答案。例如：儿童安全座椅能够降低儿童在交通事故中受伤害的程度，您是否愿意给您的孩子购买安全座椅呢？××啤酒制作精良、泡沫丰富、口味清醇，您是否喜欢？问题中的前半句具有明显的诱导性。又如：您认为学校食堂的饭菜价格是否应该降低？问题中暗含食堂饭菜价格应该降低的预期。

4. 使用通俗易懂的词语，避免使用专业词汇

问卷设计时，应考虑到目标被调查者的文化水平，选择对于目标被调查者来说通俗易懂的词语，同时应避免使用专业词汇，对于不可避免的技术性术语、营销专业词汇、

行业内的通用表达等应进行详细解释。

4.5.3 关于问题顺序的编排

问卷设计中除了要考虑单个问题的内容、措辞和表达以外,当很多问题组合成一份完整的调查问卷时,还要考虑问题的组合顺序。

1. 注意问题的逻辑顺序

当调查问卷涉及很多调查主题时,应注意将同一个主题的问题放置在一起,一个主题的相关问题问完以后再问另一个主题的相关问题,以防止被调查者在填答问卷时感到混乱,影响作答。还可以将问卷中的问题按照主题进行分类,设计成几个问题模块,必要的话也可以在问题模块切换的时候进行简单的文字说明。当不同主题之间具有逻辑顺序时,如涉及时间顺序、购买决策过程等时,尽量按照被调查者的思维顺序来组合各个主题。

2. 先封闭式问题后开放式问题

尽管有些情况下,调查问卷可能会以一个被调查者容易回答的开放式问题开始,但是,对于大多数问题来说,总体的排序仍然应该遵循先封闭式问题后开放式问题的指导原则,因为对于被调查者来说,大多数开放式问题的回答难度要大于封闭式问题,而在问卷中应该以易于回答的问题开始,以获得被调查者的合作和填答信心。

3. 被访者项目要置于问卷的后面

关于被调查者个人资料,如性别、年龄、职业等问题称为被调查者项目,是所有调查问卷中都不可避免要涉及的内容,应该放置于问卷的结尾。如果在问卷的开始就问及被调查者的个人信息,可能会使被调查者产生戒备心理,影响其填答意愿。可能的例外是,当个人资料作为过滤问题时,则只能放置于问卷的开头。

4. 敏感性问题置于一般性问题的后面

问卷中的敏感性问题应置于一般性问题的后面。延迟提出敏感性问题,可以降低被调查者的警惕性,有助于提高敏感性问题的填答率。即使被调查者拒绝回答敏感性问题,前面的一般性问题的答案还可以回收,进行数据分析。

5. 客观事实问题先于主观看法问题

问卷中如果同时涉及客观事实问题和主观看法问题,如行为和态度,则在问题排列时要注意最好将客观事实问题放在前面,将主观看法问题放在后面。因为客观事实问题通常要比主观看法问题易于回答。另外,如果首先询问被调查者的主观看法,然后再询问客观事实,则可能会导致被调查者在回答客观事实问题时为了能够自圆其说,使自己的客观事实问题的答案与主观看法问题的回答相一致,而主动或不自觉地改变客观事实问题的选择。

6. 关于漏斗形和逆漏斗形顺序

问卷中问题顺序编排的一个非常重要的原则就是:避免前面问题影响后面问题的作

答。一般来说，问卷中如果涉及较为宽泛的问题以及具体的问题的话，则应首先询问较为宽泛的问题，再问具体的问题。这种问题顺序的编排称为漏斗形顺序。例如以下两个问题：① 您在购买电冰箱时，最关注的因素是什么？② 您在购买电冰箱时，电冰箱的耗电量对您来说有多重要？其中问题①是较为宽泛的问题，问题②是较为具体的问题，在设计问卷时，应使用漏斗形顺序。如果颠倒过来，先问问题②，再问问题①，则可能会诱导被调查者，在回答问题①时过多地关注耗电量属性。

如果被访调查无法就相关问题形成一个总的看法，则可能需要使用逆漏斗形顺序，即先问具体的问题，以向被调查者展示一个思考的框架，逐步产生总体看法，然后再问宽泛的问题。

6. 问卷中的分支问题及跳转模式

问卷中的分支问题用于引导被调查者回答不同的问题。例如，问卷中首先询问被调查者是否使用过某品牌的洗发水，对于使用过该品牌的被调查者，继续询问使用后的满意度、忠诚度等相关问题，而对于没有使用过该品牌的被调查者，则直接询问洗发水的购买行为。在问卷中，分支问题通过答案中的跳转模式来实现，在设置跳转时，应注意跳转说明是否写清楚，不要引起逻辑上的混乱。

附录

调查专题1——顾客满意度调查

顾客满意是市场营销中的重要概念。营销大师菲利普·科特勒认为，顾客满意是指一个人通过对一个产品的可感知效果与他的期望相比较后，所形成的愉悦或失望的感觉状态。对于企业来说，顾客对企业所提供的产品或服务感到满意，才会继续购买企业的产品或服务，而不满意的顾客则会向周围更多的人抱怨。顾客满意度是对顾客满意情况的衡量，它是对产品或者服务性能，以及产品或者服务本身的评价。顾客满意度调查可以帮助企业发现影响顾客满意度和忠诚度的主要因素，发现产品或服务中的缺陷，寻找提升产品或服务的机会，使企业集中有限的资源在顾客最为看重或本企业不足的属性上，也可以作为企业绩效评估的依据。顾客满意度调查已经非常成熟，具有足够的理论依据，可供参考的研究框架包括顾客满意度指标体系、四分图模型、顾客满意度指数模型、卡诺（KANO）模型、服务质量模型等。这里只介绍顾客满意度指标体系、四分图模型和顾客满意度指数模型。

1. 顾客满意度指标体系

很多产品或服务具有复杂性、抽象性，需要对研究所涉及的属性进行分解，分解为更加具体的子属性，以便于被调查者对这些属性形成更加准确的认知。层层分解后所形成的属性体系，就是顾客满意度指标体系。例如，对于"产品"这一属性，可以继续分解为产品质量、产品设计、产品包装、产品功能等。在顾客满意度指标体系中,一级指标为顾客满意度,然后依次为二级指标、三级指标、四级指标等,具体展开为几级指标体系,需要根据实际情况,将属性展开到不能或不需要再展开了为止,多数为三级或四级指标的形式。表4-4为银行服务质量顾客满意度指标体系。

表4-4 银行服务质量顾客满意度指标体系

一级指标	二级指标	三级指标	四级指标
银行服务质量顾客满意度	环境设施	外部环境	网点周围交通便利程度
			网点的充分性
			具备停车位或停车场
		内部环境	网点营业大厅宽敞明亮程度
			网点营业大厅设置布局合理程度
			网点营业大厅内部地面、墙面清洁卫生程度
			网点营业大厅有绿色植物和装饰物
			网点营业大厅内张贴指引标志
			网点营业大厅内顾客等候区域的设施舒适性
		硬软件设施	有正常使用的业务设备
			有提供安全的防盗监控设备
			有提示服务的信息设备
			网点营业大厅内配有大厅经理和保安人员
	现场服务	仪容仪表	工作人员穿着统一、整洁
			工作人员佩戴相应的工作号牌
		服务纪律	工作人员的热情程度
			工作人员指引客户办理业务的规范化
			在工作时间,工作人员中途离开情况
			服务的公平性
		服务效率	办理手续娴熟程度
			回答客户咨询问题的清晰程度
			等待时间长短
	追踪服务	售后服务	对客户投诉服务的处理情况
			对客户资料的保密程度
		业务服务	针对客户有疑义的业务解决情况
			新业务推广程度

顾客满意度指标体系的构建过程可以分为以下五步。

(1) 采用定性调查方法

通过查阅二手资料、企业内部访谈、焦点小组访谈、深度访谈、网络评论爬取等方法构建出所有影响顾客满意度的指标。

（2）进行问卷设计

将最具体一层的指标进行满意度量化赋值，如赋值为五级量表，1—5分分别代表"非常不满意""不满意""一般""满意""非常满意"，也可以根据实际情况采用七级量表。赋值后的指标直接在问卷中形成量表即可。为了能够进行后期指标的筛选、赋予权重、进行回归分析等，还需要设置关于上一级整体满意度的量表问题。

（3）指标的遴选

通过初步的预调查，运用相关分析、因子分析等量化分析方法剔除与其他指标高度相关、对整体满意度影响较小的指标，结合定性分析，保留在统计意义上和实际意义上能真正反映顾客满意度的指标。

（4）确定指标权重

根据调查的需要，可以设置指标权重。设置指标权重是因为对不同的产品或服务而言，相同的指标对顾客整体满意度的影响程度不同。如果后期统计分析的时候计划通过加权汇总的算法将各个子属性的满意度加权汇总为上一级指标的满意度，以此方式逐级汇总至计算出整体满意度，指标权重是不可缺少的。但是，指标权重不需要体现在调查问卷中。权重一般由专家讨论或将顾客意见汇总后，采用层次分析法、主观赋值法、客观赋值法等得到。

（5）形成指标体系

剔除不适用的指标后，将剩下的指标按照层级归纳起来，形成指标体系。最终问卷的设计依据指标体系形成量表即可。

另外，在调查问卷设计中，需要注意的是，问卷中通常还要对顾客整体满意度进行询问，个人资料、基本的购买或消费行为等常规问题也是必需的，以便后期数据分析时结合以上问题深度分析顾客满意度情况。根据调查的目的，问卷中可能还需要设置对竞争对手的满意度、对行业标杆企业的满意度等相关问题，以便形成横向对比，寻找企业自身存在的不足。

2. 四分图模型

四分图模型仍然建立在对产品或服务的众多属性分析的基础之上，将顾客对产品或服务的众多属性的满意度以及对属性的重要度评价结合起来，并以二维坐标轴的形式显示，即构成双边矩阵的行或列。图4-4是四分图模型的基本结构。矩阵的第一象限为顾客满意度高、在顾客心目中重要度也高的属性，为企业的优势属性，命名为优势保持区。第二象限为满意度低、重要度高的属性，为企业表现不好、亟须改进的属性，命名为亟待改进区。第三、第四象限分别命名为次要改进区和锦上添花区。通过四分图模型，可以回答这样的问题：我们做得好和不好的地方有哪些？我们要将注意力和资源集中于改进哪些方面？图4-5是某景区游客满意度矩阵，可以看出，景区内物价、景区内设施、商业化程度对游客非常重要，但是景区表现并不好。

图 4-4　四分图模型

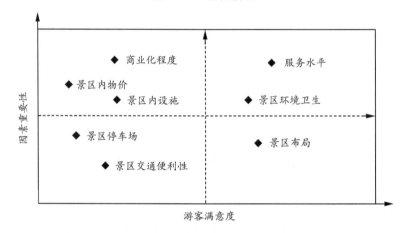

图 4-5　某景区游客满意度矩阵

四分图模型同样要求调查问卷设计人员根据调查目的和内容以及产品或服务的特点，设置若干属性/指标。问卷中要求被调查者同时对这些属性的满意度和重要度打分，打分一般采用五级或七级量表形式。统计分析时只要计算被调查者在这些属性上的满意度和重要度打分均值就可以绘制出四分图。依据四分图模型所构建的调查问卷，要求被调查者同时填答对属性的满意度和重要度两个方面，对于被调查者来说，填答较为繁琐，可能会产生心理疲劳或厌倦，从而影响填答质量。

3. 顾客满意度指数模型

在顾客满意的研究中，研究人员发现，在购买和使用产品或服务的过程中，顾客的满意度的影响因素有多种，满意度也会影响顾客的购后行为，顾客满意度与其他因素之间存在着一定的因果关系。为了能够清晰、准确地描述这种因果关系，研究人员构建了一些顾客满意度指数模型。

1989 年，瑞典创建了最早的顾客满意度指数模型——瑞典顾客满意度指数模型（SCSB 模型）。1994 年，美国密歇根大学商学院国家质量研究中心和美国质量协会共同发起，由费耐尔等人创建了美国顾客满意度指数模型（ACSI 模型）。1999 年，欧洲顾客满意度指数模型（ECSI 模型）开始实施。2000 年，在学习借鉴 ACSI 模型的基础上，国家市场监督管理总局和清华大学根据中国国情构建了中国顾客满意度指数模型（C-CSI 模型）。其中应用最为广泛的是美国顾客满意度指数模型（ACSI 模型），见图 4-6。

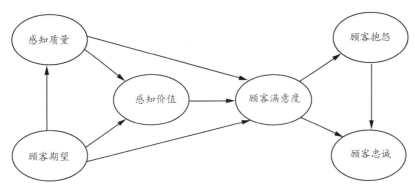

图 4-6　美国顾客满意度指数模型（ACSI 模型）

在 ACSI 模型中，顾客总体满意度被置于一个相互影响、相互关联的因果互动系统中，模型可以解释消费经过与整体满意度之间的关系，并能指示出满意度高低带来的后果，从而赋予了整体满意度前瞻性预期的特性。在理论研究中，描述潜变量之间关系的模型称为结构模型，结构模型中的潜变量也称为结构变量。在 ACSI 模型中，共有六个结构变量（潜变量），包括顾客期望、感知质量、感知价值、顾客满意度、顾客抱怨、顾客忠诚。

（1）顾客期望

顾客期望是指顾客在购买和使用某种产品或服务之前对其质量的估计。决定顾客期望的观测变量有三个：产品或服务顾客化（产品或服务符合个人特定需要）预期、产品或服务可靠性预期和对产品或服务质量的总体预期。

（2）感知质量

感知质量是指顾客在使用产品或服务后对其质量的实际感受，包括对产品或服务顾客化即符合个人特定需求程度的感受、对产品或服务可靠性的感受和对产品或服务质量的总体感受。

（3）感知价值

感知价值体现了顾客在综合产品或服务的质量和价格以后对他们所得利益的主观感受。感知价值的观测变量有两个，即给定价格条件下对质量的感受和给定质量条件下对价格的感受。顾客在给定价格下对质量的感受，是指顾客以得到某种产品或服务所支付的价格为基准，通过评价该产品或服务质量的高低来判断其感知价值。顾客在给定质量条件下对价格的感受，是指顾客基于产品或服务实际呈现出来的质量状况评判与之对应的价格是否合理、划算。

（4）顾客满意度

ACSI 模型在构造顾客满意度模型时选择了三个观测变量：实际感受同预期质量的

差距、实际感受同理想产品或服务的差距和总体满意程度。顾客满意度主要取决于顾客实际感受同预期质量的比较。同时,顾客的实际感受同顾客心目中理想产品或服务的比较也影响顾客满意度,差距越小,顾客满意度水平就越高。

(5) 顾客抱怨

决定顾客抱怨这个结构变量的观测变量只有一个,即顾客的正式或非正式抱怨。通过统计顾客正式或非正式抱怨的次数可以得到顾客抱怨这一结构变量的数值。

(6) 顾客忠诚

顾客忠诚是模型中最终的因变量。它有两个观测变量:顾客重复购买的可能性和对价格变化的承受力。顾客如果对某产品或服务感到满意,就会产生一定程度的忠诚,表现为对该产品或服务的重复购买或向其他顾客推荐。

表 4-5 给出了 ACSI 模型中的变量对应的各级指标。

表 4-5　ACSI 模型中的各级指标

一级指标	二级指标
顾客期望	总体预期
	顾客化预期
	可靠性预期
感知质量	总体感受
	顾客化感受
	可靠性感受
感知价值	给定价格下的质量感知
	给定质量下的价格感知
顾客满意度	总体满意程度
	与预期比较的满意度
	与理想比较的满意度
顾客抱怨	抱怨与否
	向销售者抱怨的可能性
	向他人抱怨的可能性
顾客忠诚	重复购买的可能性
	向他人推荐的可能性
	对价格变化的承受力

顾客满意度指数模型的分析方法通常包括描述统计、因子分析、回归分析、结构方程模型方法等。其中的部分分析方法在后续章节中会做介绍。

基于 ACSI 模型的快捷酒店顾客满意度调查问卷

您好！我们正在进行关于影响快捷酒店顾客满意度的测评研究。感谢您百忙之中抽空填写此问卷。本问卷仅作为学术研究使用，采取匿名形式，请您放心回答。您的回答对本研究具有重要意义，非常感谢您对本次研究的支持！

1. 您的性别为_____
A. 男   B. 女

2. 您的年龄为_____
A. 18—25 岁   B. 26—35 岁   C. 36—50 岁   D. 51—65 岁   E. 66 岁及以上

3. 您最近一次入住的快捷酒店名称_____

4.（顾客期望）请回忆您最近一次入住快捷酒店的经历，并就您入住这家酒店前的感受提出您的意见（1 为非常不期待，7 为非常期待）

序号	测量内容	1	2	3	4	5	6	7
A1	对酒店整体服务水平的期待							
A2	希望酒店能够提供快速、周到的服务							
A3	对服务的稳定性、可靠性的期待							
A4	希望酒店提供个性化的产品和服务							

5.（感知质量）请回忆您最近一次入住快捷酒店的经历，并就您入住这家酒店后的感受提出您的意见（1 为非常不同意，7 为非常同意）

序号	测量内容	1	2	3	4	5	6	7
B1	对于酒店整体评价良好							
B2	酒店的实际交通便利，周边设施齐全							
B3	酒店环境舒适整洁							
B4	酒店员工能够主动、迅速、热情地提供服务							
B5	酒店员工能够专业、个性化地提供服务							
B6	酒店房间私密性好，安全有保证							

6.（感知价值）请回忆您最近一次入住快捷酒店的经历，并就您入住这家酒店后的感受提出您的意见（1 为非常不同意，7 为非常同意）

序号	测量内容	1	2	3	4	5	6	7
C1	相对于接受的服务质量，该酒店的价格合理							
C2	相对于付出的价格，该酒店服务质量与之匹配							

7. （顾客满意度）请回忆您最近一次入住快捷酒店的经历，并就您入住这家酒店后的感受提出您的意见（1为非常不满意，7为非常满意）

序号	测量内容	1	2	3	4	5	6	7
D1	对该酒店的总体满意度							
D2	与理想中的服务相比，该酒店实际的表现如何							
D3	与所期望的服务相比，该酒店实际的表现如何							

8. （顾客抱怨）请回忆您最近一次入住快捷酒店的经历，并就您入住这家酒店后的感受提出您的意见（1为非常不可能，7为非常可能）

序号	测量内容	1	2	3	4	5	6	7
E1	当对该酒店有任何不满时，会向有关部门投诉							
E2	当对该酒店有任何不满时，会通过各种途径进行抱怨							

9. （顾客忠诚）请回忆您最近一次入住快捷酒店的经历，并就您入住这家酒店后的感受提出您的意见（1为非常不可能，7为非常可能）

序号	测量内容	1	2	3	4	5	6	7
F1	会再次入住该酒店							
F2	会向其他人推荐该酒店							
F3	若该酒店价格在一定范围内上涨，会继续选择该酒店							

（资料来源：问卷星. ［2024-07-24］. https://www.wjx.cn/jq/17804092.aspx.）

调查专题2——使用和态度调查

消费者使用和态度调查是消费者调查中最为常见的调查。消费者使用和态度调查是对消费者的购买习惯、使用习惯和态度的调查，被广泛应用于家电、食品/饮料、化妆品/洗涤品、日用品等耐用消费品和快速消费品的消费者调查中。使用和态度调查的目的通常有：查明产品和品牌的市场渗透水平；估计市场规模；确定使用者和购买者的特征；估计不同品牌的市场地位；了解消费者的使用习惯和购买习惯；了解消费者对品牌的态度等。使用和态度调查的作用有：能够使企业发现消费的现实需要和潜在需要，进而提供消费者需要的产品；按照消费者的消费习惯，设计产品的规格、包装；按照消费者的购买地点方面的习惯去制订渠道策略；按照消费者的购买习惯去进行促销。

1. 使用和态度调查的内容

使用和态度调查的内容通常包括以下方面：

产品和品牌的市场渗透水平及渗透深度。

产品使用者和购买者的人口统计学特征，具体包括：全部使用者和购买者的人口统计特征及差异；重度使用者的人口统计特征；目标市场的人口统计特征；不同品牌最常使用者的人口统计特征。

使用习惯和购买习惯，具体包括：使用和购买的产品类型；使用和购买的包装规格；使用和购买的频率；使用和购买的时间；使用和购买的地点；使用和购买的场所；使用和购买的数量；购买金额；使用方法。

主要竞争品牌的市场表现，具体包括：品牌认知；品牌广告认知；品牌渗透率；品牌最常使用率；品牌忠诚度；品牌吸引力和产品吸引力；品牌形象；品牌的优势和劣势。

消费者对品牌的态度。

2．使用和态度研究结果

使用和态度研究结果通常包括以下内容。

（1）产品渗透

产品渗透水平是指产品的使用者占总人口的比例，通常用曾经使用率来衡量。曾经使用率＝使用过产品的人数/调查总人数×100%；过去6个月（或3个月）使用率＝过去6个月（或3个月）使用过产品的人数/调查总人数×100%。

产品渗透深度衡量上述三个使用率的数值是否接近。如果三者数值十分接近且数值较大，说明渗透较深。如果过去3个月内使用率低于过去6个月的使用率，而后者又远低于曾经使用率，则说明渗透较浅。

除了以上渗透水平和渗透深度的分析以外，产品渗透还可能包括不同种类、不同规格、不同包装等的渗透水平。

（2）市场规模

市场规模包括产品购买量、产品购买金额和产品使用量。

（3）购买者和使用者特征

购买者和使用者特征包括全部购买者特征、最常购买者特征、全部使用者特征、重度使用者特征、经常使用者特征、最常使用某品牌者特征等。

（4）品牌表现

① 品牌知名度包括：第一提及知名度＝不提示首先回答该品牌的人数/调查总人数×100%，提示前知名度＝不提示回答该品牌的人数/调查总人数×100%；提示后知名度＝提示后回答该品牌的人数/调查总人数×100%；总知名度＝提示前知名度＋提示后知名度。

② 广告知名度＝知道该品牌广告的人数/调查总人数×100%。

③ 品牌渗透水平，包括过去某时间购买过某品牌的百分比、最常购买某品牌的百分比、过去某时间使用过某品牌的百分比、最常使用某品牌的百分比。

④ 市场占有率，包括数量市场占有率和金额市场占有率。数量市场占有率＝该品牌实际销售数量/行业实际销售数量×100%；金额市场占有率＝该品牌实际销售金额/

行业实际销售金额×100%。

⑤ 品牌吸引力，可以通过品牌知名度与购买/使用率进行比较得出，比值越高，说明品牌吸引力低；比值越低，说明品牌吸引力高。

⑥ 品牌转换指数=过去12个月购买过该品牌的人数/知道（提示前/后）该品牌的人数×100%。

⑦ 品牌忠诚度。品牌忠诚度的评价指标有品牌保持指数、品牌忠诚指数、最常使用A品牌同时使用B品牌的比例、平均使用品牌数、使用品牌分布等。其中品牌保持指数=过去3个月用过该品牌的人数/过去12个月用过该品牌的人数×100%；品牌忠诚指数=最常使用该品牌的人数/过去3个月用过该品牌的人数×100%。

（5）购买习惯

购买习惯包括购买的种类、规格、包装，购买的频率，购买数量，购买花费，购买时间，购买地点，购买者，决策者，购买时考虑的因素等。

（6）产品使用

产品使用包括使用的种类、规格、包装，使用的频率，使用数量，使用时间，使用场合/地点，使用者。

（7）对品牌的态度

对品牌的态度包括对品牌的总体评价，对品牌在各种功能、形象、价格等方面的评价，品牌印象。

大学生衣物洗涤用品使用和态度调查问卷

亲爱的同学，您好！我是××学校学生，正在做关于大学生群体对衣物洗涤用品的使用和态度研究。恳请您用几分钟的时间帮忙填写问卷，您的意见将成为我此次研究的重要参考资料。本次问卷实行匿名制，请您放心填写，谢谢！

一、基本资料

1. 您的性别_____

A. 男　　　　　B. 女

2. 您的年级_____

A. 大一　　　B. 大二　　　C. 大三　　　D. 大四　　　E. 其他

3. 您的专业_____

A. 文管类　　　B. 理工科　　　C. 艺术类　　　D. 其他

4. 您的月可支配资金_____

A. 800元以下　　　　　　　B. 800到1 199元

C. 1 200到1 599元　　　　D. 1 600元及以上

二、渗透及使用情况

5. 在过去半年中，您用过的衣物洗涤用品有（多选）_____
   A. 洗衣粉   B. 皂粉   C. 洗衣液   D. 洗衣皂   E. 其他

6. 在过去半年中，您最常使用的衣物洗涤用品是_____
   A. 洗衣粉   B. 皂粉   C. 洗衣液   D. 洗衣皂   E. 其他

7. 在过去半年中，您使用的洗衣粉/皂粉的规格一般是（如没用过洗衣粉/皂粉，此题不填）_____
   A. 1千克以下   B. 1到2千克   C. 2千克以上   D. 不清楚

8. 在过去半年中，您使用过的洗衣粉/皂粉的包装大多是（如没用过洗衣粉/皂粉，此题不填）_____
   A. 袋装   B. 桶装   C. 盒装

9. 在过去半年中，您使用过的衣物洗涤用品的功效是（多选）_____
   A. 去污   B. 除菌   C. 柔顺   D. 消毒
   E. 除异味   F. 抗静电   G. 不伤手   H. 其他

10. 您使用衣物洗涤用品时会选择哪些搭配产品（多选）_____
    A. 柔顺剂   B. 衣物消毒液   C. 彩漂/漂白液   D. 衣领净
    E. 内衣专用洗护剂   F. 其他

11. 您知道的衣物洗涤用品的品牌有哪些_____

12. 您平均每月购买衣物洗涤用品的金额是_____
    A. 10元以下   B. 10到19元   C. 20到29元   D. 30元及以上

13. 您一般会选择在哪里购买衣物洗涤用品_____
    A. 超市   B. 便利店   C. 专卖店   D. 批发市场
    E. 网购   F. 其他

14. 您一般会选择什么时机购买衣物洗涤用品_____
    A. 平时购买   B. 打折促销   C. 节假日购买   D. 其他

15. 您使用衣物洗涤用品的频率是_____
    A. 一天一次   B. 两到三天一次
    C. 四到六天一次   D. 一周及以上一次

16. 您是否会两次或两次以上购买同一种衣物洗涤用品_____
    A. 是   B. 否

17. 在下列衣物洗涤用品品牌中，请问您知道哪些品牌（多选）_____
    A. 雕牌   B. 汰渍   C. 立白   D. 奥妙
    E. 蓝月亮   F. 超能   G. 白猫   H. 碧浪
    I. 洁霸   J. 扇牌   K. 其他

市场调查

18. 在过去半年中，您使用过哪些品牌的衣物洗涤用品（多选）_____

　　A. 雕牌　　　　B. 汰渍　　　　C. 立白　　　　D. 奥妙

　　E. 蓝月亮　　　F. 超能　　　　G. 白猫　　　　H. 碧浪

　　I. 洁霸　　　　J. 扇牌　　　　K. 其他

19. 下列因素是您对衣物洗涤用品的满意程度，根据自己的看法打勾。

	非常不满意	不满意	一般	满意	非常满意
（1）产品的价格					
（2）产品的包装					
（3）产品的规格					
（4）产品的便利性					
（5）产品的去污能力					
（6）产品对衣物保护程度					
（7）产品对双手保护程度					
（8）卖场促销					

三、品牌态度

20. 以下是对衣物洗涤用品态度的调查，请先填写您使用的一个品牌，根据自己对该品牌的看法打勾。

我使用的衣物洗涤用品的品牌是_____	非常不同意	不同意	一般	同意	非常同意
（1）我使用的衣物洗涤用品的品牌很好					
（2）我使用的衣物洗涤用品物有所值					
（3）我使用的衣物洗涤用品的品牌令人满意					
（4）我会更加信赖我使用的衣物洗涤用品的品牌					
（5）我今后购买目前使用的品牌的可能性极大					
（6）今后购买时我会优先考虑我目前使用的品牌					
（7）我愿意以更高的价格购买我目前使用的品牌					
（8）有广告的品牌比较可信					
（9）广告中的信息对我的购买起了很大的作用					
（10）真正的好产品是不需要做广告的					

本章小结

1. 调查问卷又称调查表，它是以书面的形式系统地记载调查内容，了解调查对象的反应和看法，以此获得资料和信息的一种工具。调查问卷提供了标准化和统一化的数据收集程序。调查问卷是调查人员和调查对象之间的双向沟通媒介。

2. 调查问卷按传递方式划分，可以分为报刊问卷、邮政问卷、送发问卷、访问问卷、电话访问问卷和网络调查问卷。按填写方式划分，可以分为自填问卷和代填问卷。

3. 完整的调查问卷包括标题、说明词、问题和答案、被调查者项目、问卷编码、必要的说明等六个部分。问卷说明词一般包括以下内容：问候语、自我介绍、调查目的和意义、对被调查者的希望和要求、说明保密性原则、向被调查者征询是否需要结果反馈、回报和感谢。调查问卷说明词可以采用开门见山式、宣传与引导并重式。调查问卷中被调查者项目设置的目的有三：一是便于在调查报告中向报告的读者呈现样本分布；二是便于对调查人员的监督控制；三是便于后期的数据统计分析。

4. 调查问卷设计的步骤包括准备阶段、初步设计阶段、检查评估阶段、试调查阶段、付印/发布阶段，其中有的步骤可能需要反复，还有一些步骤里面的内容可能会被打乱或反复。

5. 调查问卷中的问题可以分为两种类型：开放式问题和封闭式问题。封闭式问题的答案设置形式有二项选择式、多项选择式、排序式和量表式。

6. 在统计学中，变量的数据类型包括四种：定类数据、定序数据、定距数据和定比数据。其中定类数据用于识别调查对象的类别、属性特征等，无大小、多少、好坏之分。定序数据除识别功能外，还用于表明调查对象的相对顺序，数值具有大小、多少或好坏之分，但是不表示差距的大小。定距数据除排序功能外，还可比较调查对象间数值差别的大小，但是没有绝对零点。定比数据具有上面三种类型的所有属性，同时具有绝对零点。

7. 量表是指通过一套事先设计的表述、符号或数字，来测量被调查者主观看法的测量工具。量表的分类包括列举量表与图形量表、单项量表与多项量表、迫选式量表与非迫选式量表。最常用的李克特量表由一些对于调查对象的评价的陈述语句（题项）构成，要求被调查者选择对该陈述的同意、支持或符合的程度。

8. 量表的信度也称为量表的可靠性，是指量表可以避免随机误差，能够提供准确、一致的数据的程度。量表的信度评估方法有三种：重测信度、复本信度和内部一致信度。量表的效度是指对测量的内容的真实反映程度。效度主要包括表面效度、内容效度、准则效度和结构效度。

市场调查

本章思考题

1. 一份完整的调查问卷包括哪些内容？
2. 何为开放式问题和封闭式问题？它们各有什么优缺点？
3. 调查问卷设计中应该注意哪些问题？
4. 调查问卷设计的准备阶段要做的工作有哪些？
5. 分析四种数据类型的特点和能够运用的统计分析方法。
6. 案例讨论。

某乳制品企业，业务范围涉及乳制品、冷冻食品、饮料、面食和饲料包装等多方面。其中乳制品，特别是液态奶，是其支柱性业务之一，而纯牛奶更是重中之重。其各种包装形式的纯牛奶，均在市场上占据了较大的市场份额，拥有巨大的市场发展潜力。

随着市场的发展、成熟，消费者的消费心理和行为也在不断变化。为了更有效地占据市场的主导地位，进一步扩大市场份额，该企业认为有必要进一步了解消费者的消费习惯、消费心理与消费需求和变化。为准确把握市场状况，了解本企业品牌及其竞争品牌的市场地位，了解消费者的消费习惯和态度，该企业拟在全国范围内进行一次大规模的纯牛奶消费习惯和态度调查，为其制订市场发展战略及产品营销策略提供科学的依据。

企业已初步拟定了调查研究的内容，包括：

（1）了解纯牛奶市场的竞争格局；

（2）了解纯牛奶产品的品牌知名度和本企业产品的品牌美誉度；

（3）了解消费者饮用和购买纯牛奶的习惯；

（4）了解消费者购买纯牛奶时考虑的因素；

（5）发现消费者未满足的需求，寻找纯牛奶市场中新的市场机会；

（6）了解消费者对于不同包装形式的纯牛奶的态度和评价。

请根据以上背景资料和调查内容，设计调查问卷。

第5章 二手资料的收集：文案调查法

【学习目标】

- 理解二手资料和原始资料的区别
- 理解二手资料的优点和缺点
- 掌握文案调查法的资料来源
- 能够根据实际情况进行二手资料的收集和整理

【导入案例】

消费市场总体复苏态势持续

2021年4月份，社会消费品零售总额同比增速较上月有所回落，主要受同期基数变动较大、年初局部疫情造成的月度间波动等因素影响，但从市场运行整体情况看，月度间增速回落并未改变消费市场持续复苏态势。

一、市场销售月度增速略有回落，市场总体恢复态势延续

市场销售同比增速有所回落。2021年4月份，社会消费品零售总额同比增长17.7%，增速比3月份回落16.5个百分点。月度增速回落主要受同期基数变动、前期部分消费需求在3月份释放等因素影响。从上年基数看，2020年4月份，社会消费品零售总额同比下降7.5%，降幅比3月份收窄8.3个百分点。2021年4月份市场销售的基数明显高于3月份，是月度增速回落较大的重要原因。从2021年情况看，年初受疫情影响的部分消费需求在3月份释放，导致3月份社会消费品零售总额增速较高。

消费市场复苏态势延续。与2019年同期相比，2021年4月份社会消费品零售总额增长8.8%，增速比一季度加快0.3个百分点；从环比数据看，2021年4月份社会消费品零售总额与3月份环比增长0.32%。总体来看，消费市场恢复态势仍在延续。

二、实物商品消费较疫情前同期较快增长，服务消费需求继续释放

商品零售稳定恢复。2021年4月份，商品零售额同比增长15.1%，增速虽比上月有所回落,但与疫情前的2019年同期相比,继续保持较快增长(9.8%);两年平均增长4.8%,与一季度两年平均增速持平,商品零售恢复态势总体平稳。

餐饮、旅游等服务消费保持复苏。餐饮消费方面,2021年4月份,餐饮收入同比增长46.4%,增速比3月份回落45.2个百分点,主要是同期基数变化影响。2020年4月份餐饮收入降幅比3月份大幅收窄,影响2021年4月份增速回落超过40个百分点。与疫情前2019年同期相比,2021年4月份餐饮收入增长0.8%,而一季度餐饮收入下降2%。总体来看,餐饮消费持续恢复。旅游消费方面,2021年清明节假期,全国国内旅游出游人次超过1亿,按可比口径同比增长144.6%,恢复至疫情前同期的94.5%,旅游需求明显释放。

三、基本生活类商品持续增长,升级类商品增势良好

吃用类商品较快增长。从商品类别看,2021年4月份,限额以上单位各类商品零售额均实现同比正增长,有13类商品零售额同比增速超过10%。其中,吃类和日用品类等基本生活类商品零售在2020年同期增长的基础上,分别增长11.4%和17.2%,继续保持较快增长。

升级类商品恢复较好。2021年4月份,10类商品零售额两年平均增速超过10%。其中,通信器材类、金银珠宝类和体育娱乐用品类等消费升级类商品零售两年平均分别增长13.2%、14.2%和17.4%。

四、线上消费保持快速增长,实体零售继续改善

网络购物较快增长。2021年1—4月份,全国实物商品网上零售额同比增长23.1%。两年平均增长15.6%,比2021年1—3月份两年平均增速加快0.2个百分点。其中,用类商品两年平均增长16.2%,比2021年1—3月份加快0.6个百分点。

实体店零售持续回升。在实体店零售中,2021年1—4月份,限额以上超市、专业店和百货店两年平均增速分别比2021年1—3月份加快0.1、0.6和0.8个百分点。

总体来看,2021年4月份消费市场保持稳定恢复态势。下阶段,随着国民经济持续稳定恢复、疫情防控更加精准有效、扩内需促消费政策效应不断显现,消费市场将延续稳定复苏态势。但同时也要看到,消费市场仍处在恢复进程中,增长水平尚未完全恢复,部分领域复苏程度偏低,复苏基础仍有待进一步夯实。

(资料来源:国家统计局. 国家统计局贸易外经司统计师张敏解读4月份社会消费品零售总额数据. [2024-05-17]. http://www.stats.gov.cn/sj/sjjd/202302/t20230202_1896490.html.)

市场调查中资料的来源是多种多样的,总体来说可以分为两大类来源:原始资料和已有资料。原始资料是调查人员针对当前特定的调查目标而收集的第一手资料,针对原始资料的收集称为实地调查;已有资料即二手资料,是为以前的目标而非专门为此次调查目标而收集的信息,对二手资料的收集方法称为文案调查法。这种分类方法在第1章中已经做过简单介绍。在第2章中,我们讨论了市场调查方案设计时要完成的工作,文

案调查是确定调查课题时必要的工作之一。在实际的市场调查数据收集中,不管何种目的的调查,都应该首先考虑是否可以采用文案调查法,其次才考虑采用实地调查法。本章将介绍文案调查法的特点、资料来源以及注意事项。

5.1 文案调查法概述

5.1.1 文案调查法的作用

如前所述,二手资料是指已经存在的,不是针对当前特定的调查目标而收集的信息资料;而原始资料则是调查人员针对当前特定的调查目标而收集的信息资料。二手资料的收集方法称为文案调查法,原始资料的收集方法称为实地调查法。文案调查法在市场调查中可以作为独立的市场调查方法,是市场调查方案设计时必须完成的调查工作,也可以作为实地调查的补充和完善。文案调查法的重要作用具体体现在以下几个方面。

1. **市场调查中应首先考虑是否可以通过文案调查来完成信息收集**

相对于实地调查法,文案调查法更加经济、高效。因此,不管面临何种调查问题,调查人员都应该首先考虑是否可以通过查阅二手资料来完成相关信息的收集。如果二手资料已经能够为决策者提供有价值的信息,则提示调查人员不需要再开展实地调查。在营销环境分析、市场供求趋势预测、市场占有率分析、市场覆盖率分析中,完全可以通过文案调查完成相关调查研究。

2. **在市场调查方案设计时文案调查有助于确定调查课题**

文案调查法在市场调查方案设计环节起到非常重要的作用。文案调查有助于市场调查方案设计人员了解行业背景、环境变化、发展趋势,从而为调查人员确定调查课题提供方向。

3. **文案调查可以为市场调查提供理论参考**

所有市场调查都不可能完全独立于以往的调查,一定是需要基于以往的调查研究,在以往研究的基础上展开的。在市场调查方案设计以及调查问卷设计环节,调查人员应充分查阅相关理论、前人的研究、以往的调查等资料,为现有的调查提供理论参考。如在一项关于使用态度的调查中,调查人员发现已有的研究中针对使用态度的调查拥有一套成熟的量表,则此次调查完全可以借鉴或引用量表中的题项。

4. **文案调查可以为实地调查中的抽样提供抽样框**

文案调查的资料不仅来源于企业外部,还包括来源于企业内部已有的数据、资料、以前实地调查收集到的信息等。例如,某企业想开展针对该企业会员的满意度调查,企业内部的会员名册就是此次调查理想的抽样框。

5. 文案调查可以为调查人员提供经验和借鉴

文案调查收集到的二手资料可以提示调查人员调查可能面临的困难、问题及可能的不足等，从而为调查人员开展调查提供经验和借鉴。例如，调查人员通过对以往相关调查的研究，发现被调查者对相关问题的理解偏差主要源于样品展示环节调查人员的影响，则在此次调查中，调查人员会特别注意样品展示环节中的细节，对调查人员也进行了特别的培训，以期能够降低误差。

6. 文案调查可以作为实地调查的补充和完善

通过文案调查获得的二手资料，可以作为实地调查的补充和完善，从而使实地调查更有针对性、信息更加全面、调查报告更有说服力。例如，在某次市场调查中，确定的调查目标可能展开为很多方面的调查内容，调查人员首先应该确认哪些内容是可以通过文案调查来获得的，只有那些文案调查不能获得的信息才需要展开实地调查，从而减少实地调查的工作量，使实地调查更有针对性。文案调查所获得的二手资料还能提供对原始资料的补充、完善和对照，如实地调查是否验证了已有研究的结论、结论得到验证或没有得到验证的可能原因是什么、实地调查获得了哪些新的发现，通过这些对比分析，可以使调查报告更有说服力。

5.1.2 文案调查法的优点

1. 节约时间和成本

实地调查的过程比较复杂，涉及市场调查方案设计、调查问卷设计、抽样设计、调查人员的挑选和培训、调查活动的组织和实施、数据的整理分析等一系列非常复杂的程序。如此复杂的程序，使实地调查需要花费更多的时间和费用才能完成。而相对于实地调查，文案调查法所收集的信息资料是已经存在的，可以直接或者稍作加工处理就可以使用，省掉了实地调查中复杂的程序，因此文案调查具有操作简单、速度快等特点。

从成本费用角度考虑，实地调查的每一个环节都需要花费一定的费用，特别是调查人员的劳务支出、调查的差旅费、礼品费等，使得调查成本相对较高。而文案调查中的数据资料很多甚至是免费的，即使需要支付一定的信息获取费用，与实地调查相比，成本也更为低廉。

2. 可以超越时空限制

由于时间和空间的限制，实地调查只能收集到一定时间范围内、一定空间范围内的信息。而文案调查法不仅可以掌握现实资料，还可以获得历史资料；不仅可以获得企业内部资料，还可以获得企业外部资料，特别是大量关于宏观环境方面的资料。在做国际市场调查时，由于路途遥远、语言障碍、文化差异等，实地调查面临太多的困难，文案调查法是更加方便、可行的首选调查方法。

3. 可以突破各因素的限制

除了能够节约时间和成本以外，很多二手资料可以突破成本、时间、能力、范围等的限制。很多情况下，由于种种因素的制约，特别是成本的制约，由企业进行实地调查以收集原始资料是不现实的。例如，由国家统计局提供的普查数据，包括人口普查、经济普查、农业普查、工业普查、三产普查等数据，这些全国范围的普查数据是不可能由任何一个组织按照原始数据的收集方式去获得的。而这些数据只需要较低的成本，便可便捷地从国家统计机构获得。

5.1.3 文案调查法的局限性

文案调查法的局限性源于二手资料的局限性，有些二手资料可能会在相关性、准确性、时效性等方面存在问题。

1. 相关性问题

二手资料并不是专门针对你此次的调查目标而收集的，因此，在使用二手资料的过程中，可能会发现收集到的二手资料与你的调查相关性较弱，这样的资料用起来并不是很得心应手。相关性弱可能源于数据的统计口径、度量单位、统计范围、分类的定义等存在差别。例如，银行的信用卡部门关心的数据不仅仅是某商店顾客的消费金额，更关心的是有多少比例的金额是用信用卡来支付的；某城市的地板销售商所获得的关于该城市的商品房销售面积的数据，只能用作参考，不能够直接运用该数据获得地板销售量的估计和预测；某个品牌的豪华轿车针对的是家庭年收入在40万—60万元的顾客，而针对豪华轿车用户的某次调查，采用的家庭年收入分组为10万元以下、10万—30万元、31万—50万元、51万—100万元、100万元以上，那么这次调查数据的参考价值就要大打折扣了。

2. 准确性问题

二手资料的准确性与其来源、收集和报告的目的、收集的方法和过程等有关。二手资料的来源多种多样，并不是所有来源的资料都能够保证其准确性。一般来说，政府机构、专业的咨询机构或调查机构提供的二手资料可信度较高。而一些机构或人员发布的二手资料，可能是用于满足其特定的目的而收集、整理的，甚至分析时可能会经过人为的扭曲。资料收集的方法和过程也会影响资料的可靠性，包括问卷或资料中主要概念的界定、资料收集的方法、样本量及样本代表性、调查地点等。因此，调查人员在运用二手资料时，对于二手资料的审核、筛选、辨别真伪就格外重要。

3. 时效性问题

大多数二手资料的时效性较差，因为从资料收集、整理到发布，需要很长的周期。普查数据基本上都会存在时效性的问题。以人口普查数据为例，虽然十年一次的人口普查数据非常全面，但是这些数据可能对于人口变化非常快的城市并不适用。国家和地方的统计部门也会定期发布各种月度数据、季度数据，以即时通报社会发展、经济运行等情况。另外在大数据时代，企业内外部的大数据也都具有较好的时效性。关于大数据，后面的章节会做介绍。

5.2 文案调查法内部资料来源

不管是何种类型的企业，都拥有大量有价值的信息，企业内部资料通常是成本最低、最容易获得的数据来源。企业内部资料来源包括业务资料、统计资料、财务资料等内部记录以及企业的顾客数据库等。

5.2.1 内部记录

1. 业务资料

业务资料包括与调查对象活动有关的各种资料，如订货单、进货单、发货单、合同文本、发票、销售记录、业务员访问报告等。通过对这些资料的了解和分析，可以掌握本企业所生产和经营的商品的供应情况，分地区、分用户的需求变化情况。

2. 统计资料

统计资料主要包括各类统计报表，企业生产、销售、库存等各种数据资料，各类统计分析资料等。企业统计资料是研究企业经营活动数量特征及规律的重要定量依据，也是企业进行预测和决策的基础。

3. 财务资料

财务资料是由企业财务部门提供的各种财务、会计核算和分析资料，包括生产成本、销售成本、各种商品价格及经营利润等。财务资料反映了企业生产要素占用和消耗情况及所取得的经济效益，通过对这些资料的研究，可以确定企业的发展背景，考核企业经济效益。

5.2.2 顾客数据库

很多公司都拥有大量的顾客资料，形成企业内部的顾客数据库。顾客数据库保存着顾客的基本信息、购买记录、支付方式、退货、投诉及服务记录，甚至在购物平台上的浏览、点击记录，通过对顾客数据库中的数据进行分析，找出数据中有价值的信息，可以更好地了解顾客。

1. 数据挖掘

数据挖掘指利用先进的计算机统计包和其他相关软件对大型数据库进行分析，以便发现数据背后所隐藏的规律。这项技术类似于采煤淘金，先从煤矿中采掘出大量的"毛煤"，即毫无价值的数据，经过筛选加工，发现其中隐藏的"金块"，即重要的市场信息。数据挖掘通常包括五个主要步骤。① 提取交易数据，将数据做适当转变，再上传至数据仓库。② 使用多维数据库系统对这些数据进行存储和管理。③ 向商业分析师和信息技术专家提供这些数据。④ 使用应用软件分析数据。⑤ 以直观的形式（如图形、表格）展示数据，说明数据背后隐藏的规律和模式。

2. 数据库营销

数据库营销是为了实现接洽、交易和建立客户关系等目标而建立、维护和利用顾客数据库与其他顾客资料的过程。它是在互联网与数据库技术发展之上逐渐兴起和成熟起来的一种市场营销推广手段。先收集和积累消费者大量的信息，经处理后预测消费者有多大可能去购买某种产品，以及利用这些信息给产品精确定位，然后有针对性地沟通营销信息，达到说服消费者去购买产品的目的。

数据库营销一般经历数据采集、数据存储、数据处理、寻找理想消费者、使用数据、完善数据库等六个基本过程。① 数据采集。数据库数据一方面来源于市场调查消费者消费记录以及促销活动的记录，另一方面来源于公共记录的数据，如人口统计数据、医院婴儿出生记录、患者记录卡、银行担保卡、信用卡记录等都可以选择性地进入数据库。② 数据存储。将收集的数据以消费者为基本单元，逐一输入计算机，建立起消费者数据库。③ 数据处理。运用先进的统计技术，利用计算机把不同的数据综合为有条理的数据库，然后在各种强有力的软件支持下，产生产品开发部门、营销部门、公共关系部门所需要的详细数据库。④ 寻找理想消费者。根据最多类消费者的共同特点，用计算机勾画出某产品的消费者模型，此类消费群具有一些共同的特点，如相同或相似的兴趣、收入，以专用某品牌产品的一组消费者作为营销工作目标。⑤ 使用数据。数据库数据可以用于多个方面：确定购物优惠券价值目标，决定该送优惠券给哪些顾客；开发什么样的新产品；根据消费者特性，如何制作广告比较有效；根据消费记录判定消费者的消费档次和品牌忠诚度。如特殊身材的消费者数据库不仅对服装厂有用，而且对于医院、食品厂、家具厂很有用。因此，数据库不仅可以满足信息收集的需要，而且可以进行数据库经营项目开发。⑥ 完善数据库。随着以产品开发为中心的消费者俱乐部、优惠券反馈、抽奖销售活动记录及其他促销活动而收集来的信息不断增加和完善，数据不断得到更新，从而及时反映消费者的变化趋势，使数据库适应企业经营需要。

3. 客户关系管理

客户关系管理（Customer Relationship Management，CRM）是公司为提高核心竞争力，利用相应的信息技术以及互联网技术协调企业与顾客在销售、营销和服务上的交互，从而提升其管理方式，向客户提供创新式的、个性化的客户交互和服务的过程。它可以帮助公司发现、吸引、赢得新客户，培育并留住已有的客户，把流失的老客户再争取过来，还可以帮助公司降低营销和客户服务成本。CRM 是一项为公司内部所有部门广泛采用的战略，不但所有与客户打交道的部门可以采用，甚至其他不与客户打交道的部门也可以采用。采用了有效的 CRM 战略，公司就可以让人员、商业过程和技术三者形成合力，从而提高客户满意度，增加收益，并降低经营成本。

5.3 文案调查法外部资料来源

文案调查法的外部资料指其他机构而非调查人员所在机构收集的数据资料，公开的外部二手资料来源极其丰富，甚至多到让调查人员眼花缭乱。因此，对二手资料的外部来源进行分类特别困难，但是又格外重要。常见的外部资料来源包括出版物、电子数据库（在线数据库）、辛迪加服务、互联网等。

5.3.1 出版物

书籍、报纸、期刊等形式的出版物是传统的信息载体，是二手资料的丰富来源。此类出版物来源于政府部门（如国家和地方的统计局、商务部、民政部）、非营利组织（如高校）、贸易和专业机构（如银行、证券公司）、营利性机构（如咨询公司）、新闻媒体等。此类出版物包括指南、名录、索引、导读、手册、统计年鉴、目录册、发展报告、报纸、期刊等，这些出版物均能够从图书馆或各类机构获得，有些也可以通过网络渠道获得。例如，如果想了解管理咨询业的情况，可以查询《管理咨询专业指南》；如果想了解各个行业企业的基本信息，可以查阅相关行业的企业名录；如果想了解中国政府机构的设置情况，可以查看中国政府机构事业单位名录。下面仅介绍与市场调查关系紧密、连续出版且近年有更新的几种统计年鉴[①]。

1. 《中国统计年鉴》

该统计年鉴是国家统计局编印的一种资料性年刊，全面反映中国经济和社会发展情况，主要收录全国和各省、自治区、直辖市每年经济和社会各方面的统计数据，以及历史重要年份和近二十年的全国主要统计数据，由国家统计局每年出版发行，是我国最全面、最具权威性的综合统计年鉴。年鉴内容包括行政区划、人口、国民经济核算、就业和工资、各种价格指数、人民生活、财政、环境和资源、能源、固定资产投资、对外经济贸易、科学技术、教育、各产业发展、区域发展情况等。

---

① 统计年鉴多数都有电子版，发布方网站上可以查看或下载。另一些网站、数据库中也可查看、下载统计年鉴，如统计年鉴分享平台 www.yearbookchina.com，又如中国知网数据库中的"中国年鉴网络出版总库"在线数据库，该数据库为目前国内较大的连续更新的动态年鉴资源全文数据库。

2.《中国工业统计年鉴》

该统计年鉴是全面反映中国工业经济发展情况的资料性年刊,系统地收录了全国各经济类型、各工业行业和各省、自治区、直辖市的工业经济统计数据以及主要指标的历史数据。

3.《中国城市统计年鉴》

该统计年鉴是全面反映中国城市社会经济发展情况的资料性年刊,收录了全国各级城市社会经济发展等方面的主要统计数据,主要内容包括全国城市行政区划、地级以上城市统计资料和县级城市统计资料,具体包括人口、资源环境、经济发展、科技创新、人民生活、公共服务、基础设施等方面的数据。

4.《中国区域经济统计年鉴》

该统计年鉴是一部全面、系统反映中国区域经济与社会发展状况的大型统计资料书。该书资料来源于各级政府统计年报或相关的抽样调查资料,系统收集全国及其各经济区域、省级行政单位、地级行政单位及省(自治区、直辖市)直管市、县、区和县级行政单位的主要社会经济统计指标。主要内容涵盖自然资源、人口与就业、国民核算、固定资产投资、财政、物价、人民生活、农业、工业、建筑业、运输邮电业、国内贸易、对外经济贸易、旅游、金融保险、教育、科技、文化、卫生、社会福利、环境保护和市政建设等社会经济发展的各个方面。

5.《中国贸易外经统计年鉴》

该统计年鉴是全面反映中国国内贸易、对外经济贸易和旅游业发展情况的资料性年刊,收录了中国国内消费品市场、批发和零售业、住宿和餐饮业、国际收支、对外贸易、利用外资、对外投资与经济合作和国内、国际旅游的主要统计数据,以及各省、自治区、直辖市的一些重要历史年份的相关统计数据。

6.《中国劳动统计年鉴》

该统计年鉴是全面反映中国劳动经济情况的资料性年刊,收集了全国和各省、自治区、直辖市的有关劳动统计数据,包括就业与失业、各单位就业人员和工资总额、职业培训与技能鉴定、劳动关系、社会保障、工会工作等。

7.《中国人口和就业统计年鉴》

该统计年鉴是一部资料性年刊,旨在全面反映中国人口和就业情况,收集了全国和各省、自治区、直辖市人口就业统计的主要数据,同时附录了世界部分国家和地区的相关数据。

8.《中国商品交易市场统计年鉴》

该统计年鉴是反映中国大型商品交易市场全貌的资料性工具书,旨在全面、系统和多角度地反映中国大型商品交易市场发展情况,是各级经济和市场管理部门、科研机构与大专院校分析研究市场,进行宏观调控和科学决策、理论研究和教学的重要资料,也是生产经营单位了解市场、获取商业信息的必备参考用书。

9. 《中国县域统计年鉴》

该统计年鉴是全面反映中国县域社会经济发展状况的资料性年鉴，收录了全国2 000多个县域单位的基本情况、综合经济、农业、工业、教育、卫生、社会保障等方面的资料。

10. 《中国社会统计年鉴》

该统计年鉴是反映中国社会发展相关领域基本情况的综合性统计资料年刊，收录了全国和各省、自治区、直辖市社会发展各领域的主要统计数据以及重要年份的全国主要统计数据，同时收录了国际社会统计的主要数据，包括人口家庭、卫生健康、教育培训、就业、收入消费、社会保障、居住环境、文化休闲、资源环境、公共安全、社会参与等。

11. 《国际统计年鉴》

该统计年鉴是综合性的国际经济社会统计资料年刊，收录了世界200多个国家和地区的统计数据，并对其中40多个主要国家和地区的经济社会发展指标及国际组织发布的主要综合评价指标进行了更为详细的收集。

5.3.2 电子数据库（在线数据库）

纸质出版物的查阅、检索都是极其费时、费力的，计算机技术的应用促进了电子数据库的迅猛发展。相较于纸质出版物，电子数据库具有数据量大、易于分类、更新速度快、内容丰富、使用便捷、获取成本低、数据形式多元化、易于检索等优点。互联网的发展使电子数据库的应用超越了时空限制，发展为在线数据库。不管是国内还是国外，在线数据库的数量都在急剧增加。在线数据库数据的来源可能为企业网站、商业网站、个人网站、教育科研网站、公益性网站、政府网站等。在线数据库数据大多需要支付一定的费用，经服务商授权才能访问、下载。收费、授权方式可能为按条目、按账号等。在线数据库的内容包括产品数据库、图片数据库、企业名录数据库、报刊新闻数据库、科技信息数据库、期刊论文数据库、政策法规数据库、人物数据库、音频和视频数据库、金融股票信息数据库等。下面仅介绍应用比较广泛的文献数据库、数据类数据库和目录数据库。

1. 文献数据库

文献数据库指的是提供期刊、图书、报纸、政府文件全文或引用情况的数据库。常用中文文献数据库包括中国知识资源总库（CNKI 中国知网系列数据库，包括中国学术期刊网络出版总库、中国博士学位论文全文数据库、中国重要会议论文全文数据库、中国重要报纸全文数据库、中国年鉴网络出版总库等）、万方数据知识服务平台、维普数据库、超星电子图书数据库等。常用外文数据库包括 ScienceDirect 全文数据库、EBSCO、SpringerLink、Wiley InterScience、Ingenta、Gale 等。

2. 数据类数据库

数据类数据库指专门提供各种数据的数据库，包括经济统计数据、贸易数据、行业数据、金融财经数据、企业信息等。常用的数据类数据库包括中国国家数据、中宏数据库、CCER 经济金融数据库、搜数网统计数据库、中国微观经济数据查询系统、中经网统计数据库、中经网产业数据库、Statista 全球统计数据库、世界银行公开数据库等。

3. 目录数据库

目录数据库提供有关个人、组织和服务的信息，如商标查询数据库、企业名录数据库等。以企业名录数据库为例，它可以提供企业的单位名称、成立日期、注册地址、邮政编码、联系电话、传真、企业责任人、企业类型、经营范围、所属行业、企业规模等，天眼查、企查查、各种企业黄页网均属于此类数据库。

5.3.3 辛迪加服务

公开出版或发布的出版物、数据库中的数据对于市场调查来说是非常有用的，但是，这些外部数据都是一般数据，在很多情况下，调查人员可能需要更加深入具体、针对性更强的信息。辛迪加服务则可以满足调查人员的以上需要。辛迪加服务（syndicated services）是收集和出售有商业价值的公共数据（标准化营销信息）以满足许多客户的共享信息需求。区别于针对特定调查需求或特定客户所收集的原始信息，辛迪加数据或信息以标准化的形式呈现。这些数据或信息虽然并不是为了某个特定客户的营销调查问题而收集的，但这些为客户公司提供的数据或信息也可以在标准化的基础上定制，以满足特定需求。例如，一家专门从事药品行业调查的市场调查公司不仅提供关于全国主要城市中药品零售企业的数量、类型、销售品种、营业面积和不同药品的销售额的信息，还可以按照客户的需求如销售区域、产品品类来呈现报告。

使用辛迪加服务通常比收集原始数据的成本低，因为信息收集的费用由所有欲购买数据或报告的客户共同分担。提供辛迪加服务的公司长期专门从事相关领域的信息收集，因此辛迪加服务具有较高的可信度和专业性，同时公司经过长期的运作，具有收集和加工信息的专业系统，收集到的信息更加深入、具体。

辛迪加服务在客户分析、销售研究、媒体和广告研究等方面应用广泛。

1. 客户分析

各种各样的辛迪加服务公司致力于客户信息的收集和分析，客户可能是个人或家庭消费者、组织等。

针对个人或家庭消费者的信息收集通常采用调查的方式展开，调查的形式包括使用事先设计的问卷对大量的调查对象进行访谈，在访谈中可以询问被访者各种问题，也可以使用视觉手段、包装、产品或其他小道具，调查的方式包括电话调查、人员面访、邮件访谈、电子访谈等。调查可以采用固定样本组的纵向调查，也可以完成相同时间点的横截面调查。调查涉及的内容可能为购买和消费行为的一般性调查、心理测量和生活方式测量、广告评估调查等。这些数据可以为购买该信息的公司在市场细分、确定产品形象、市场定位、价格感知分析、广告主题选择、广告效果评估等方面提供有价值的参考。

除了以个人或家庭为单位的消费者研究以外，还有一些调查或咨询公司致力于收集组织客户的信息，这些组织客户可能包括工业品公司、商业企业或其他机构。对于组织客户，通过直接询问、利用简报服务和公司报告等来收集信息，这些信息可用于制定B2B销售计划和直销列表、评估各行业市场潜力和市场份额、制订整体营销战略。相对于消费者研究，针对组织客户的辛迪加数据来源较少，可供使用的数据包括邓白氏全球商业数据库、《财富》数据库（《财富》500 强、《财富》1 000 强、全球 500 强和最快速增长公司数据库，以及提供公司概况数据的标准普尔信息服务）。

2. 销售研究

生产企业需要对自己的产品以及竞争产品的销售情况有一个准确的评估。查看企业内部的销售记录只能了解到企业有多少产品发送给了批发商或各零售商，是无法了解企业的产品在零售终端的销售情况的，更无从了解竞争产品的销售情况，因此，企业需要辛迪加服务提供的销售研究相关数据才能完成以上任务。关于销售研究的辛迪加信息通过零售终端的扫描仪数据以及商店审计来完成数据收集。

扫描仪数据是指在零售终端收银机处使用电子扫描仪记录的数据，它通过读取消费者购买商品的条形码来获取。零售终端的扫描仪现在已经非常普遍，因此，大多数零售销售数据都来自扫描仪数据。电子扫描仪可以快速、准确地记录零售产品的流动情况。通过对零售终端扫描仪数据的收集、整理和编辑，可以形成关于自己的产品与竞争产品销售情况的详细数据，甚至包括品牌、型号、口味、价格、尺寸等有关销售情况。扫描仪数据还可以与其他数据源结合进行更加深入的研究。例如，可以将营销行为与扫描仪数据相结合，进行因果分析，研究产品的销售是否与诸如短期促销、价格变化、新产品介绍、产品展示行为等存在因果关系；还可以将扫描仪数据与意外事件如产品召回、产品供应不足、天气变化等相结合，分析其对产品销售的影响。

来源于零售终端的扫描仪数据虽然很详细，但是无法与消费者个人或家庭的基本特征相结合。在扫描仪固定样本组中，每个家庭成员得到一张可以被收银台的电子扫描仪识别的身份卡。每次购物时，扫描仪固定样本组的成员在收银台出示身份卡。这样，消费者的身份可以和购买的产品以及购物时间相匹配，并且公司可以建立其购物记录。另外，有些公司也给每个样本组成员一个手持扫描仪，使其可以在家扫描所购物品。

与客户研究中的调查数据相比，扫描仪数据所反映的购买行为排除了访谈、记录、记忆和专业人士偏差的影响。扫描仪数据的一个主要缺点是缺乏代表性，一些零售商店可能由于缺乏扫描仪而无法进行统计。来源于零售终端扫描过程中的一些操作也可能影响扫描仪数据的准确性。例如，消费者购买了很多件同一品牌、相同价格但是不同口味的饮料时，终端收银员可能为了节省时间，不会对所有饮料进行扫描，而是只扫描了其中的一瓶，然后直接键入购买数量，此时收集到的数据便出现了偏差。

商店审计是指访问零售商和批发商的审计员，通过检查实物记录或者分析库存，对产品流通情况进行正式的检查和确认。审计数据着重于从销售渠道出售的产品或服务，或者销售渠道本身的特点。商店审计由尼尔森公司率先提出，已经成为尼尔森零售研究中的重要组成部分。扫描仪数据的发展，大大减少了商店审计特别是人工收集数据的应用。

商店审计提供了相对准确的关于许多不同产品在批发和零售层次上的流动情况的信息。另外，商店审计还可以根据许多重要变量，如品牌、销售渠道的类型和市场规模分别提供信息。零售和批发审计数据可以用于：确定整个市场的规模以及不同类型的销售渠道、地区或城市的销售额分布；评估品牌份额和竞争行为；确定货架空间分配和存货问题；分析销售问题；估计市场潜力和进行销售预测；根据销售量计划监督促销费用的分配；等等。

3. 媒体和广告研究

辛迪加服务的另一个重要领域是媒体和广告研究。致力于媒体和广告研究的公司可以提供消费者媒体接触行为的信息，从而帮助客户选择广告媒体、确定广告效果等。媒体和广告研究多采用固定样本组获得相关信息，包括电视和广播、印刷媒体、互联网、手机媒体等的接触或使用行为。同时，各种媒体之间也不是互相排斥的，辛迪加服务公司可以建立用于测量多个媒体接触和使用行为的固定样本组，以帮助客户公司确定最佳的媒体组合，或全面评估跨媒体平台的营销活动的有效性。媒体固定样本组信息不仅对于需要投放广告的产品或服务供应商有意义，很多媒体、节目、平台自身也需要相关的信息以展示给潜在的广告客户，从而更有效地招揽广告业务。

5.3.4 互联网

互联网的使用在许多方面使文案调查工作发生了革命性的变化。互联网信息具有容量大、成本低、速度快等优点，在检索、复制、存储、传输、使用等方面具有传统信息传播方法不可比拟的便利性；同时，互联网上的信息形式更加多样，能够跨越地域的限制等。从某种意义上说，前面介绍的各种信息来源现在都依赖互联网传播。

除了前面介绍的各种出版物、数据库、辛迪加服务信息以外，搜索引擎、导航网站、官方网站、数据分享平台等也是已有信息的重要来源或入口，如中华人民共和国国家统计局（www.stats.gov.cn）、国家数据（data.stats.gov.cn）、中华人民共和国商务部（www.mofcom.gov.cn）、中国产业经济信息网（www.cinic.org.cn）、中国行业研究网（中研网）（www.chinairn.com）、大数据导航（hao.199it.com）、EPS 数据平台

(olap. epsnet. com. cn)、中国经济社会大数据研究平台（data. cnki. net）、世界贸易组织网站（www. wto. org）、世界银行网站（www. worldbank. org）、经济合作与发展组织网站（www. oecd. org）。

5.4 大数据来源

零售店的交易数据、移动设备的位置数据、在线网站的点击和搜索数据、在线店铺的商品浏览信息、社交媒体平台的数据……每时每刻都在源源不断地产生并被企业所获取。虽然我们把这些数据归为已经存在的二手资料，但是这些数据与传统的二手资料又有很大的区别，我们称其为大数据。

大数据是指规模极其巨大，以致很难通过一般软件工具加以获取、管理、处理并整理成为有用资讯的海量数据。大数据的"大"是形容数据量，从另一种角度思考，因为数据非常巨大，因此具有一些特性，而这些特性促使传统数据处理技术无法进行归纳分析，需要新的技术。所以，大数据也可以说不单指规模大的数据，而是一种分析处理庞大数据的技术。

大数据在数据类型、收集方法、数据来源、数据容量、数据分析方法等方面与传统的企业内外部数据相比，发生了革命性的改变。

5.4.1 大数据的特征

描述数据特征的传统观点认为可以从"3V"角度来分析大数据的基本维度，即"容量"（volume）、"速度"（velocity）和"多样性"（variety）。大数据应该具有数据量大、存储和处理速度快、数据多样化等特征。近来数据价值（value）被认为是大数据的第四大特征。从海量数据中获取有价值的信息需要多种数据挖掘技术、分析工具和模型方法的支持，这也正好印证了大数据的前三大特征。

1. 容量

大数据的第一个维度就是容量，即数据量大。谷歌公司每天要处理超过24拍字节的数据，这意味着其每天的数据处理量是美国国家图书馆所有纸质出版物所含数据量的上千倍。使用微博APP的独立设备数达到64 234万，沃尔玛每小时处理超过100万笔的交易，Facebook每天更新的照片量超过1 000万张，每天人们在网站上点击喜欢按钮或者写评论大约有30亿次，这就为Facebook挖掘用户喜好提供了大量的数据线索……表5-1列出了大数据中应用的字节术语。

表 5-1　字节术语

中文单位	中文简称	英文简称	进率（B=1）	举例
字节	字节	B	1	1个英文字母占一个字节，一个汉字占两个字节
千字节	千字节	KB	2^{10}	一个500字的txt文件大约是1 KB
兆字节	兆	MB	2^{20}	
吉字节	吉	GB	2^{30}	
太字节	太	TB	2^{40}	
拍字节	拍	PB	2^{50}	
艾字节	艾	EB	2^{60}	5 EB相当于人类历史上的所有语言
泽字节	泽	ZB	2^{70}	1 ZB可以保存2 500亿张DVD
尧字节	尧	YB	2^{80}	

2．速度

大数据的第二个维度是速度，指的是数据流动的速度。尽管很多组织都实现了对数据的即时采集、监测，并且已经从大数据中获得了很多有价值的信息，但是对于大多数组织来说，很难跟上数据的流入，保证数据的质量，也很难有机会理解全部数据。沃尔玛每小时有超过100万笔的交易数据流入，每周超过1.68亿笔，每月大约7亿笔，要管理如此庞大的数据流是非常困难的事情。

3．多样性

大数据的来源、形式具有多样性。传统的市场调查获得的数据多为结构化数据，问卷中的封闭式问题组成高度结构化的数据。即使是开放式问题，也有一套成熟的编码及处理分析方法。而大数据除了结构化数据以外，还包含更多的非结构化数据。数据的形式可以是交易明细、社交媒体发表的评论、地理位置数据、图片甚至是视频。对于交易数据、客户列表等结构化数据，处理方式可以基于传统的统计分析方法，但是对于评论数据、位置信息、图片或视频等，数据如何组合、如何分析，以能够从海量数据中获得有价值的信息，则是具有挑战性的工作。

4．价值

大数据的重点不在于其数据量的增长，而是在信息爆炸时代对数据价值的再挖掘，即如何挖掘出大数据的有效信息，才是至关重要的。价值密度的高低与数据总量的大小成反比。虽然价值密度低是大数据日益凸显的一个特性，但是对大数据进行研究、分析挖掘仍然具有深刻的意义，大数据的价值依然是不可估量的。随着数据采集、清洗、深度挖掘和数据分析技术的不断进步，大数据就像一个丰富的宝藏，在消费者洞察、挖掘消费需求、产品创新、渠道优化、动态定价、个性化促销、口碑传播、广告精准投放、改善用户体验、发现新趋势等领域发挥着巨大的商业价值。

5.4.2 大数据来源

1. 全渠道交易数据

消费者购买产品的渠道选择不再像传统渠道模式下那么单一，商店、网上平台的电脑端和手机端、APP、直播平台……选择如此丰富，我们已经进入全渠道零售模式。全渠道交易数据能够将不同渠道和平台的数据整合起来，将产品的销售情况、品牌表现、消费者购买模式全面地展现出来。电子商务零售渠道的数据还不仅仅包括销售数据，用户的搜索、浏览、点击行为也被应用于广告投放、新品开发等领域。

2. 社交媒体大数据

被广泛使用的社交媒体如微信公众平台、微信视频号、微博、抖音、快手、小红书、哔哩哔哩、淘宝直播等平台产生的大数据涉及产品或品牌的口碑传播、热点事件、店铺销售、广告点击、用户特征等。

3. 移动数据

智能手机的普及产生了大量的移动数据，越来越多的用户不再通过电脑而是通过手机来连接互联网，进行信息搜索、网络购物、出行导航、社交媒体使用等。移动数据非常重要的一个维度是基于位置的信息。这种位置信息与其他信息相结合，在商圈流量分析、店铺选址等方面具有重要价值。例如，艾瑞 APP 指数（iRIndex），基于艾瑞集团自主研发的 UserTracker 移动用户行为监测产品，对移动用户行为进行监测，建立数据库，从 2012 年开始，收集用户通过移动设备对 APP 的使用行为、浏览网站的行为等相关情况，并通过对数据的大量分析建立了多个用户行为指标，真实反映中国移动互联网市场的客观情况。艾瑞 APP 指数每月发布包括 APP 行业概况、APP 应用独立设备数排行、APP 热门赛道环比增幅排行等数据。

4. 机器数据

机器数据包括传感器数据、图像和视频数据、射频识别数据、二维码或条形码扫描数据等。例如，谷歌的无人驾驶技术，利用激光雷达、毫米波雷达、摄像头等多种传感器，采集周围环境的三维数据和图像信息，每秒钟会产生多达 1GB 的数据。

本章小结

1. 二手资料的收集方法称为文案调查法，原始资料的收集方法称为实地调查法。市场调查中应首先考虑是否可以通过文案调查来完成信息收集；在市场调查方案设计时文案调查有助于确定调查课题；文案调查可以为市场调查提供理论参考；文案调查可以为实地调查中的抽样提供抽样框；文案调查可以为调查人员提供经验和借鉴；文案调查可以作为实地调查的补充和完善。

2. 文案调查法具有节约时间和成本、可以超越时空限制、可以突破各因素的限制等优点；文案调查法的局限性源于二手资料的局限性，有些二手资料可能会在相关性、准确性、时效性等方面存在问题。

3. 文案调查法资料来源包括内部来源和外部来源。内部资料来源包括业务资料、统计资料、财务资料等内部记录以及企业的顾客数据库。常见的外部资料来源包括出版物、电子数据库、辛迪加服务、互联网等。

4. 全渠道交易数据、社交媒体大数据、移动数据、机器数据等大数据来源在市场调查中得到越来越广泛的应用。

本章思考题

1. 描述文案调查法在市场调查中的重要作用。
2. 文案调查法有什么优缺点？
3. 文案调查法内部和外部资料来源有哪些？
4. 针对本章提到的文案调查法外部资料来源中你感兴趣的内容或主题，查找并整理相关资料。
5. 列出下列数据的可能来源。
（1）江苏省的人口结构、经济发展以及收入水平
（2）最近几年中国汽车行业的生产和销售数据
（3）上海市人口流动数据
（4）云南省近几年的旅游收入和游客数量
（5）某电商平台中东北大米的零售商数量及规模
（6）奶制品的零售数据
（7）中国包装饮用水各品牌市场占有率
6. 案例讨论。

无论外部环境如何变化，人们对宠物的消费需求都在持续升温。2023年的"双11"，淘宝天猫宠物商品预售的48分钟成交额超越2022年全天，在大基数基础上，全行业成交额同比2022年大涨超50%。好看的数字背后，是消费者对宠物的情感投注不断加强。与其说是为宠物花钱，不如说人们也在为自己寻找情感寄托，获得陪伴和治愈。当宠物逐渐成为家人，"养儿式养宠"成为趋势，宠物养生保健、宠物智能用品等细分品类实现增长。其中，不仅大品牌吃到红利，中小品牌也涌现出来，实现了销售额

的狂飙。宠物经济,成为小微经济中的一大亮点。

一、宠物经济中的小微力量

(1) 宠物经济快速发展,个体工商户占比75.8%

在"家家有狗、户户有猫"的美好畅想下,中国宠物消费市场逐年扩大,预计2023年底市场规模将达到3 924亿元,相当于一整个丹麦的国内生产总值。千亿级消费市场之下,宠物行业成为风口行业,不到5年,全国宠物经济相关注册企业数量翻了14倍。许多个体玩家如开闸泄洪般涌入这一赛道,开一家宠物店,成为自主创业、灵活就业的热门选项。截至2023年10月,全国宠物经济相关注册企业数量超过154.9万家,超过四分之三都是个体工商户。

2022年宠物消费市场规模约3117亿元

预计2023年达到 **3924亿元**

数据来源:艾瑞咨询《中国宠物健康消费白皮书》

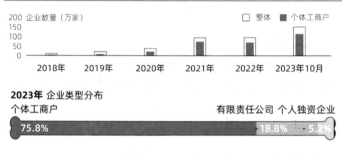

2018—2023年中国宠物经济相关注册企业数量

2023年 企业类型分布
个体工商户 75.8%　　有限责任公司 18.8%　个人独资企业 5.2%

数据统计时间截至2023年10月　　数据来源:天眼查

(2) 销量前十的宠物品牌,小微企业占六成

值得注意的是,在迅猛增长的宠物经济中,涌现出不少国货品牌。魔镜洞察显示,2023年前三季度,淘宝天猫销量最高的10个宠物品牌中,有9个都是国产品牌,小微品牌共有6个。小微企业品牌瓜洲牧,在淘宝天猫销量排名第一,2023年前三季度,瓜洲牧总共寄了上千万份包裹,是玛氏集团旗下国际品牌——皇家的3.5倍。此外,嬉皮狗、凯锐思、疯狂小狗等国产品牌也强势崛起,销量超过皇家等国际大牌。

2023年淘宝天猫宠物类目销量最高的品牌

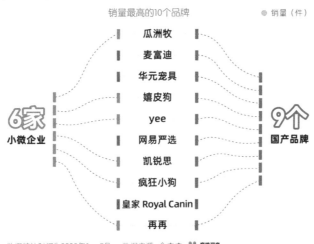

数据统计时间为2023年1—9月　数据来源：企查查

二、饮食用品更讲究，养儿式养宠成趋势

（1）增长驱动：宠物养生精细化

当宠物成为家人般的存在时，宠物养生精准击中宠物主心理，成为一个快速发展的细分赛道。

在宠物保健品中，猫狗通用营养膏占据最大市场。2023年前三季度，猫狗通用营养膏卖出近12亿元，断崖式领先于其他产品。从品类来看，猫比狗更快实现消费升级。在销售额最高的猫狗保健品中，猫化毛膏、猫卵磷脂、猫特色保健品进入"TOP5"产品榜单。不过，狗保健品作为一个快速发展的赛道，对商家而言充满机会。在销售额增长最快的保健品中，前5名全是狗保健品。在宠物消费升级趋势下，宠物保健品的功能较为完善，覆盖宠物健康的每一环节。在销售额最高的猫狗保健品中，美毛、补钙、防掉毛、护肤、调理肠胃是最大卖点，从外而内关照到"毛孩子"身体健康的方方面面。

2023年淘宝天猫销售额最高的猫狗保健品

数据统计时间为2023年1—9月
数据来源：魔镜洞察

市场调查

2023年淘宝天猫销售额增长最快的猫狗保健品

排名	产品	销售额同比增长率
1	狗奶粉	523.7%
2	狗营养膏	512.7%
3	狗益生菌	426.7%
4	狗氨基酸/维生素/钙铁锌	422.5%
5	狗卵磷脂/鱼油/海藻粉	392.0%

2023年淘宝天猫销售额TOP100猫狗保健品卖点

该卖点的商品占比

| 美毛 22% | 补钙 20% | 防掉毛 12% | 护肤 11% | 调理肠胃 10% |

数据统计时间为2023年1—9月
数据来源：魔镜洞察

（2）增长驱动：宠物用具智能化

越来越多的宠物主像养孩子一样照顾宠物，宠物玩具和居家用品已是一片红海。要在庞大的商品市场跑出竞争力，产品能否提升宠物生活质量成为消费者考核一件商品是否值得掏钱的重要维度。魔镜洞察显示，宠物智能玩具销量同比增长率达到844.4%，猫狗垫子、猫狗床、散热板等提升宠物生活舒适度的用品销量提升最快，均获得三位数同比增长率。值得一提的是，智能养宠正在成为宠物用品的新趋势。与2022年相比，2023年前三季度，智能宠物窝的销量同比增长将近6倍，宠物智能玩具销量增长8倍多，远高于其他宠物玩具。

（3）增长驱动：宠物服饰多样化

宠物服饰配件正在走向多样化。在淘宝天猫热销宠物服饰中，不仅有常见的服装、发饰、挂牌、鞋子，还出现了更多花样的配饰，如生理裤、围巾、帽子、背包等。宠物主像打扮孩子一样，装扮自己家的宠物，商家们切中消费者的养宠心态，提供造型可爱、类人化的服装。对比来看，经常要出门撒欢儿的狗狗的服装生意比猫咪更好做。2023年1—9月，宠物狗服装/雨衣销量超过755万单，是猫宠物服装/雨衣的4.5倍。

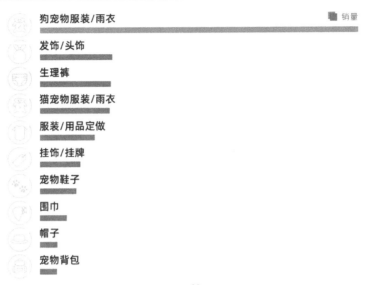

（资料来源：DT 研究院.《2023 宠物经济小微观察报告》揭示：新玩家下一个机会在哪？［2023－11－23］. https：//mp.weixin.qq.com/s/Q0pR8R1jECbqeRboRaiCsQ.）

问题：

（1）仔细查看报告中的数据，来源有哪些？

（2）如果你想开一家宠物用品商店，你如何利用上述文案数据来指导自己开店？

（3）除了以上数据，你还想获取哪些信息？打算如何收集这些信息？

第 6 章　原始资料的收集：定量调查方法

【学习目标】

- 掌握定量调查的三种方法：询问调查法、观察调查法和实验调查法
- 理解询问调查法、观察调查法和实验调查法的优缺点
- 掌握询问调查法的各种形式及每种形式的特征
- 理解观察调查法的应用
- 理解实验调查法的应用

【导入案例】

GAP 服装零售点的市场调查

GAP 公司希望评估特定零售点促销衬衣的有效性，该促销计划是在商店采用特殊的陈列方式。第一，经理希望获得关于特定零售点商品特殊陈列方式有效性的初步观点；第二，经理希望了解某种具体的信息，比如被吸引到特别陈列区前的顾客类型，或在特定促销期间购买 GAP 衬衣的顾客与没有购买的顾客的区别在哪里；第三，经理还想了解商店特殊陈列如何影响顾客对 GAP 衬衣的感受和购买，及其重要程度。

基于以上调查需求，可以采用的调查方法有：

1. 询问调查

询问方式 A：在促销期间，由专人访问来商店的顾客。询问顾客是否购买了 GAP 衬衣；如果购买，他们的购买动机是什么？询问顾客特定的问题以了解他们对商品特殊陈列方式的反响。

询问方式 B：在促销结束时，开展对商店贸易区域的客户电话调查以评估他们在促销期间是否光顾商店；如果曾经光顾，他们对商店陈列方式的反应和反响是什么。

询问方式 C：同方式 B，不同之处在于不采用电话调查，而是采用向居民样本邮寄

问卷,并同时附带贴好邮票供寄回问卷的信封。

询问方式 D:在调查期间用电子邮件调查商店顾客样本,要求他们登录商店网络来回答问卷问题。询问顾客是否购买了 GAP 衬衣;如果购买,他们的购买动机是什么?并询问他们对特殊陈列方式的反响。

2. 观察调查

观察方式 A:对其中一个或几家商店进行初步观察,以了解顾客在商店的行为。

观察方式 B:雇佣专人来观察顾客并记录他们经过特殊陈列区前的反应。让观察者记录顾客是否停留来观看特殊的陈列方式、他们停留时间的长短、他们看上去感兴趣的程度等。

观察方式 C:在 GAP 衬衣展示区安装录像机,连续记录顾客在接近和经过特别陈列区时的反应和行为。

观察方式 D:在促销期间,让收银台自动记录 GAP 衬衣的总销售数量。

3. 实验调查

在有效控制条件下收集数据,如顾客反应和购买情况可以从以下来源收集:足够大规模的、具有代表性的商店样本(实验组)以及没有开展特殊陈列的商店(参照组)。对比实验组和参照组的销售情况,顾客对于 GAP 衬衣的感受、购买行为等是否存在差异。

(资料来源:A. 帕拉苏拉曼,德鲁弗·格留沃,R. 克里希南. 市场调研 [M]. 王佳芥,应斌,译. 2 版. 北京:中国市场出版社,2011.)

前面章节已经介绍了二手资料的收集方法:文案调查法。当二手资料无法获得,或与调查需求相关性极弱、无法满足调查需求时,市场调查人员就需要开展实地调查,即收集第一手的原始资料以满足调查的信息需求。原始资料的收集方法有很多,既可以采用定性调查方法,也可以采用定量调查方法。而在初学者看来,似乎通过调查问卷进行询问调查是应用最广泛的,也是最为我们熟知的调查方法。事实上,通过问卷进行询问调查只是定量调查方法之一。本章就从询问调查法开始,介绍各种定量调查方法,包括询问调查法、观察调查法和实验调查法。定性调查方法在下一章介绍。

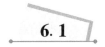

6.1 询问调查法/问卷调查法

我们提到的询问调查法,特指定量调查中的询问调查,即问卷调查法,指调查人员通过事先设计好的调查问卷向被访者提出问题,以获取所需信息资料的方法。询问调查涉及的调查内容包括被访者的行为、倾向、态度、认知、动机、生活方式、人口统计学特征等。在询问调查中，调查人员会事先确定所问问题的措辞和可能出现的回答的范围，通常采用高度标准化的调查问卷来完成询问调查，调查问卷中的问题大多数是封闭式问题，我们称这种问卷为结构化问卷。这种高度结构化的询问调查方法被广泛应用于收集原始资料。

询问调查以高度标准化的封闭式问题为主，因此询问调查具有封闭式问题的优缺点。可以将其优点概括如下：一旦调查问卷开发出来，数据的收集就会相对比较容易，对于调查人员的要求也较低。调查问卷中的备选答案为被访者回答问题提供了相同的参考框架，所获得的数据标准化程度高，减少了由被访者本身差异引起的不同结果。所获得的结构化数据，对其进行处理、分析、理解都相对简单。

询问调查的缺点包括：固定备选答案尽管容易作答，但同时也可能会导致令人误解的答案。备选答案可能会有遗漏，即使没有遗漏，备选答案也可能未能精确描述被访者的真实情况，这种情况下，被访者的回答会存在偏差甚至错误。问卷设计要求高、难度大。相对于定性调查方法，询问调查法是一种直接的调查方法，对于私密性问题、敏感性问题、动机相关问题、复杂的问题等的调查不适用，对这些问题的调查运用定性调查方法会更合适。

6.1.1 询问调查法的五种形式

1. 人员面访

人员面访指调查人员直接面对面向被访者询问有关问题，以获取相关的信息资料。人员面访可以分为街头拦访和入户访问两种方式。

街头拦访是由调查人员在某个事先选好的地点拦截被访者进行调查。街头拦访一般在购物中心、大型超市等人流量比较大的地方进行。调查人员按照抽样要求选取符合条件的被访者，获得对方同意后在现场或就近的访谈室中展开访谈。街头拦访更容易接触到大量的人群，被访者较容易获得，节省了调查人员的在途时间和交通费用；对商场、超市等的调查，直接在现场拦访，针对性较强。但是由于街头拦访环境嘈杂、消费者忙于购物等，不适合时间较长、问题或操作较复杂的调查；同时，街头拦访对于抽样的控制也较困难，大多数的街头拦访都无法获得随机样本。

入户访问是指调查人员至被访者家中或工作单位进行调查。入户访问中，通常调查人员都能够获得关于调查对象家庭或单位地域范围的信息，这些信息能够提供一个比较理想的抽样框，可以采用各种随机和非随机抽样方法选择被访者或家庭，甚至对于由哪一位家庭成员来填写调查问卷都有可能进行控制，因此样本质量较好；允许入户的调查人员在被访者家中或者单位，可以进行相较于街头拦访更长时间、内容更复杂的访问，同时也可以展示图片、产品，甚至可以进行产品演示说明，因此适合操作较复杂的访问；入户的同时，调查人员还可以对被访者家中或单位相关产品的使用情况进行观察，因此可以获得更多额外的信息。但是，随着居民安全和隐私意识的加强，入户访问的拒访率越来越高，入户的难度越来越大，很多入户调查已经被街头拦访或其他询问调查法所取代。同时，由于入户对调查人员的要求更高，而且调查人员花在途中、入户之前的沟通等过程中的时间也较多，因此入户访问的成本也较高。

2. 邮寄调查

邮寄调查是通过邮寄的方式将设计好的调查问卷寄给被访者，由被访者自行填写后将问卷寄回调查部门或调查公司的一种调查方法。典型的传统邮寄调查需要邮寄的内容包括信封、问卷说明信、调查问卷、回邮信封，很多时候还可能包含一份奖券或奖品。这种传统形式的变形包括调查人员亲自直接将调查问卷投给被访者住宅或单位，将调查问卷附在产品说明书中、报纸杂志中、产品目录册中、购买者的购物袋中等。这些方法的共同特点就是，调查人员与被访者之间没有个人交流，被访者在方便的时间和地点自填问卷，并以邮件的形式回寄给调查人员。

以上介绍的邮寄调查及其衍生出来的调查方式大多是一次性的调查。若调查者想对相同被访者进行长期的追踪调查或连续性的多次重复调查，则可采用固定样本组邮寄调查。固定样本组邮寄调查是指向固定样本组定期、多次连续地发送调查问卷，被访者按照问卷要求填写问卷并将其寄回调查人员。邮寄固定样本组由全国大量具有代表性的样本家庭组成，这些家庭愿意参与周期性的问卷调查和产品测试等，并可以得到各种物质奖励。随着网络的兴起，固定样本组邮寄调查逐渐发展为固定样本组网络调查。

邮寄调查是一种简单、经济的调查方法，相对于面访调查，邮寄调查对调查人员几乎没有什么要求，因此节省了调查人员的劳务费、培训费用、差旅费和管理费；邮寄调查过程中调查人员与被访者没有任何交流，因此被访者填答问卷时不会受到调查人员个人的影响；在已获得理想的地址簿的前提下，邮寄调查可以采用各种随机抽样方法。

但是，由于没有个人接触，被访者可能不会积极、认真地完成调查问卷。邮寄调查可控性低，体现为调查人员虽然能够利用各种抽样方法，但是不能控制问卷回答者的身份、回答问题的方式、寄回邮件的时间等，因此邮寄调查的样本、时间、环境等因素的可控性都较低。时间可控性低再加上邮寄本身需要时间，因此邮寄调查问卷的回收速度很慢。传统邮寄调查的问卷回收率很低，甚至低于10%，而固定样本组邮寄调查回收率较高，可能会达到80%以上。低回收率导致严重的数据偏差，在大多数情况下，那些大部分不愿参加调查、拒绝回寄问卷的个人与积极参与调查的人具有不同的人口统计特征、心理特征和消费行为，因此，回收回来的问卷代表性很差。

3. 电话调查

电话调查是指调查人员通过电话向被访者提出问题，以获取信息的一种调查方式。传统的电话调查由调查人员在纸质问卷中根据被访者的回答勾选出答案，计算机辅助电话调查（CATI）则通过电子问卷对电话另一边的被访者实施询问调查。除此之外，计算机还可以实现自动随机拨号，调查人员只需带上耳麦，待接通电话后为被访者宣读电脑屏幕上出现的问题并直接将被访者的回答录入电脑即可。在计算机辅助电话调查中，计算机会为调查人员提供系统性的指导，每次电脑屏幕上只会出现一个调查问题，计算机会测评答案的一致性和准确性，然后根据这些答案生成个性化的问卷。调查结束，数据录入即同时完成，实时的数据报告和分析结果也几乎可以随时查看。综上，计算机辅助电话调查实现了个性化问卷设计、自动随机拨号、数据同步录入、数据统计分析等功能，大大节省了调查时间，调查数据的质量也较传统电话调查有所提高。

电话调查节省了调查人员的行程时间和交通费用，调查人员集中在固定的地点开展电话调查，对于调查的组织和管理较容易。质量控制人员还可以对调查过程进行监听，做好质量控制。通过电话可以直接接触到指定的调查对象，电话调查对于样本的控制也较好。

但是，电话调查提问的方式仅限于口头表述，无法进行图片、样品等调查工具的展示，不适合操作较复杂的调查。电话调查也不适合进行长时间以及较深入的访问。电话调查在我国的拒访率也较高。

4. 留置调查

留置调查是调查人员将调查问卷交给被访者，对有关问题作适当地解释说明后，留给被访者自行填写回答，调查人员按约定日期上门回收或请被访者填好问卷后寄回调查部门的一种调查方法。留置调查具有速度快、调查人员对被访者干扰较小等优点。

留置调查不局限于以上形式，凡是将调查问卷留给目标被访者自行填答的情况，都可以视为留置调查。留置调查的其他形式包括在被访者的工作地点分发问卷，要求被访者在闲暇之余或带回家中填写，在第二天上班时收回；有些连锁酒店将调查问卷放在客房内，入住的客人可以自行填写，并在退房时交给前台或者留在房间；图书馆、食堂、餐馆等服务部门的意见簿也是由读者或顾客自行填写；有些产品的说明书中可能附带调查问卷，询问顾客的基本信息、对产品的意见或使用中的不满意点等，顾客可以自行填写并邮寄回生产企业，有些问卷附带回邮信封或允诺有礼品赠送。

5. 网络调查

网络调查指通过互联网进行电子调查问卷的发放和回收。随着互联网和社交媒体的普及，电子形式的调查问卷逐渐兴起，甚至取代了大部分传统形式的纸质问卷。早期采用的网络调查问卷主要有电子邮件调查、利用官方网页链接进行问卷调查等，现在则出现了大量集问卷设计、问卷发放、样本服务、数据分析于一体的专业问卷调查平台，如问卷星（wjx.cn）、问卷网（wenjuan.com）等。调查平台设计好调查问卷后，可以产生问卷二维码和链接地址，将问卷二维码或链接地址通过电子邮件、社交媒体、纸质宣传等形式发布，被访者可以通过手机扫描二维码或直接打开网页链接进行填答问卷。

相较于传统调查方式，网络调查一旦将问卷传递给被访者，可以由多个被访者同时填答问卷,且能在问卷发放期间的任意时间段填答问卷,因此网络调查问卷回收速度较快。

网络调查在广告设计、产品概念测试、包装测试等方面具有便利性,因为网络调查支持图片、视频、音频等多种媒体形式,可以向被访者展示广告、产品概念、产品包装等。对于敏感话题的调查和讨论,网络调查也较其他传统调查方式具有优势,因为在网络环境下,网民更容易消除戒备心理,如实回答。对于公司内部员工、外部会员的调查,由于员工和会员的信息传递非常方便,因此网络调查执行起来也非常方便快捷。对于其他特殊群体的调查,如网站用户、年轻被访者、高收入群体、高学历群体等,也可以首选网络调查。

【相关链接】

问卷星

问卷星(wjx.cn)是一个专业的在线问卷调查、考试、测评、投票平台,专注于为用户提供功能强大、人性化的在线设计问卷,采集数据,自定义报表,调查结果分析等系列服务。与传统调查方式和其他调查网站或调查系统相比,问卷星具有快捷、易用、低成本的明显优势,已经被大量企业、高校和个人广泛使用,典型应用包括:

企业:客户满意度调查、市场调查、员工满意度调查、企业内训、需求登记、人才测评、培训管理、员工考试;

高校:学术调查、社会调查、在线报名、在线投票、信息采集、在线考试;

个人:讨论投票、公益调查、博客调查、趣味测试。

问卷星的使用流程分为下面几个步骤:

① 在线设计问卷:问卷星提供了所见即所得的设计问卷界面,支持49种题型以及信息栏和分页栏,并可以给选项设置分数(可用于考试、测评问卷),可以设置关联逻辑、引用逻辑、跳转逻辑,同时还提供了千万份量级专业问卷模板。

② 发布问卷并设置属性:问卷设计好后可以直接发布并设置相关属性,如问卷分类、说明、公开级别、访问密码等。

③ 发送问卷:通过微信、短信、QQ、微博、邮件等方式将问卷链接发给填写者填写,或者发送邀请邮件,还可与企业微信、钉钉、飞书等高度集成。

④ 查看调查结果:可以通过柱状图、饼状图、圆环图、条形图等查看统计图表,卡片式查看答卷详情,分析答卷来源的时间段、地区和网站。

⑤ 创建自定义报表:在自定义报表中可以设置一系列筛选条件,不仅可以根据答案来做交叉分析和分类统计(如统计20—30岁女性被访者的数据),还可以根据填写问卷所用时间、来源地区和网站等筛选出符合条件的答卷集合。

⑥ 下载调查数据：调查完成后，可以下载统计图表到 Word 文档保存、打印，在线 SPSS 分析或者下载原始数据到 Excel 后，导入 SPSS 等调查分析软件做进一步的分析。

（资料来源：① 百度百科．[2024 - 07 - 24]．https：//baike. baidu. com/item/%E9%97%AE%E5%8D%B7%E6%98%9F/6272243?fr = aladdin. ② 问卷星官网．[2024 - 07 - 24]．www. wjx. cn.）

6.1.2 各种询问调查法的比较

表 6-1 对各种询问调查方法进行了比较。表中的特点总结只提供了一个大概的参考，具体优缺点还与实际调查情况以及不同国家和地区的文化、经济发展水平、政策法律、基础设施等情况有关。

表 6-1　各种询问调查法的比较

评价标准	人员面访		邮寄调查		电话调查		留置调查	网络调查	
	街头拦访	入户访问	传统邮寄调查	固定样本组邮寄调查	传统电话调查	CATI		一般的网络调查	在线固定样本组调查
样本控制		+							
调查过程中的辅助信息展示		+	-	-	-				
问卷题目数量		+	-						
问卷问题的多样性和灵活性	+	+	-	-					
拒访率低		-	+		-				+
回收率高	+	+							
避免调查人员偏差	-	-	+	+			+	+	+
速度快			-	-				+	+
成本低			+						

表格中 + 代表的是典型优点，- 代表的是典型缺点。

6.1.3 询问调查方法的选择

在特定的调查项目中，询问调查方法的选择需要考虑调查项目本身的要求和特点，结合每种调查方法的特征，综合考虑，选择能够以最低的成本获取满足调查要求的询问方法。选择询问调查方法时需要考虑的因素包括样本要求、费用预算、调查问卷的长度、调查中操作的复杂性、发生率、调查的时间要求等。需要注意的是，不同的询问调查方法并非互相排斥，调查人员可以扬长避短、灵活互补地运用各种方法来完成调查任务。例如，一项调查可以同时采用两种甚至多种方法同时进行。对于入户调查，可以首先进行小区门口的拦访或者通过电话、邮寄等方式进行预约，以降低入户访问的拒访率，提高入户访问的效率；对于人员面访，可以结合网络调查，由调查人员当面与被访者进行交流以后，邀请被访者扫描问卷二维码，打开问卷链接填写网络问卷等。

1. **样本要求**

对于调查样本的要求是选择调查方法时首先要考虑的因素，样本要求包括调查对象的条件要求、抽样精度的要求、样本容量要求、样本的控制等。例如，针对某购物中心顾客的满意度调查，采用在购物中心进行拦访是比较合适的，因为拦访接触到的人均符合到过该购物中心这一要求。又如对于抽样精度要求比较高的调查，入户访问、电话调查、固定样本组调查一般都能获得一个理想的抽样框，因此调查人员可以采用各种抽样方法，在访问前对调查对象进行筛选，这样对于样本的控制较好。街头拦访虽然可以快速获得规模较大的样本，但是对于抽样框的把握、抽样方法的选择都有所限制，特别是对于抽样框的把握，街头拦访只能接触到那些出门逛街的人，而现在很多人选择待在家里网购。邮寄调查虽然对抽样框和抽样方法的控制和把握较好，但是由于回收率过低，因此无法保证抽样的精度，且由被访者自主完成调查问卷，对于样本的控制也较差。传统网络调查对于抽样的精度、样本的控制都比较差，因此不适合对于样本要求很高的调查。

2. **费用预算**

在选择调查方法时，还需要结合调查项目的费用预算，选择能够控制在费用预算内的调查方法。100元一份的入户调查，如果选择电话调查，每一份问卷可能只需要30元，网络和邮寄调查可能费用更低。当然，调查费用预算只是考虑的因素之一，具体采用哪种方式，还要结合其他因素综合考虑。

3. **调查问卷的长度**

所选择的调查方法应该与问卷的长度相匹配，特别是需要耗费较长时间的问卷，如果调查方法选择不当，则会影响调查的数据质量，或导致拒访率很高，甚至会导致问卷调查过程中断。对于需要耗费很长时间的调查问卷，入户调查是比较合适的。电话调查、街头拦访、邮寄调查、网络调查等都可能会遇到各种困难，试想有几位被访者愿意花费一个小时来回答陌生人在电话另一头所提出的问题？

4. **调查中操作的复杂性**

在许多市场调查中，需要调查人员向被访者展示各种辅助信息，如产品样品、图片、广告等，或者调查过程比较复杂，如需要被访者试用或品尝产品，大多数这样的调查在调查人员与被访者没有当面接触的情况下很难完成，因此，不管调查人员通过何种方式接触到、预约到被访者，最终都要通过面访来完成调查。例如，口味测试可以由调查人员在街头拦截被访者现场完成测试，或将被访者带至事先设计好的实验地点来完成测试。

除了面访调查以外，网络调查正展现出其独有的优势，图片、音频、视频等形式的内容，甚至虚拟购物环境，都能够通过网络问卷来直观地展示给被访者。

5. 发生率

发生率是指在总体中满足调查要求的样本的比例。发生率决定了在既定样本数量要求下调查接触的次数，低发生率代表着要接触更多的对象才能够搜寻到符合样本要求的调查对象。如对一个高度细分的目标市场进行的调查，或对使用率、渗透率非常低的产品进行的调查，即意味着低发生率。例如，某白酒生产企业想要开拓年轻人的市场，展开的市场调查选取 18—25 岁、一个月内喝过白酒的年轻消费者为样本。初步调查显示，符合样本要求的人非常少，可能 10 个人中最多只有 1—2 个符合要求。对于低发生率的调查，要么选择成本比较低的调查方法，要么需要用一些方法先对被访者进行过滤，再进行调查。

6. 调查的时间要求

调查的时间要求也是选择调查方法时需要考虑的重要因素。对于希望快速得到结果的调查项目，网络调查、电话调查、街头拦访等都是可以考虑的方法，邮寄调查、入户调查则需要耗费更多的时间。

6.2 观察调查法

观察调查法是调查人员在调查现场或利用观察器材，对被观察对象的各种情况进行观察和记录，收集原始信息的一种实地调查方法。

6.2.1 各种观察调查法

1. 自然观察和策划观察

自然观察指在真实情景下实施观察，如在超市里观察顾客的购物行为，在银行大厅里观察顾客等待叫号时的行为等。策划观察是指在人为设计环境中进行观察。例如尼尔森开发的 Smartstore 系统，可以理解为一套线下店铺测试和调查系统。通过 360 度模拟整个商店的环境，可以基于虚拟现实（VR）进行高度逼真度的定制，包括店铺道路、货架布局、促销展示形式、包装类型，甚至整个店铺的装修等。而除了高度逼真的环境，该系统还提供定向音频和逼真的第一人称动作模拟，让整个测试流程看上去极为接近真实环境。而通过带有眼球追踪的 VR 设备，该系统不仅可以记录测试者在 VR 内走路的步数、逗留的时间、头部的动作，甚至可以形成结合眼球数据的场景热力图。另外一个特点是，调查人员还可以记录并回放测试者的整个行程，在之后分析中可以标记出每个影响消费者购物的潜在点，并检测消费者的购买转化记录等，以此来帮助零售商对商品包装、促销等信息进行相关调整。

2. 伪装观察与非伪装观察

在伪装观察中，被调查者不知道自己正在被观察；如果被调查者知道自己正在被观察，则称为非伪装观察。从获得的信息的真实性来看，伪装观察下被调查者由于不知情，会表现出真实的反应或行为；而非伪装观察下，被调查者可能有意识或无意识地表现出非正常的行为或反应，因此会导致观察调查和询问调查一样，获得的信息可能是有失真实的。伪装观察如果涉及被调查者的隐私或不愿意被人知道的行为时，可能会涉及伦理问题。非伪装观察可以在观察前和观察后向被调查者询问额外的信息，如个人资料、态度、动机等。

3. 人员观察和仪器观察

观察调查法可以采用人员观察和仪器观察。在人员观察中，调查人员记录下发生的事情，如调查人员在购物现场观察购物者的购物路线和购买行为、在单向镜后面观察现场情况或对象的行为、假扮顾客进行暗访调查、文案调查提及的零售和批发的审计等。

在仪器观察中，由机械设备记录下观察到的现象。例如，由电子摄像头取代人员，记录下顾客的购买行为或顾客的流量、收视测量仪直接记录被访者的电视节目收看情况、由收银台扫描仪记录顾客购买的产品以及各种产品的销售情况等。随着各种专用的观察器械和仪器的出现，仪器观察正在迅速取代人员观察，并被应用于越来越广泛的调查领域。

【小链接】

各种仪器观察

一、神经影像

神经影像或观察大脑活动可以帮助市场调查人员更好地了解消费者在被测试时的无意识活动。运用神经影像学，并了解它背后的神经科学，市场调查人员或许能够更准确地判定消费者真正想要的是什么（这可能和他们说的不同），什么才能吸引他们，是什么驱使他们购买。例如，假设一家广告公司要观察大学生在期末考试时对一家杂货店所陈列的能量饮料的反应。大学生可以在走过商店之前装上脑电图设备；该设备可能被隐藏在帽子底下，让店主不会对装置做出反应，大学生也不会感到不安全或紧张。当大学生查看多种陈列产品时，来自脑电图设备的数据可以用来测量多个变量，如快乐、困惑、愤怒和其他情绪反应。

二、脑部扫描测量

以前在医院采用的磁共振成像（MRI）技术的一种改良版本——功能磁共振成像

(fMRI)如今被营销者用于调查消费者的情绪和动机。fMRI衡量流经大脑中枢的高兴、思考和记忆部分的血液流量。在欧洲,福特公司通过脑部扫描调查来开展市场测试。fMRI机器被用于研究人们对各种事宜(从好莱坞电影到商品的宣传口号和包装)的反应。然而调查者认为,应当注意愿望并不等于行动。

三、眼动研究

眼动仪用于记录人在处理视觉信息时的眼动轨迹特征,被广泛用于注意、视知觉、阅读等领域的研究。常用的眼动指标包括注视点、注视时间、注视次数、眼跳距离、瞳孔大小等数据,从而研究个体的内在认知过程。在市场调查领域,眼动研究被广泛应用于用户行为研究、网站和软件的可用性研究、产品包装设计、购物行为研究、广告研究中。最新的眼动仪不仅可以捕捉、记录眼动信息,还可以同步捕捉面部表情、采集头部姿态等。

四、衡量反应潜伏期

反应潜伏期指被访者回答问题的速度。在确定广告如何影响消费者品牌倾向的时候,可以采用反应潜伏期的衡量方式。被访者越是迅速地回答品牌倾向,那他的品牌倾向就越强。如当两名顾客被询问他们喜欢七喜汽水还是雪碧时,两个人都说喜欢七喜汽水,然而其中那个更加迅速回答的顾客,我们假定他的意识中对两个产品的犹豫不决程度更低,对七喜汽水的喜欢倾向更强。利用电子设备可以监视和探测反应潜伏期的区别。

五、音频分析

音频分析设备通过检查人们声音振动频率的变化来衡量人的感情。在音频分析中,通过与被测人进行非情感的谈话(如谈论天气),来画出被测人说话声音的常态线或基线图表。当谈论刺激物时,与基线的偏差距离越大,说明被测人对刺激产生的情感强度就越强。音频分析已经被用于包装测试、预测消费者对于食品的品牌偏好、确定在目标消费者群中的哪些消费者尝试新产品最为合适。其他调查也已经将声音的高低分析用于衡量消费者对于广告的情感反应。

六、收视测量仪

收视测量仪用来详细记录被调查家庭中所有4岁及以上家庭成员收看电视的情况,从而获取电视观众收视信息。央视索福瑞和尼尔森的收视研究都广泛采用该种测量仪器。收视测量仪采用电子技术,针对家庭中所有成员以及客人设置了不同的按钮,个人在收看开始和结束收看节目时只需要按收视测量仪上自己对应的按钮就可以了。数据可以即时地传输回服务器进行分析处理。

七、心理电流测量仪

心理电流测量仪被用于测量皮肤电流反应或皮肤电流变化。给被观察者装上可以监控电阻值的小电极,并让其接受诸如广告、包装和广告语之类的刺激。支撑该装置的理论是，情感变化会让如呼吸加快之类的生理变化随之发生，如激动会使呼吸加快，从而导致皮肤电阻增大。调查人员可以根据反应的强度来判断被观察者对刺激物感兴趣的程度和态度。

（资料来源：① A. 帕拉苏拉曼，德鲁弗·格留沃，R. 克里希南. 市场调研［M］. 王佳芥，应斌，译. 2版. 北京：中国市场出版社，2011. ② 阿尔文·伯恩斯，罗纳德·布什. 营销调研［M］. 于洪彦，金钰，译. 7版. 北京：中国人民大学出版社，2015. ③ 卡尔·迈克丹尼尔，罗杰·盖兹. 市场调研精要［M］. 范秀成，杜建刚，译. 6版. 北京：电子工业出版社，2010. ④ 纳雷希·马尔霍特拉. 营销调研：应用导向［M］. 熊伟，郭晓凌，译. 6版. 北京：中国人民大学出版社，2020.）

4. 网络观察

在大数据时代，基于电脑和手机客户端所获得的网络观察数据成为重要的调查资料来源。网络用户的浏览行为、点击行为、购买行为、产品和服务的评价等均可以通过网络观察而获得，这些数据被应用于用户行为及特征、销售、广告设计与投放、口碑传播、舆情监测等研究中。

6.2.2 观察调查法的应用

观察调查法被广泛应用于观察顾客行为、顾客流量、产品使用情况、商店柜台及橱窗布置等方面。

1. 观察顾客行为

了解顾客行为，可促使企业有针对性地采取恰当的促销方式。调查人员要经常观察或者摄录顾客在商场、销售大厅内的活动情况。例如，顾客在购买商品之前，主要关注的是商品价格、商品质量还是商品款式等；顾客对商场的服务态度有何议论等。

2. 观察顾客流量

观察顾客流量对商场改善经营、提高服务质量有很大好处。例如，观察一天内各个时间进出商店的顾客数量，可以合理安排营业员工作的时间，更好地为顾客服务；为新商店选择地址或研究市区商业网点的布局，也需要对顾客流量进行观察。

3. 观察产品使用情况

调查人员到产品用户使用地或者通过仪器观察调查，了解产品质量、性能及用户反映等情况，实地了解使用产品的条件和技术要求，从中发现产品更新换代的前景和趋势。例如，全球领先的汽车内部系统提供商——约翰逊控制公司的"儿童在车内"项目，采用录像来观察行车中成人如何同孩子们互动以及他们如何使用控制板，以对汽车内部设计进行改进。摩恩公司为了开发高端淋浴喷头，除了观察顾客在购物现场的行为以外，还招募志愿者，观察他们在淋浴时使用淋浴喷头的情况。

4. 观察商店柜台及橱窗布置

为了提高服务质量，调查人员要观察商店内柜台布局是否合理，顾客选购、付款是否方便，柜台商品是否丰富，顾客到台率与成交率以及营业员的服务态度如何等。

6.2.3 神秘顾客法

神秘顾客法也称暗访调查、神秘购物法，指由经过严格培训的调查人员，在规定或指定的时间里扮演成顾客，通过暗访、实地观察及体验调查研究对象的环境和服务，并通过填写调查表来反馈其购物体验。由于被调查或需要被评定的对象事先无法识别或确认"神秘顾客"的身份，故该调查方式能真实、准确地反映客观存在的实际问题。

在市场调查中，神秘顾客法最早是由肯德基、罗杰斯、诺基亚、摩托罗拉、飞利浦等一批国际跨国公司引进中国，为其连锁分部进行管理服务的。例如，麦当劳在全世界主要的市场都有被称为神秘顾客的项目，中国也有相同的项目。这项活动旨在从普通顾客的角度来考核麦当劳餐厅的食品品质、清洁度以及服务素质的整体表现。又如肯德基的神秘顾客并不是由随意的人员扮演，而是必须经过肯德基培训，熟知各个环节的标准制度，按照拟定的"消费计划"进行检查。对检查的情况按照标准进行客观的分值评述，最后各店根据评比的结果进行比较、检讨和改进。

神秘顾客法被广泛应用于：服务质量检测，特别是注重窗口服务的行业，如银行网点、电信营业厅、汽车4S店、房地产售楼处、连锁酒店、加油站、奢侈品专卖店（专柜）、服装品牌专卖店、连锁餐厅、化妆品柜台、药店、政府行政窗口等；终端店铺巡查，如对于零售网点的商品陈列、内外部环境、硬件设施、安全、促销、服务、价格等的衡量和评估；监测竞争对手，如了解竞争对手商店销售商品的种类、品牌、价格、摆放情况等。

神秘顾客法采取的观察形式主要有神秘顾客实地调查、电话调查、网络调查等。实地调查是由神秘顾客按照事先设定的情景进行走访，考察员工在一般及特定情景下的表现，如简单互动、咨询产品或服务、购买或退回产品、潜在客户的跟进、繁忙时段的服务表现和面对态度极端客户的应变等。电话调查通过神秘电话，衡量服务员工在接听潜在或现有客户来电时的表现，衡量电话客服的回复及时性、态度友好度、态度热情度、解决实际问题的能力和专业性、反馈一致性等。网络调查通过访问调查涉及的网站或店铺，考察访问便捷程度、技术可操作度、购买流程效率、客户服务评价等。

【小链接】

观察调查法与询问调查法

一、适用性

询问调查法能被用于收集来自一个人的一手数据。我们所要做的是询问并且让人们回答我们的问题，尽管回答未必是真实的。

观察调查法能给我们提供有关行为和具有一定人口统计特征或社会经济特征的信息（例如，在大部分情况中，性别和年龄是应用非常广泛的信息），但也仅限于此了。我们只能观察一个人现在的行为，而不能观察他过去的行为，也不能观察他未来行为的意图。如果我们对他过去的行为或意图感兴趣，我们必须询问。也就是说，其他基本类型的一手数据无法通过观察调查法得到有效测量。我们不能观察态度或想法及一个人的意识、知识或者动机。例如，我们通过观察只能看到某个消费者最终选择了A洗发水而没有选择B洗发水，却无法通过观察获得消费者如此选择的原因。清晰的提问能够让我们收集更多类型的一手数据。

此外，对于一个长期的购买行为，我们无法通过观察调查获得购买决策过程中的所有信息。设想购买一套房子、一部车子等，整个购买决策过程可能要花费好几个星期甚至好几个月，对于此类行为的观察是不可行的。

有些信息则无法通过询问调查来获得，包括被调查者无法意识到的或无法进行交流的行为模式。例如，婴儿无法表达自己的观点，如果我们想获取婴儿对于玩具等用品的偏好信息，只能通过观察来获得。

二、速度和成本

询问调查法在速度和成本上的优势是相互联系的。询问调查法通常是一种比观察调查法更快捷的方法，因为你不需等待行为发生。在某些情况下，不能预测行为发生的准确时间因而不能完成观察。有一些行为发生的间隔时间可能太长了。如果你已经获得一个家庭样本，若想要了解数种家电中哪一种的购买频率更高，就必须等待相当长的时间才能开展足够有用的观察。

在某些情况下，用观察调查法比用询问调查法更快速和经济。一个简单的例子是消费者对非耐用品的购买，如与询问消费者到底购买了什么相比，利用扫描仪可以记录更多的购买过程，却只需花费更少的成本。又如，对于偶然性的或短时间的行为的调查，采用观察调查法要比询问调查法快速且便利。

三、客观性和准确性

尽管观察调查法受到范围、时间和成本的诸多限制，但在客观性和准确性方面它确实具有巨大的优势。你几乎可以随时通过观察来更准确地收集行为数据，因为观察技术通常不依赖被访者提供所需信息的意愿和能力。例如，当调查对象的回答有可能把他们置于不利的境遇时，他们通常不愿意合作。他们有时会掩饰自己的答案，甚至会自然地忘记尴尬的事情。在其他情况下，他们可能会忘记那些自认为不是很重要的事情。观察结果的客观性依赖观察者的选择、训练、控制，不受调查对象认知的影响。因为观察允许记录下顾客行为，所以不依赖调查对象在叙述所发生的事情时的记忆和心情。观察调查法比询问调查法更加客观。有时人们甚至没有意识到自己在被观察，因此他们不会试图告诉访问者他们认为访问者希望听到的内容，或者社会普遍认可但不真实的回答。由于观察调查法能提高调查的客观性和准确性,我们通常建议尽可能地使用观察调查法。

总之,询问调查法和观察调查法各有特点,从实践角度讲,二者可以结合,互为补充。

(资料来源:① 汤姆·布朗,特蕾西·苏特,小吉尔伯特·丘吉尔. 营销调查基础 [M]. 景奉杰,杨艳,译. 8 版. 北京:中国人民大学出版社,2019. ② 卡尔·迈克丹尼尔,罗杰·盖兹. 市场调研精要 [M]. 范秀成,杜建刚,译. 6 版. 北京:电子工业出版社,2010. ③ 纳雷希·马尔霍特拉. 营销调研:应用导向 [M]. 熊伟,郭晓凌,译. 6 版. 北京:中国人民大学出版社,2020.)

6.3 实验调查法

实验调查法被广泛应用于自然科学研究中,而市场调查中的实验调查法,参照自然科学中实验的基本思想,由研究人员控制一个或多个因素(自变量),而尽量保持其他因素不变,研究控制的因素水平对目标变量(因变量)的影响。在市场调查实验中,控制的因素即自变量通常为营销组合中的要素,如产品的包装、价格水平、广告投放、折扣力度、渠道类型等;而目标变量即因变量通常为衡量销售或沟通效果的一些指标,如销售额、销售量、市场占有率、品牌知名度等。例如,营销经理想知道两个不同风格的备选广告中,哪一个对消费者偏好产生更大的影响,可以采用实验调查法,其中广告设计是自变量,消费者偏好(如以量表来衡量)是因变量。

通过实验调查法,我们希望确定两个变量之间的因果关系,因此,从理论上来说,实验调查法属于因果性调查。但是,与自然科学中的实验不同的是,市场调查中实验的实验条件很难控制,完全控制的实验条件是很少见的。例如,在不同折扣力度对产品销量的影响研究中,除了折扣力度以外,竞争对手、顾客偏好、收入水平、时间等不可控的因素都有可能影响产品销量。因此,在市场调查实验中,一方面要尽量控制实验条件,以排除或尽可能减小其他因素对于实验结果的影响;另一方面,对于因果关系的确认(确切地说应该称之为因果关系的推断,因为我们其实无法证明两个变量之间存在确切的因果关系),需要特别谨慎。

6.3.1 实验调查法相关概念

尽管我们在刚刚介绍实验调查法时已经提及某些相关概念,但是仍然有必要对这些概念进行一个整理和介绍,以便能够更好地理解后面的内容。

1. 因果关系

因果关系指某个或某些变量 X 影响或引起了某个或某些变量 Y,即 X 影响或导致 Y

发生或改变。严谨地说，这其中的科学含义包括三个方面：一是 X 只是导致 Y 发生的众多可能原因中的一个；二是 X 的发生使 Y 的发生有更大的可能性，即 X 是 Y 的可能性起因；三是我们其实永远无法证明 X 是 Y 的起因，最多只能推断变量 X 是变量 Y 的一个起因。

2. 自变量和因变量

自变量也称为独立变量、解释变量，在实验设计中，也称为因子、处理变量，指的是实验过程中实验者可以操纵的变量或可选择的对象，而且其效果是可以测量和比较的变量。每个因子在实验中的不同测量值或种类，称为水平。操纵（或控制）是指研究人员设置自变量水平，以测试因果关系的过程。例如产品销量研究中，价格水平、广告表现形式、包装设计、促销方式等都属于自变量。

因变量也称为响应变量、被解释变量，是指能测量自变量对实验单位的影响效果的变量。因变量可能包括消费者的购买意愿、购买量、满意度、忠诚度，商店的销售量、利润，品牌的市场占有率等。因变量的取值也叫观察值或实验结果。

3. 外生变量

外生变量指除了自变量以外的所有影响实验结果的变量。这些变量可能会以某种方式干扰因变量的变化，从而削弱实验结果，甚至使实验结果无效。外生变量主要有两类：一类是由实验单位之间的差别造成的，如所选择实验商店的地理位置、规模、周边人口等的差别，以消费者为研究对象时消费者收入水平、文化程度、职业等方面的差别，这些变量是可以通过实验设计加以控制的。另一类外生变量是实验人员不能控制的外来因素，如天气变化、竞争对手的行为等。

4. 实验组和控制组

为了能够推导出因果关系，我们需要在实验中选择多个实验对象。几乎所有设计较好的实验都有一个控制组和一个或多个实验组。实验组是指接受实验刺激处理的被试组，控制组是指不接受实验刺激处理的被试组。如在测试新包装的销售效果实验中，实验组为采用新包装销售产品的卖场或超市，而控制组的卖场或超市采用老包装。如果实验组的产品销量相较于控制组没有变化，则认为新包装没有起到增加销量的作用；如果相较于控制组，实验组的销量有大幅增长，则认为新包装具有较好的销售效果。在此实验中，尽量选择各方面条件差不多的卖场或超市作为实验组和控制组，这样才有理由认为销量的变化是由于唯一的不同——新老包装——带来的。

5. 内在有效性和外在有效性

测量的有效性是指实际测量的正是我们试图要测量的东西。在实验中，我们关注两种类型的有效性：一是实验本身是否能够证明自变量对因变量的影响，二是实验中发现的因果关系是否可以被推广应用至实验以外的更大范围。前者涉及的是实验的内在有效性，后者涉及的则是实验的外在有效性。

内在有效性是指因变量的变化完全由操纵的自变量决定的程度。如果研究人员能够证明实验中的自变量真正使因变量产生了可观察到的变化，即因变量的变化不是由操纵的自变量之外的外生变量引起的，那么该实验就是内在有效的。如果实验结果受到或无法排除外生变量的干扰或影响，那么该实验就不具备内在有效性。

外在有效性指的是实验中发现的因果关系是否可以推而广之至实验以外的条件或环境中，即实验结果是否可以被广泛应用。例如，实验结果是否可以被推至更广泛的人群、场景、时间、市场等。如果一个实验是在人为营造的、脱离实际情况的特定场景下完成的，那么可能外在有效性就会比较低。

理想的实验结果应该同时具有内在有效性和外在有效性，但在实际中，实验设计人员不得不在两类有效性之间进行权衡。为了能够有效控制外生变量，实验设计人员可以人为营造一个实验环境，这样的实验排除了外部因素的干扰，具有很好的内在有效性，但同时也降低了实验结果的普遍性，因此降低了外在有效性。但是，这不代表牺牲内在有效性就能够提高外在有效性，因为外在有效性是以内在有效性为前提的，换言之，不具有内在有效性的实验结果也不具有外在有效性。

6.3.2 因果关系的确认

为了证明两个变量之间的因果关系，如 X 引起或影响 Y，必须满足以下三个条件：X 和 Y 存在相关关系；从时间顺序上看，X 要先于 Y；不存在其他可能的原因变量。

1. 存在相关关系

为了证明 X 和 Y 之间存在因果关系，必须首先证实 X 和 Y 之间存在相关关系。若 X 和 Y 均为数值型变量（定距或定比数据），这种相关关系可能表现在：随着 X 的增加，Y 也随之增大，或者随着 X 的增加，Y 随之减小。两个变量同方向变化，称为正相关；两个变量反方向变化，称为负相关。如广告额和产品销售量之间表现为正相关，而产品价格和产品销量之间则表现为负相关。若 X 为类别变量（定类或定序数据）而 Y 为数值型变量，则可能表现为 X 的不同类别下 Y 的差异，如超市商品货架摆放位置（X）不同，商品的销售量（Y）会有所差异。两个分类变量之间的相关关系可能表现为 X 的不同类别下，Y 的类别分布也有所差异。例如，将受教育程度分为高和低两类，将购买服装的频率分为高和低两类，如果不同受教育程度的消费者购买服装的频率存在显著差异，则可以说明两个分类变量之间存在相关关系。检验两个变量之间的相关关系常用的方法为相关分析、均值比较、卡方检验等，这些方法在后面章节会做详细介绍。

两个变量之间相关关系的存在还不足以证明因果关系，因为这种相关关系可能只是一种巧合，也可能存在第三个变量能够更好地解释原来两个变量之间的关系。例如，你可能会发现中国的 GDP 增长与非洲某个国家的人口出生率存在高度的相关性，然而事实上这两个变量之间根本不存在因果关系，表现出的相关关系只是一种巧合而已。这种巧合并不少见，特别是时间序列数据中，我们总能很容易地找出两个现象之间一致的发展趋势。又如在前面提到的受教育程度和购买服装的频率之间关系的例子中，如果进一步研究你可能会发现，因为受教育程度高的人收入水平也较高，因此购买服装的频率也相对较高。

2. **存在适当的时间顺序**

发生在先的事情有可能会影响发生在后的事情，但是，后发生的事情无法影响其之前的事情。因此，想确定两个变量之间的因果关系，必须存在适当的时间顺序，原因变量出现在前，结果变量出现在后。例如，为了证明价格变化与商品销量之间的因果关系，必须价格调整在先，观察到的销售量变化在后。

但是，很多时候我们很难确定哪个变量在先、哪个变量在后。例如，统计数据显示消费者越来越倾向于在店内购物时做出消费决策。一些调查表明有80%的购买决策是在购买点做出的，购买点的购买决策与店内广告同步增加。仅从数据很难确定购买点的购买决策的增加是店内广告增加的结果，还是店内广告增加是商家为了迎合消费者消费行为的变化，也可能这两个变量互为因果关系。

3. **不存在其他可能的原因变量**

为了证明两个变量之间存在因果关系，除了相关关系、适当的时间顺序以外，还需要能够排除其他可能的原因，这也是市场调查实验中最难证明的。因为在市场调查实验中，很难控制实验条件，也就很难排除其他因素的干扰。例如，在相关关系和时间顺序满足条件的前提下，能够认为产品销量的增加是由广告投放力度的加大引起的吗？不一定，可能在你加大广告投放力度的时候，正好赶上了产品销售的旺季，或者竞争对手缩减了广告开支，又或者收入增长使消费者的购买力提高而增加了购买量等。想要证明两个变量之间的因果关系，其他可能的原因都需要保持不变或控制住，以排除其他因素可能的影响。

在市场调查实验中，我们永远也无法保证除了我们关注的原因变量以外的其他所有因素保持不变，所以确认变量之间的因果关系是不可能的。那为什么我们还要进行实验调查，还称其为因果关系调查？实验调查法不是确认因果关系，合适的市场调查实验设计旨在控制住各种可能的因素，也可能采用随机化、匹配等方法，平衡我们无法控制的因素对结果的影响，以提高我们在因果推论时的信心。

6.3.3 实验室实验和实地实验

市场调查中的实验可以在实验室或者真实的市场环境中进行。前者指实验室实验，即在人为营造的环境中进行的实验，后者指实地实验。

在实验室实验中，研究人员可以对实验环境进行有效的控制，还可以根据需要重复进行同一种实验。实验室实验实施起来相对实地实验比较容易，实验成本也较低；因为实验室实验可以控制几乎所有变量而不单是实验变量,更能有效地排除其他变量的影响,从而推论因果关系,因此实验室实验具有较强的内在有效性。但是,实验环境中的因果关系不一定能够被推广至真实的市场环境中,即外在有效性较差。

实地实验中,研究人员很难对实验环境进行严格的控制。实地实验与实验室实验相比,操作难度大,所需时间较长,费用较高。实验有效性方面,实地实验虽然能够解决外在有效性问题,却存在其他问题:由于研究人员无法对天气、经济、文化、政治因素、竞争对手等进行控制,因此实地实验的内在有效性较差。

6.3.4 实验调查法的质量控制

1. 影响实验有效性的因素

市场调查实验的质量控制旨在提高实验的内在和外在有效性,首先我们需要了解哪些因素影响实验有效性。根据来源,我们把影响实验有效性的因素分为历史效应、成熟效应、测试效应、工具变化效应、选样偏差、统计回归、失员,这些因素主要影响实验的内在有效性,进而降低实验的外在有效性。

(1)历史效应

历史效应并非指实验之前的历史事件,而是指发生在实验期间,对因变量可能产生影响的外部事件或事变。历史效应在实验室实验中发生得比较少,因为实验室实验严格控制实验环境。在实地实验中,历史效应可能会成为影响实验内在有效性的严重问题。实地实验期间,竞争对手的策略、经济环境的变化、自然环境的变化等都可能引发历史效应。例如,某空调生产企业在销量测试期间遇到了反常的酷暑,某食品生产企业在测试优惠券对销量的影响实验期间遇到了竞争对手产品的大幅价格调整。

(2)成熟效应

与历史效应来源于外部环境不同,成熟效应来源于实验对象,指的是实验对象在实验过程中随着时间而发生的变化。在实验室实验和实地实验中都有可能发生成熟效应,而且实验持续时间越长,成熟效应的影响越大。当实验对象为人时,随着时间的推移,实验对象的身心成长、饥饿、厌烦、劳累等都会影响实验结果。实验对象为商店时,商店的布局、交通环境、装修风格的变化也是成熟效应的来源。例如,在某产品广告效果测试的过程中,被访者在实验室内观看穿插了该产品广告的特定节目,并在观看节目前后两次填答相应的调查问卷,在观看结束后被访者再次填答调查问卷时可能已经产生了厌烦心理或处于劳累状态,其填答问卷时就可能没有实验开始时那么认真。

(3)测试效应

测试效应来源于实验本身对我们所观察的结果产生的影响,主要影响实验的内在有效性。例如,在广告效果的测试中,被访者在观看广告前后分别填答相应的调查问卷,问卷中涉及对广告中某品牌的态度,被访者很可能在第二次的问卷中,为了刻意保持与观看前的态度一致而忽略广告对他的影响,还有的被访者可能正好相反,暗示广告对自己的影响而特意提高第二次问卷的打分。

(4) 工具变化效应

工具变化效应是指用以测量因变量的工具发生变化而无法准确反映实验前后因变量的变化。测量工具的改变可能是度量标准、量表、访问员的变化。例如,测量产品销售额或销售量的变化时,实验前后采用的度量标准不同;测量被访者的态度、意见、动机等的变化时,实验前后问卷中的量表不一致;对同一实验对象的访问或观察,实验前后是由不同的访谈员或观察员完成的,或者实验前后访谈员或观察员的工作能力、工作态度等发生了变化。

(5) 选样偏差

选样偏差是指实验对象的选取或分组不当导致的实验结果偏差。例如,旨在测试店内广告对产品销售产生的影响的实验中,选择了两家规模差别很大的商店为实验对象,分别投放不同形式的店内广告,产品销售情况的差异可能更多地来自两家商店规模的差异,而无法准确反映店内广告的影响。又如在测试广告效果的实验中,分配到不同广告组的消费者在产品使用频率、品牌认知、收入水平等方面本身就存在很大差异,那么实验就无法准确反映不同广告的效果。

(6) 统计回归

统计回归是指在实验过程中,观察结果向均值靠拢的趋势。如在广告实验中,在观看广告前持有极端态度的被访者,因为他们有较大的态度改变余地,在观看广告后有更大的态度改变可能。实验人员无法识别这些被访者态度的改变是由于观看了广告还是由于统计回归,或者到底有多少改变是由广告带来的。

(7) 失员

在实验过程中,实验对象可能出于种种原因部分流失掉,从而造成实验结果产生偏差。实验对象流失的原因有很多,如被访者可能在实验中改变联系方式而失去联系,或者拒绝继续参加实验,参加实验的商店可能退出实验、倒闭等。如果研究人员在结果分析时排除掉未能完成实验全过程的实验对象,则可能造成样本的代表性偏差,而降低实验的外在有效性,因为无法保证剩下的实验对象的代表性。

前面介绍了影响实验有效性的各种可能因素,除此之外,还需要注意以下问题。第一,这些因素在市场调查实验中不可避免,但并不是所有因素都会对实验结果产生严重的影响。实验类型(是实验室实验还是实地实验)、实验对象(消费者或者商店等)、实验时间等不同,这些因素造成的影响的严重程度也会不同。第二,这些因素之间也可以互相影响。例如,测试效应导致实验对象的态度随时间发生了变化,从而产生了成熟效应;成熟效应导致了某种程度的失员。第三,有时这些因素造成的问题之间存在着此消彼长的关系。例如,为了减少测试效应的影响,实验人员前后采用不同的量表来测量消费者态度，但是，这会导致工具变化效应的影响增大。

2. 质量控制的方法

找到了能影响实验有效性的因素，就可以通过质量控制的方法尽量规避这些因素对实验的干扰。实验质量控制的方法有以下四种：随机分派、匹配、统计控制和设计控制。

（1）随机分派

随机分派是在严格客观的基础上，将调查对象随机分派在各实验组中。如果存在多个处理条件，那么将处理条件也完全随机地分派给各个实验组。例如，将被访者完全随机地分为三个实验组，每个实验组又完全随机地播放三个版本广告中的一个版本，以测试广告效果。尽管我们无法获得实验对象的所有特征数据，但由于对实验对象进行了随机分派，因此不同实验组的特征被认为是相同的。随机分派适用于样本量较大的情况，在大样本情况下进行的随机分派能够减少各组之间的差异。随机分派是确保参加实验的各组在实验前条件相同的首选操作。但是对于较小规模的实验，随机分派可能产生选样偏差。例如，在产品包装对销售量的影响研究中，实验对象是本地区8家销售某产品的超市，如果完全按照随机原则将这8家超市分为两组，则可能出现恰巧一个组中的4家超市规模较大，而另一组中的4家超市规模较小的情况，两组超市的相似性无法保证。

（2）匹配

匹配是在对实验对象进行分组之前，先了解实验对象的关键特征，然后人为地按照这些关键特征对实验对象进行分派。例如，在对于广告效果的研究中，将被访者按照收入水平分为尽量相似的两组，分别观看不同版本的广告。匹配方法在小规模实验中应用较多。还可以将匹配与随机分派结合，首先建立匹配小组，然后按照随机方法将匹配小组中的实验对象进行分派。例如，在产品包装对销售量的影响研究中，实验对象为8家超市，首先将8家超市按照规模和位置匹配出4个小组，每个小组2家超市，这2家超市在关键特征，即规模和位置方面具有相似性。再按照随机原则在每个匹配小组中抽取1家超市进入实验组，剩下的1家超市则进入控制组，4家匹配小组中的超市均按照此随机原则分配至控制组或实验组。

（3）统计控制

如果外生变量在整个实验过程中可识别并可测量，则可以使用统计控制来调节外生变量的作用，如在控制是否使用的情况下，检验不同广告对消费者认知产生的影响。还可以运用更多高级统计的方法，如协方差分析，对每个实验条件下的因变量数值进行统计上的调整，以消除外生变量对实验结果的影响。

（4）设计控制

设计控制是指利用设计好的实验来控制特定的外生变量。例如，对于新产品试销实验中渠道的控制，包括新产品获得适当的商店接受度及商品的所有分销渠道、适当地摆放在每家商店的货架上、合理的售价、不能出现脱销问题等。

6.3.5 实验设计

此处介绍几种基本的实验设计，包括预实验设计和真实验设计。在预实验设计中，调查人员对外部因素的控制有限或没有控制，对于实验分组也没有采用随机分派的方法，根据预实验设计进行因果关系的推论是非常不可靠的。真实验设计则对于外部因素的控制程度较高，对于实验结果的推论和解释更加可靠。

1. 预实验设计

预实验设计包括一次性个案研究、单组前后对比实验、静态组对比实验。

（1）一次性个案研究

一次性个案研究即测量实验后实验对象的因变量观测值，以此得出结论。在一次性个案研究中，只有实验组，没有控制组，不存在实验对象的随机分派，对实验之前实验对象的观测值水平也不进行测量。这种实验设计与其说是因果关系调查，其实更像是探索性调查或描述性调查。一次性个案研究更适合于因果调查之前假设的提出，而不是验证因果关系。如某零食品牌生产企业推出了一款新口味零食，配合电视广告、终端促销，迅速打开了市场，管理层则认为推广方式非常有效。

（2）单组前后对比实验

在单组前后对比实验中，实验前后分别测量因变量的值，因变量值的变化即被认为是实验效果。在单组前后对比实验中，只有实验组，没有控制组，对于实验对象也不进行随机分派。这种实验设计比一次性个案研究严谨，但是仍然存在很多影响实验有效性的潜在问题。如在测试广告效果的实验室实验中，被访者集中于测试房间，调查人员分别测量被访者在观看广告前和观看广告后对于测试品牌的认知，前后认知的差异即为广告效果。在这个实验中，成熟效应、测试效应、工具变化效应、统计回归、选样偏差等都有可能影响实验有效性。

（3）静态组对比实验

静态组对比实验包括实验组和控制组，测量实验组实验后的因变量观测值以及控制组的因变量观测值，两组观测值的对比即被视为实验效果。在静态组对比实验中，对实验结果只进行一次测量，不存在实验前后的对比，对于实验组和控制组的实验对象也不进行随机分派。例如，在对于广告效果的研究中，调查人员首先询问被访者是否看过某广告，然后再询问对该品牌的看法，看过和没看过广告的被访者对于品牌态度的差异即被视为广告效果。又如将投放店内广告的商店和不投放店内广告的商店的销售额进行对比，以测试店内广告的效果。静态组对比实验存在的最大问题在于对实验对象的分派，既不是根据实验对象的特征匹配，也不是对实验对象进行随机分派，因此无法保证实验组和控制组的实验对象的相似性。

2. 真实验设计

真实验设计包括实验组和控制组，与预实验设计最主要的差别在于对于实验对象的随机分派。由于采用随机分派，故认为实验组和控制组在各因素上是相同的，实验过程中唯一的差别就是自变量的变化，因此，相对于控制组，实验组观测到的因变量的变化即为实验效果。真实验设计包括实验后对照设计和实验前后对照设计。

（1）实验后对照设计

实验后对照设计与静态组对比实验类似，不同之处在于实验后对照设计对实验对象采用随机分派的方法，测量实验后实验组的因变量与控制组的因变量的值，两组观测值的对比即为实验效果。例如，某连锁餐厅想测量改变菜单设计对销售额的影响，将20家餐厅随机分为两组，第一组10家餐厅为实验组，使用新菜单，另一组10家餐厅为控制组，仍然沿用老菜单，实验期为一个月，对比实验组的月销售额是否高于控制组的月销售额。

（2）实验前后对照设计

实验前后对照设计是将实验对象随机地分派到实验组或控制组中，实验前先测量两组的观测值，实验后再分别测量实验组和控制组的观测值，实验效果等于实验组实验前后的变化减去控制组实验前后的变化。例如，为测试降低价格对于某品牌牙膏销量的影响，在30家零售店进行实验，随机将30家零售店分为两组，第一组15家零售店为实验组，第二组15家零售店为控制组。在降价之前，实验组和控制组的该品牌牙膏的月销量均为2 000支。实验组降价10%销售一个月，销量为3 000支；控制组保持价格不变销售一个月，销量为2 200支。则实验效果为(3 000 - 2 000) - (2 200 - 2 000) = 800。

预实验设计和真实验设计及实验效果计算见表6-1。

表6-1 实验设计及实验效果计算

实验设计		测量项目	实验组	控制组	实验效果
预实验设计	单组前后对比实验	实验前测定值	O_1	—	$O_2 - O_1$
		实验后测定值	O_2	—	
	静态组对比实验	实验前测定值	—	—	$O_1 - O_2$
		实验后测定值	O_1	O_2	
真实验设计	实验后对照设计	实验前测定值	—	—	$O_1 - O_2$
		实验后测定值	O_1	O_2	
	实验前后对照设计	实验前测定值	O_1	O_3	$(O_2 - O_1) - (O_4 - O_3)$
		实验后测定值	O_2	O_4	

6.3.6 实验调查法的特点

实验调查法可以检验变量之间的因果关系。运用实验设计，结合适当的统计分析方法，可以对变量之间的因果关系进行推论，从而为企业的市场营销活动提供理论支持。这是其他各种调查方法所不能实现的。但是，实验调查法的时间成本和费用也较高，对于实验的控制难度也比较大。

1. 时间成本高

大部分实验调查需要比较长的时间，尤其是在实地实验中，调查人员想要测量实验的长期效应的时候。例如，对于电视广告效果的实验调查，往往需要广告播出一段时间以后，才能保证足够比例的消费者观看到了该电视广告，广告效果才能显现出来。又如对于是否需要推出新产品的实验调查，理想状态下可能需要一年的实验时间以消除季节因素引起的波动并足以观察到顾客的重复购买行为，但是，为期太长的试销实验也可能导致企业延误产品上市的时机，毕竟营销环境是在不断变化中的。

2. 实验费用高

实验调查在设计、执行、实施和实验结果的分析过程中都有一定的难度，因此实验费用较高。特别是在复杂的实验设计中，往往具有多个实验组，实验成本会更高。例如，对于有3个备选广告的实验中，必须选择3个或更多个实验地区，每个地区必须至少投放备选广告中的一种，投放时间需要足够长，还必须获得每个地区零售点的支持以获取广告投放之前、投放中以及投放后足够长时间的销量数据，除此之外，还需要对其他外生变量进行控制。要完成以上工作，实验费用甚至会高出所获得信息的价值。

3. 控制难度大

实验调查中需要努力控制影响实验有效性的外生变量以提高实验的有效性，除此之外，还有一些因素也是实验过程中难以控制的。例如，在价格实验中，由于实验组采用了较低的售价，可能会吸引非实验地区的消费者跑到实验地区来购买产品，实验结果真实性受到影响。又如在试销实验中，新产品不可避免地暴露于市场，竞争对手可能会采取一些手段对实验进行干扰，甚至抢先一步推出模仿的新产品。

本章小结

1. 定量调查方法包括询问调查法/问卷调查法、观察调查法和实验调查法三种方法。

2. 询问调查法即问卷调查法，指调查人员通过事先设计好的调查问卷向被访者提出问题，以获取所需信息资料的方法。询问调查可以通过以下五种形式来实现：人员面访、邮寄调查、电话调查、留置调查、网络调查。在样本控制、调查过程中的辅助信息展示、问卷题目数量、问卷问题的灵活性和多样性、拒访率、回收率、调查人员偏差、速度、成本等方面，每一种调查方法都有其优缺点。

3. 特定的调查项目中，询问调查方法的选择需要考虑调查项目本身的要求和特点，结合每种调查方法的特征，综合考虑，选择能够以最低的成本获取满足调查要求的询问方法。选择询问调查方法时需要考虑的因素包括样本要求、费用预算、调查问卷的长度、调查中操作的复杂性、发生率、调查的时间要求等。

4. 观察调查法是调查人员在调查现场或利用观察器材，对被观察对象的各种情况进行观察和记录，收集原始信息的一种实地调查方法。在适用性、速度和成本、客观性和准确性方面，观察调查法和询问调查法各有特色，可以互为补充。观察调查法可以是自然观察或策划观察，还可以是伪装观察或非伪装观察，可以采用人员观察或仪器观察，还可以采用网络观察。观察调查法被广泛应用于对顾客行为、顾客流量、产品使用情况、商店柜台及橱窗布置的观察等方面。

5. 神秘顾客法也称暗访调查、神秘购物法，指由经过严格培训的调查人员，在规定或指定的时间里扮演成顾客，通过暗访、实地观察及体验调查研究对象的环境和服务，并通过填写问卷来反馈其购物体验。神秘顾客法被广泛应用于服务质量检测、终端店铺巡查、监测竞争对手等方面。

6. 实验调查法是市场调查中用于推论因果关系的调查方法。对于两个变量间因果关系的确认，需要满足三个条件：存在相关关系、在时间顺序上自变量先于因变量、不存在其他可能的原因变量。

7. 内在有效性是指因变量的变化完全由操纵的自变量决定的程度。外在有效性指的是实验中发现的因果关系是否可以推而广之至实验以外的条件或环境中，即实验结果是否可以被广泛应用。影响实验有效性的因素包括历史效应、成熟效应、测试效应、工具变化效应、选样偏差、统计回归、失员。实验调查法质量控制的方法有以下四种：随机分派、匹配、统计控制和设计控制。

8. 实验设计包括预实验设计和真实验设计。在预实验设计中，调查人员对外部因素的控制有限或没有控制，对于实验分组也没有采用随机分派的方法，根据预实验设计进行因果关系的推论是非常不可靠的。真实验设计则对于外部因素的控制程度较高，对于实验结果的解释和推论更加可靠。预实验设计包括一次性个案研究、单组前后对比实验、静态组对比实验。真实验设计包括实验后对照设计和实验前后对照设计。

本章思考题

1. 询问调查法有哪些基本形式？选择调查方法时要考虑的因素有哪些？
2. 简述询问调查法的优缺点。
3. 简述观察调查法的应用。

4. 判断两个变量之间因果关系的条件有哪些？
5. 影响实验有效性的因素有哪些？
6. 案例讨论。

Mood Media 总部位于美国奥斯汀，由 Justin Francis Beckett 创立于 2004 年，是全球最大的店内媒体供应商，它把视觉、声音、气味等感官媒体、社交移动技术和系统解决方案结合起来，为品牌和消费者创造强大的情感联系，声音媒体就是音乐，而音乐是这家公司的产品及服务之一。

Mood Media 的业务领域包括零售、酒店业、汽车 4S 店、连锁餐厅等 850 个欧美国际高端品牌，名单上涵盖了麦当劳、肯德基、宜家、H&M、耐克、万豪酒店、Gucci 和奔驰等跨国品牌。在中国市场，其目前主要服务喜达屋酒店集团、雅高酒店集团等旗下品牌各大酒店，也为各大欧美品牌在华零售店和高档餐厅提供个性化的背景音乐服务方案，获得服务的客户已超过数十家，普及超过 2 000 多家门面。

根据实体店的需求，结合智能数据分析，环境音乐能够提供无形的影响力，令每一名消费者倍感舒适与安逸，并能显著地提升购买力。来看网友的回答：

"我还是坚信消费者体验这个东西未来一定会越来越受到零售商业重视，因为人会越来越热衷于追求各种快乐、微妙、有趣的感觉。"

"比如我自己在博多吃拉面的时候，店里的背景音乐是叮叮当当元气满满的三味线和铃鼓，那种感觉真的是太幸福了！我能吃两大碗！因为这氛围感觉就像碗旁边有好多小仙人儿在给我加油打气啊！"

"优衣库里爱放各种秀场里常放的极简派电子舞曲，干练，又微微有一点摩登，再加上店内全白的装潢和冷光源，即便是站在镜子前试件平价的基本款也能给人暗示出一种我正在走台，酷酷的错觉感。"

但也有业内人士并不看好这种店内感官营销："真实状况下的效果难以量化，导致感官营销这个大饼本身就很难画得圆，形不成商业逻辑。放了你的 playlist（音乐播放清单），到底能为我带来每天多少的新增客流呢？能增加多久的平均顾客停留时间呢？能增长多少的日均交易量呢？店内环境的不可控因素太多，方案本身的效果是很难进行客观评估和验证的。"

请根据给出的背景信息，设想为一家零售店（如快餐店、服装连锁店、连锁超市等）测试背景音乐的效果，你打算采用什么调查方法？如何展开调查？

第7章 原始资料的收集：定性调查方法

【学习目标】

- 理解定性调查和定量调查的区别
- 掌握常见的定性调查方法
- 理解焦点小组访谈法及应用
- 理解深度访谈法及应用
- 理解投射法及应用

【导入案例】

采用照片启发方法了解中国市场

照片启发是一种定性调查方法，先让被访者在消费体验的过程中拍照，随后对他们进行深入访问，来了解他们对每张图片的感受、想法和反应。这是一种构建完整的消费体验的方法，因为这些信息能够帮助识别什么场景或活动是最重要的——通过照片体现出来。之后，调查人员会确定每个画面的意义。通过谨慎和熟练地询问，调查人员鼓励被访者说出照片的潜在含义。文卡特拉曼和尼尔森将这种方法描述为"照片启发可以引发对服务场景的物理布局和情感反应上的丰富描述，通过促进被访者更加深入地挖掘潜意识的想法或者协助他们去挖掘潜意识的想法，将表面的观察连接到更深层次的感觉、符号、深化和隐喻"。因为目前数码摄影技术被广泛采用，照片启发是一种特别容易实现的调查方法。

上述研究者指出，诸如星巴克、麦当劳和肯德基等许多卓越的食品企业正迅速渗透全球市场，如中国。对于这些公司而言，真正了解它们的全球市场消费者是如何体验其产品和服务是非常重要的，因为当一个产品从一种文化引入另一种文化时，两种文化背景下的消费者的体验差异往往是令人惊讶的。这些研究者使用照片启发方法研究居住在城市里的中国年轻消费者对星巴克的体验。对于中国而言，咖啡不是一种典型的饮料。此外，中国文化不鼓励同陌生人分享自己的感受和意见。因此，这些照片就成为中国人可以谈论的且不违背文化准则的内容。该研究的结果描绘了中国人对星巴克的体验，如下所述：

星巴克是一个远离街道上众多人群和噪声的避风港，让人感到温暖，有安全性和私密性。

星巴克像一个家，有吸引力和魅力。

星巴克是一个让人放松的地方，座位和装饰让人觉得受到欢迎，让人的内心平静。

星巴克是一个私人的社交场所，年轻人可以与亲密的朋友聚在一起聊天。

星巴克营造了浪漫的氛围，让情侣可以亲密地快乐聊天。

星巴克是让人们更多地了解美国的一种方式，这是一个有趣的观察。有人建议星巴克引入意大利浓缩咖啡吧台。

星巴克是舶来品。对于许多人而言，咖啡和其他产品是陌生的。

最后一点对于星巴克而言具有重要的意义，因为中国的被访者表示，他们在初次进星巴克时感到困惑和沮丧。他们不知道如何下单，下什么单，怎么喝咖啡，或者怎么加糖和牛奶。他们必须从朋友那里获得建议或观察其他消费者的行为。对于星巴克而言，幸运的是，它在其他方面都表现出很强的吸引力，足以弥补人们初次走进星巴克所产生的负面情绪。

（资料来源：阿尔文·伯恩斯，罗纳德·布什. 营销调研［M］. 于洪彦，金钰，译. 7 版. 北京：中国人民大学出版社，2015.）

定性调查是收集、分析和解释不能数量化的或不能用数字表达的信息的过程。相对于定量调查，定性调查所收集的信息是非结构化的，因此不能对定性调查的信息数量化，也不能运用统计分析的方法进行量化分析。尽管定义中没有提及，我们必须注意定性调查还有一个重要的特征：较少的被访者或调查单位。大规模的、样本量较大的调查通常都采用定量调查的方法。定性调查非结构化的信息及小规模样本的特点，使其主要被应用于对调查问题的初步观察或理解，即探索性调查，以及定量调查后的补充调查，以深刻理解或解释从定量调查中所得出的结论。

图 7-1 汇总了各种调查方法。表 7-1 则对定性调查和定量调查的区别进行了总结。

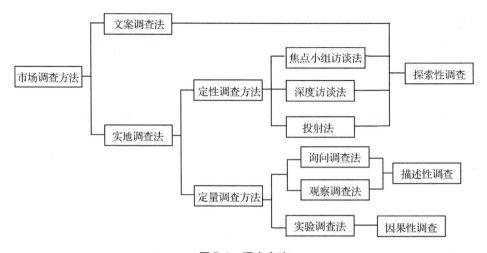

图 7-1 调查方法

表 7-1 定性调查与定量调查的比较

比较项目	定性调查	定量调查
目的	获得有关潜在原因和动机的定性理解	获得定量数据，用定量分析结果推断总体
应用场景	探索性调查、定量调查之后的补充调查	描述性调查、因果性调查
样本	少量的没有代表性的样本	大量的具有代表性的样本
数据类型	非结构化数据	结构化数据
结果分析方法	具主观性、解释性的非统计分析方法	客观的统计分析方法
应用	提供对问题的初步理解	提供最后的行动方案

7.1 焦点小组访谈法

7.1.1 焦点小组访谈法概述

焦点小组访谈法也称为焦点小组、焦点人群、小组座谈，是由调查者依据调查目的的要求，将被访者召集到一起，在主持人的引导下，以小组的形式进行讨论、发表意见，从而获得调查资料或调查结论的一种调查方法。焦点小组访谈法是应用最为广泛的定性调查方法。

焦点小组访谈法不是单独访问单个被访者，而是采用集体座谈的方式，同时访问多个被访者。在焦点小组访谈过程中，主持人对被访者的引导和影响、与被访者的互动非常重要。要想取得预期的效果，获得充分的信息，该方法对主持人的要求非常高。主持人不仅要做好各种准备工作、具备丰富的研究经验，还要有熟练的主持技巧以及驾驭现场的能力。

焦点小组访谈法被广泛应用于了解消费者对产品的感知、偏好及行为，获取消费者对于新产品概念的印象，产生关于老产品的新观点，发掘广告创意，确定价格区间，获取消费者对于市场营销活动的初步反应等方面。同时，焦点小组访谈法还可以作为其他调查方法的辅助调查，如帮助更准确地定义调查问题，在问卷设计之前提供问卷的信息，深入挖掘或解释其他调查方法所获得的信息。

7.1.2 焦点小组访谈法的实施

1. 场地

焦点小组访谈通常在专门的焦点小组访谈室中进行。通常访谈室都装有单向镜，单向镜后面是观察室。为了能够记录整个访谈过程，访谈室中也会安装录像设备，以便于后续分析时进行回放，以及观察访谈过程中的肢体语言、面部表情等细节。一般焦点小组访谈的时间会持续1—3个小时，多数在1.5—2小时，因此应该注重访谈室的舒适性。为了能够营造轻松、非正式的访谈氛围，使被访者能够积极、放松地参与讨论，访谈过程中可以提供少量的小食、水果、饮料等。

2. 参与者

焦点小组被访者一般为8—12人，一般根据讨论的主题、类型、主持人驾驭会场的能力等确定被访者人数。以了解情况为目的的访谈，人数规模可以适当大一些；以分析问题为目的的访谈，规模可适当小一些。主持人能力较强，规模可以适当大一些；反之，则适当缩小规模。

参加同一场访谈会的被访者应该具有同质的人口统计学特征和社会经济特征，最好不要把不同社会层次、消费水平、生活方式的被访者放在一起，以免造成沟通障碍，影响会议效果。例如，对于婴儿纸尿裤使用行为和态度的研究中，最好不要同时包括年轻的妈妈和老年的奶奶，因为她们在相关问题上可能具有完全不一样的观点。为了使调查结论一般化，可能需要对不同的被访者进行访谈，办法是展开多次焦点小组访谈，以确保同一小组被访者的同质性。

为了从焦点小组获得准确、适用的信息，招募合适的被访者是很重要的。可以通过不同方法招募被访者，如街头拦截、电话招募及通过网络论坛、调查公司官网、俱乐部、社区等招募，被访者也可能来自调查委托方提供的名单。对访谈会的被访者的审查非常重要，被访者必须对相关调查主题具有足够的兴趣、经验和思考，以能够提供有价值的信息。对于被访者的金钱或物质奖励是必需的。有研究显示，人们参加焦点小组访谈的原因可能为报酬、对话题感兴趣、有空闲时间、觉得焦点小组有意思、对产品知道得很多、好奇、想获得表达的机会等。在招募过程中需要排除那些为了物质奖励参加过很多次访谈会的被访者，更要注意避免那些职业被访者混入调查。

3. 主持人

主持人在焦点小组访谈中起着至关重要的作用，是整个项目的核心。与调查委托方沟通调查目标、设计调查方案、编制访谈提纲、项目执行、访谈后的调查结果分析，主持人都是重要的参与者。在小组访谈过程中，主持人的主要任务如下：负责与被访者建立友好的关系；说明座谈会的沟通规则；告知调查的目的并根据讨论的发展灵活变通；探寻被访者的意见，鼓励他们围绕主题热烈讨论；总结被访者的意见，评判对各种讨论的认同程度和分歧。一名优秀的主持人要具备但绝不局限于以下能力：能够在访谈中迅速与被访者建立联系，让他们在访谈过程中精神放松；要具备良好的主持能力和主持技巧，能够激发被访者对讨论的积极参与；能够把控现场，在讨论超时或偏离主题时能够及时引导讨论回归主题，保证讨论的方向和进程；还要有超强的观察和解释能力，训练有素的主持人能够超越被访者讲话的内容，捕捉到他们的讲话音调、面部表情以及其他非语言信息，并对这些信息进行分析和解释。

【相关链接】

优秀焦点小组访谈主持人的七种能力

善于倾听。善于倾听组员们的交谈是主持人必备的素质之一。主持人不能因为注意力不集中或者误解而错过组员的谈话内容。一名好的主持人懂得如何在适当的时候解释或复述组员的原话。

出色的短期记忆能力。主持人必须能记住小组成员之前的意见，然后与小组其他组员或者他本人后面的评论关联起来。例如，某个组员说他很少注意自己的体重，后面又提到他总是喜欢喝软饮料。主持人应该记得先前他的话，然后当他后来提到喜欢喝软饮料时就能知道他肥胖的原因了。

良好的组织能力。好的主持人能看清问题的抽象与具体的逻辑关系，并将相似的话题集中到一起讨论；优秀的主持人应该有逻辑地组织引导，最终的访谈报告也是如此。优秀的主持人善于将追踪所有细节与管理焦点小组访谈过程结合起来，这样保证没有任何有效信息被遗漏，不会影响访谈的整体质量。

快速学习能力。主持人需要深度涉入多个不同的话题，每一个话题都只能用很少的时间。高效率的主持人能快速学习不同的主题并且良好地组织讨论，写出漂亮的访谈报告。一般而言，主持人只有有限的时间来学习讨论涉及的话题，高效率的主持人能迅速抓住每个主题的关键并聚焦于此。因此，他们能辨别讨论中的发言是富含信息的还是一般的言论。

精力充沛。无论是对被访者还是对观察者而言，焦点小组访谈可能都是枯燥乏味的，如果小组讨论的话题变得非常无趣，则访谈的效果会显著降低。好的主持人能调动气氛，使得被访员和观察者在讨论过程中始终充满热情。这种能力在傍晚的小组讨论中尤其重要，因为那个时点的观察者和被访者都因时间太晚而非常疲惫，如果主持人不能有效地调动他们的兴趣和热情，被访者和观察者都会显得无精打采。只有主持人旺盛的精力才会使得高效的讨论一直持续到最后。

和善可亲。好的主持人应该有和善可亲的形象，这样被访者才会在讨论中积极参与以取悦主持人；那些不能给人亲近感的人主持的讨论可能会使得被访者不够开放，访谈效果也会大打折扣。

较高的才智。主持人具备这一特征是至关重要的，因为没有人能计划好讨论中可能发生的所有随机事件。主持人必须独立思考并处理讨论产生的信息，判断应该提什么类型的问题才能有效地获得更多与调查目标相关的信息。

（资料来源：汤姆·布朗，特蕾西·苏特，小吉尔伯特·丘吉尔. 营销调研基础［M］. 景奉杰，杨艳，译. 8版. 北京：中国人民大学出版社，2019.）

焦点小组主持技巧

一、控制讨论的方向

焦点小组讨论过程是难以预料的。有时会按照原计划进行，但是有时也会有跳跃或者跑题。有时候当我们还在讨论第4题的时候，被访者的发言可能已经是关于第7题的内容，这时主持人就应该果断作出决定：是先讨论第7题，然后再讨论第5、6题，还是把话题引回第4题？

二、停顿和追问

停顿和追问是有经验的主持人经常使用的两种技巧。这两种技巧都简单易用而且有助于从被访者那里获得更多信息。停顿5秒钟经常用于一个被访者发言之后。有些焦点小组主持由于不习惯安静，经常会讲得太多或者快速从一个主题转向另一个主题。实际上，短暂的停顿可以使大家对之前的发言达成一致认识或者引出新的观点，特别是被访者与主持人有过几次目光接触之后。主持人可以先在家庭、朋友、同事之间练习使用这一技巧，这样运用起来就会更加得心应手。

另一个经常使用的技巧就是追问。追问一般基于几点原因：一是主持人需要被访者更详细地回答；二是验证主持人是否正确理解了被访者的回答。在进行追问时，应把握追问的时机和度。过多的追问可能浪费时间，令被访者感到厌倦。注意被访者的神情和语言中的深层含义，以判断是否适合追问。在讨论刚开始还未进入较为深层次的访谈时最好不要追问，否则会使被访者产生抵触情绪。

三、应对不同的被访者

焦点小组的优势之一就在于它将各种具有不同背景和性格的人组织到了一起，然而，不同的性格特征和经历背景也会为主持人带来挑战。一些被访者会因为自己在焦点小组的论题上有更多的了解，自己的工作与此相关，或者参与过相关讨论等而将自己当作专家。这一类专家型的被访者通常会为主持人带来特殊的问题。他们说什么和如何说经常会限制或者压制小组其他被访者的发言。因为被访者通常会服从那些在论题上有更多经验和背景知识的人。应对专家型被访者的最好方法是强调每一名被访者都是该论题的专家，每一名被访者的观点对该论题都非常重要。另外，开场问题应当避免涉及对被访者的教育、经验、社会、政治影响力的强调，以免其他被访者受此影响。

在焦点小组访谈的过程中，要注意因为焦点小组涉及多人，所以分配每个人的发言时间、引导不同人的发言是很重要的。有一类被访者，在讨论的时候总是滔滔不绝，占用了讨论的大部分时间，对于整个研究的帮助却不是很大。主持人应当努力在焦点小组访谈正式开始之前发现这类被访者，将其安排在主持人身边就座，并尝试用身体语言与其沟通，如减少眼神交流等。当这一策略不奏效时，可以适当运用语言沟通，最重要的是，手法要老练，同时要耐心。苛刻的评论会伤害小组其余被访者发言的积极性。相对于别的被访者边发言边思考，一些较为沉默的被访者通常则是深思熟虑之后才会发言。此类被访者通常对焦点小组的论题有更深刻的认识，但是主持人需要付出更多的努力才能让他们与其他人分享自己的观点。如果可能的话，安排座位时应当使这类被访者与主持人面对面，以保持眼神交流。眼神交流可以鼓励被访者发言。如果这些都不起作用，主持人可以礼貌地并有技巧地点名要求他们发言。

四、回应被访者的发言

主持人应当注意如何从语言和行动上回应被访者的发言和评论。主持人的一些无意的习惯性的回应通常会带来一些意想不到的影响。一些主持人在被访者发言的时候会不停地点头。如果是持续地、缓慢地点头，通常意味着鼓励："是的，我在听，请继续讲下去。"而快速地点头则意味着同意，这样就有可能排除发表其他意见的机会。因此，主持人应当慎重使用点头这一技巧。有时候有必要给参与者一些反馈，比如点头，或者"嗯"，但是不要引入个人情绪，避免形成诱导。

另外，我们在社会交往中通常使用一些简短的词语来表示同意或者接受。像"是的""嗯"等都可以在焦点小组访谈中使用，但是像"很好""不错"这一类表示判断的评论与回应则应该慎重使用。在不确定自己的理解是否正确的时候，可以向被访者确认："我可以这样理解吗？……"

（资料来源：① 方振邦，孙一平. 焦点小组主持技巧探析［J］. 理论界，2009（7）：150-152. ② 戴力农. 设计调研［M］. 2版. 北京：电子工业出版社，2016.）

4. 访谈提纲

访谈提纲是根据调查目的拟定的一份关于小组访谈中所要涉及的话题概要，以供主持人在小组访谈过程中参考使用。访谈提纲需要由调查人员、委托方、主持人围绕调查目的，在深入讨论的基础上确定。访谈提纲通常包括以下三个方面的内容：一是开场白和介绍,包括欢迎和致谢、对于访谈会的简短介绍、主持人的自我介绍,以及解释小组访谈的规则等;二是研究问题提纲;三是总结。通常,访谈提纲中还包括访谈每一部分的预计时间。

5. 访谈报告

在焦点小组访谈结束之后,可以听取主持人的口头汇报总结。这种即时分析的方法提供了一个论坛,可以将观察小组的营销专业人员的知识与主持人的知识结合起来。及时听取主持人的最新感觉,并做出反应,而且当时非常活跃的思维和兴奋感会引发全新的观念和理解。但是,主持人的偏见,主持人记忆错误、遗漏等因素可能使口头报告存在偏差。

正式的焦点小组书面报告是由主持人或分析员在小组访谈之后,对访谈的回顾和结果分析。书面报告一般包括两部分:第一部分主要说明调查的内容、招募被访者的过程、被访者的基本信息、调查的发现和收获、提出的主要建议等;第二部分是把整理过的访谈记录详细地进行归类和说明。由于参与者的人数很少,座谈会的报告中并不常使用频率和百分比,通常包括如"大多数参与者认为"或者"参与者在这个问题上存在分歧"等这样一些表达的。

7.1.3 焦点小组访谈的其他形式

1. 在线焦点小组访谈

在线焦点小组访谈是现代焦点小组访谈的一种新形式,参与者通过互联网进行沟通,调查的委托方也能够通过观察获取信息。在线焦点小组的主持人、被访者可以位于任何地点,不必集中于一个实体的访谈室,而是通过网络摄像头和语音通信功能连接在一起。与传统的焦点小组访谈相比,在线焦点小组访谈具有如下优点:不需要具体的场所;参与者可以在不同的地点参加访谈;由于不需要集中在一起,因此被访者的招募比传统方式要容易、快捷;参与者可以在家中或者办公室参加访谈,因此会比较放松。

相对于传统方式,在线焦点小组的缺点包括:无法获得参与者的肢体语言等额外信息;访谈过程中无法实现展示产品实物、品尝味道等操作;对于参与者的控制不够,如无法控制参与者的暂时离开、参与者可能失去兴趣或分心。

2. 录像会议焦点小组访谈

录像会议焦点小组访谈在配有摄像机和麦克风的会议室里进行。调查委托方和观察人员不用到现场,甚至可以在多个地点通过视频终端观察到访谈的整个过程。调查委托方和观察人员还可以与主持人沟通,指明小组讨论的方向。录像会议焦点小组访谈的优势在于观察人员或调查委托方不用到现场、可以多个地点同时观察,极大地缩减了出差时间和成本。

3. 专家会议

专家会议法就是邀请有关方面的专家,通过访谈会的形式,对企业未来的生产经营或某个产品的未来发展前景做出评价,并在专家分析判断的基础上,综合各位专家的意见,对预测对象未来时期的发展水平及其发展变化趋势做出估计和判断。专家会议有助于专家们交换意见,通过互相启发,可以弥补个人意见的不足;通过内外信息的交流与反馈,产生"思维共振",进而将产生的创造性思维活动集中于预测对象,在较短时间内得到富有成效的创造性成果,为决策提供预测依据。但是,专家会议也有不足之处,如有时心理因素影响较大,参与者易屈服于权威或大多数人意见,易受劝说性意见的影响;不愿意轻易改变自己已经发表过的意见等。

7.1.4 焦点小组访谈法的优缺点

1. 焦点小组访谈法的优点

焦点小组访谈法具有很多特别的优势,使其得到广泛应用。

(1) 信息的深度和丰富性

焦点小组访谈可以为客户提供丰富的信息。首先,参加访谈的通常都是具有相同或相似特征的人群,因此在主持人的适当引导下,被访者能够产生共鸣,并且愿意发表自己的看法或感受;其次,以小组的形式对特定话题进行讨论,个人的发言可能激发小组其他成员的反应,互相启发,进而能够获得更为广泛的信息、见解和观点,这是其他调查方法无法比拟的;再次,除了语言表达信息以外,焦点小组访谈过程中的肢体语言、面部表情等能够提供额外的信息。

(2) 可以进行科学监测和后期分析

焦点小组访谈在装有单面镜的房间内进行,调查委托方和调查人员可以实时观察访谈会现场;现场的录音、录像设备能够记录访谈会现场的情况,以便随时回看现场讨论的情况。

(3) 可以调查特定的被访者

焦点小组访谈法可以对特定群体进行调查,而且效果要好于其他调查方法。例如对于儿童的调查,采用类似于焦点小组访谈的形式,让儿童在舒适和现实的情境中体验新玩具,并观察他们在玩耍时的行为,适时与他们进行交流,可以产生关于玩具设计的灵感。另外,其他难以接触到的专业人士,如医生、律师等,很可能更愿意接受焦点小组访谈,因为焦点小组访谈为他们提供了一个与同行交流的机会。

2. 焦点小组访谈法的缺点

(1) 对主持人的要求较高

主持人对访谈的成功与否起到很关键的作用,而寻找理想的主持人是非常困难的。

(2) 代表性问题

由于焦点小组访谈法调查的是小规模的同质群体,因此所获得的信息不能推及总体,这也是定性调查的典型缺点。特别是定量调查之前的焦点小组访谈所获得的信息只是探索性的，不能被视为结论性的，只能用于发现问题或灵感，不能用于指导决策。

（3）信息的误导性

焦点小组主持人、报告者、决策者都有可能误用焦点小组访谈的信息。其中一种可能误用就是试图归纳被访者的主要观点。要时刻牢记焦点小组的目的在于洞察观点或假定，要想得出结论性的观点，必须通过更正式的定量调查来实现。另一种可能误用源于对焦点小组信息的主观取舍和采纳。焦点小组提供的信息非常丰富，主持人、决策者等可能会无意识地忽略与自己主观认知相左的信息，而选择性地注意、强调、听取与自己意见相同的信息。睿智的管理者会发现有意识地使用焦点小组访谈的信息去支持他们的观点太容易了，因为你总能够从杂乱、丰富的信息中找到哪怕一点点与自己观点一致的信息。

（4）资料的整理分析比较困难

由于焦点小组访谈提供的信息是非结构化的，对如此丰富、混乱的信息进行整理、分析和解释非常困难。

（5）应用的局限性

焦点小组访谈不适合敏感性问题的调查，也不适合将不同质的群体、竞争对手等召集在一起进行访谈。

7.2 深度访谈法

7.2.1 深度访谈法概述

深度访谈法又称为个别面谈法，是一种非结构化的、直接的、一对一的人员访谈。在访谈过程中，由具备熟练技能的访谈者对单个被访者进行提问，以获得有关某一话题的潜在动机、信念、态度和感受等方面的信息。

深度访谈法被应用于详细地了解被访者的想法，如不喜欢某个品牌的原因；详细地了解一些复杂行为，如品牌转换的原因、不使用某种产品的原因；对于一些保密的、敏感的话题的探讨，如个人财务状况、头皮屑困扰；对于竞争对手、专业人士等人群的访谈；对于特殊产品，如奢侈品、礼品等的调查。

7.2.2 深度访谈过程

深度访谈的时间一般为30分钟至1个小时。深度访谈的目的在于揭示行为背后深层次的原因、动机、信念、价值观等。访谈过程中尽管可能会有一个访谈大纲供访谈者参考使用，但访谈的提问方式、问题顺序、访谈走向等都不是固定的。访谈者首先从一般性的问题开始，然后鼓励被访者进一步发表自己的看法或主观感受。后续访谈的走向由被访者的最初回答、访谈者的深入探究以及被访者的进一步回答所决定。访谈过程中的追问很重要，可以通过"你为什么这么说？""能详细说一下吗？""你还能再补充一些吗？"之类的问题来完成追问。

深度访谈的整个过程一般包括介绍、一般问题访谈、深入问题访谈、回顾与总结、结束语与感谢。

1. 介绍

访谈一开始由主持人向被访者介绍访谈目的，然后主持人自我介绍、被访者自我介绍、主持人描述访谈规则和感谢等。

2. 一般问题访谈和深入问题访谈

访谈的问题可以分为一般问题和深入问题。

一般问题可以通用于各个访谈对象，由调查涉及的一般行为类型的题目构成，对于访谈对象来说也比较容易回答。例如，"使用××产品多久了？""最近一次购买××产品是在什么时候？""一般在哪里购买××产品？""您购买××产品时关注哪些因素？"

深入问题往往涉及比较复杂的原因、动机、态度、价值观、信念等。因此，深入问题往往置于一般问题之后，而且没有提问的固定表述或范式，需要主持人根据实际情况灵活处理。深入问题可以放在所有一般问题之后，也可以在一个一般问题提问后直接询问关于该一般问题的深入问题。例如："刚才您说到使用的过程，我想就这一步再询问一下，您是怎么考虑的？为什么这样做呢？""发生了什么改变使您不再购买和使用××产品了？""您为什么认为价格对您很重要？合理的价格对您来说意味着什么？"

3. 回顾与总结

在访谈的每个部分结束时，可以稍作回顾与总结，对刚刚涉及的访谈内容及被访者的回答进行确认，如"我们刚才谈到了……，您认为……"等。还可以用"我们进入下一个问题的讨论"等进行访谈内容之间的过渡和转换。

4. 结束语与感谢

在所有涉及的内容访谈结束并完成回顾与总结后，告知访谈对象访谈圆满结束，并向访谈对象表示感谢。

7.2.3 深度访谈法的优缺点

1. 深度访谈法的优点

① 消除了群体压力，被访者可以提供更加诚实的信息。

② 在深度访谈过程中，所有时间都用于一对一的交流，获得的信息更加丰富，讨论更加深入。

2. 深度访谈法的缺点

① 很难找到专业的访谈者，访谈结果的质量和完整性在很大程度上由访谈者的提问技巧所决定。对获得的数据资料很难整理分析，甚至需要专业的心理学家帮忙。

② 时间成本和费用成本更高。一对一的深度访谈不管是时间成本还是费用成本都更高，而且一次调查往往不只需要对一个调查对象进行访谈，更增加了时间和费用成本。

7.3 投射法

有时在一些定性或定量调查中采用直接提问的方式，被访者可能无法或不愿说出自己真实的想法，在这种情况下，可以结合采用一种间接的提问方法：投射法。投射法源于临床心理学，用于探究隐藏在表面反应下的真实心理，以获得真实的情感、意图或动机。投射法与其他调查方法不同，它试图隐藏调查目的，向被访者提供意义不明的、模糊的刺激因素或将其置入不明确的特定场景，通过测试被访者的反应来挖掘被访者的潜在动机、态度和情感等。

投射法在市场调查中可以与其他定性或定量调查方法结合使用，也可以单独采用以获得定性数据。投射法被应用于敏感性问题研究、品牌或产品名称测试、品牌形象测试、市场定位、代言人选择、市场细分、广告测试、包装测试、产品改进等方面。

7.3.1 市场调查中的投射法

市场调查中常用的投射法有联想技法、完成技法、构筑技法和表现技法。

1. 联想技法

联想技法指向被访者展示一种刺激物，要求他们回答首先出现在脑海中的事物或概念。应用最广泛的联想技法是词语联想法。在词语联想法中，调查人员读一个词给被访者，然后要求被访者说出脑海中出现的第一种事物或概念。通常，调查人员会快速念出一连串词语，并要求被访者快速反应，不让心理防御机制有时间发挥作用。

词语联想法常用于品牌名称、产品名称、品牌形象、广告主题和标语的测试。例如，对于如下果醋饮料品牌名称，请快速说出你想到了什么。

| 天地壹号 | 小乔 | 原创 | 华生堂 | 麦金利 |
| 远村 | 绿杰 | 莫奈瑞 | 乡思源 | 优珍 |

2. 完成技法

完成技法要求被访者完成一个不完整的刺激情境。常用的完成技法为句子完成法和故事完成法。

句子完成法是向被访者提供不完整的句子，要求被访者完成这些句子，然后由调查人员根据被访者的回答确认其中存在的观点。例如，江小白主打"年轻人的小酒"，可以通过句子完成法来测试年轻人对白酒的看法。

> 喝白酒的人是＿＿＿＿＿＿＿＿＿＿＿＿＿＿＿＿＿＿＿＿
> 白酒适合在＿＿＿＿＿＿＿＿＿＿＿＿＿＿＿＿的情况下饮用
> 我的朋友认为白酒是＿＿＿＿＿＿＿＿＿＿＿＿＿＿＿
> 白酒带给我们的是＿＿＿＿＿＿＿＿＿＿＿＿＿＿＿＿

相对于词语联想法，句子完成法提供了有关被访者感受的更多信息。但是句子完成法的提问方不具有掩饰性，调查的目的是比较直接的。句子完成法的变形是段落完成法，要求被访者完成一个给定开头、给定刺激短语的段落。句子完成法和段落完成法的进一步扩展就是故事完成法。

3. 构筑技法

构筑技法要求被访者以故事、对话或描述的形式构筑一个回答。常用的构筑技法有图片测试法、漫画测试法、照片归类法、消费者绘图法等。

图片测试法也称为主题理解测验，给被访者一张图片，要求其写一个关于图片的短故事来描述他们的感受。调查人员通过分析这些故事的内容来确定由这张图片引起的感觉、反应或者由该图片产生的关注。

漫画测试法由调查人员向被访者出示卡通图片，并请被访者依据自己的理解来完成故事，调查人员根据回答来分析被访者的态度和想法。典型的漫画测试法包含两个人物，一个人的对话框中写有对话，另一个人的对话框是空白的，要求被访者在空白对话框中填上画中人物正在想什么或可能说什么。漫画测试法被用于品牌形象、商店形象、形象与特定产品的匹配程度、消费者对于某产品或品牌的态度等测试中。

照片归类法向被访者提供一系列不同类型的人物照片，要求被访者通过将照片进行分类，观察其如何将照片中的人物与所使用品牌相联系。例如，向被访者展示不同类型的人群照片，从高级白领到大学生，被访者将照片与他所认为的这个人应该使用的品牌连在一起。

消费者绘图法要求参与调查的被访者画出他们的感受或者他们对某一事物的感知，以用来揭示某些消费动机，表达消费者的理解。

4. 表现技法

表现技法是向被访者提供一个语言或者视觉场景，请被访者将他人的感情和态度与该场景联系起来，表达自己或别人的感受和意见。具体的表现技法有角色扮演法和第三者技法。

角色扮演法是请被访者以他人的角色来处理某件事,以间接反映出被访者的真实动机和态度。例如,在速溶咖啡的市场调查中(见第1章1.2节),调查人员要求被访者对持有不同购物清单的家庭主妇描述两种咖啡,以间接获得被访者对于速溶咖啡的看法。又如假设被访者是处理顾客投诉的经理,询问被访者作为客服经理对顾客投诉的处理方式。

第三者技法不是直接询问个人的动机或态度,而是通过第三人称,如"您的邻居""您的朋友""大多数人"等来提问,如"为什么现在很多年轻人不愿意更换手机了?"以减轻被访者的个人压力,从而获得较为真实的回答。

7.3.2 投射法的优缺点

通过投射法能够获得被访者不愿直接回答的隐私或敏感问题的答案;投射法通过掩饰调查目的,能够提升回答的有效性;投射法有助于挖掘被访者深层次的、潜意识的动机、态度或信念。

投射法也具有其他定性调查方法的缺点,如调查难度大,对于调查人员的要求很高,调查资料的分析和解释难度大、主观性强等。

本章小结

1. 定性调查是收集、分析和解释不能数量化的或不能用数字表达的信息的过程。定性调查具有少量样本、数据非结构化等特点,常用于探索性调查或对定量调查进行补充调查等。

2. 常见的定性调查方法有焦点小组访谈法、深度访谈法以及投射法。

3. 焦点小组访谈法是应用最为广泛的定性调查方法。焦点小组访谈法被广泛应用于了解消费者对产品的感知、偏好及行为;获取消费者对于新产品概念的印象,产生关于老产品的新观点,发掘广告创意,确定价格区间,获取消费者对于市场营销活动的初步反应等方面,也可作为其他调查方法的辅助调查。传统的焦点小组一般有8—12位被访者,在主持人的引导下对相关问题进行讨论、发表自己的看法等。焦点小组访谈要完成的工作包括与委托方的沟通、访谈场地的准备、被访者招募、准备访谈提纲、实施访谈、访谈结束后资料的整理、访谈报告的写作等;焦点小组访谈法中主持人的选择至关重要,访谈项目整个执行过程中,主持人都是重要的参与者。除了传统的焦点小组访谈以外,在线焦点小组访谈、录像会议焦点小组访谈、专家会议等都是不同形式的焦点小组访谈。

4. 深度访谈法是由访谈者对被访者进行一对一的、非结构化的访谈，以获取个体的潜在动机、信念、态度和感受等方面的信息。深度访谈法被应用于详细地了解被访者的想法，了解一些复杂行为，对于一些保密的、敏感的话题的探讨，对于竞争对手、专业人士等人群的访谈，对于特殊产品的调查等方面。深度访谈的时间一般为30分钟至1个小时。深度访谈的目的在于揭示行为背后深层次的原因、动机、信念、价值观等。深度访谈过程中具体的提问方式、提问顺序、访谈走向等都由调查人员根据实际情况灵活把握，因此深度访谈不准备具体的访谈提纲。提问过程中的追问技巧非常重要，决定了访谈所获得的信息的深度。

5. 投射法是一种无结构的、间接的调查方法，被应用于敏感性问题研究、品牌或产品名称测试、品牌形象测试、市场定位、代言人选择、市场细分、广告测试、包装测试、产品改进等方面。市场调查中常用的投射法有联想技法、完成技法、构筑技法和表现技法。

本章思考题

1. 定性调查方法与定量调查方法的主要区别有哪些？
2. 为什么焦点小组访谈法中主持人至关重要？
3. 焦点小组访谈法的主持人应该具备哪些能力？
4. 什么是深度访谈法？简述深度访谈法的应用。
5. 什么是投射法？市场调查中的投射调查方法有哪些？
6. 案例讨论。

2021年7月，河南因暴雨受灾，牵动着全国人的心。2020年净亏损2.2亿元的国货品牌鸿星尔克低调捐款5 000万元物资驰援河南，引发网友关注和同情，频频登上微博热搜榜。鸿星尔克此举恰与消费者产生"一方有难，八方支援"的爱国情感共鸣，使消费者支持国货的热情持续高涨，掀起了一场浩浩荡荡的"野性消费"热潮。此外，在新媒体和数字经济的共同作用下，本为腰部运动品牌的鸿星尔克在短短几天内直播销售额就达到了2亿元，线下门店被一扫而空，经历了销量和热度的爆发式增长。

请制订访谈提纲，并完成至少5人次的深度访谈，了解中国消费者"野性消费"背后的深层次动机。

第8章 数据准备

【学习目标】

- 把握数据审核的内容
- 理解数据审核的方法
- 把握缺失值的处理方法
- 把握调查问卷中各类问题的编码方法
- 理解编码的原则
- 能够完成调查问卷录入

经过调查方案的设计和实地调查以后，便进入调查工作的后期，后期工作主要包括调查数据的准备、分析和调查报告的撰写。本章主要介绍调查数据的准备工作：对回收的数据进行审核和编辑；对于纸质调查问卷，除了审核和编辑以外，还要进行编码和录入，将问卷信息转化为计算机软件可以识别和处理的数据信息。

8.1 调查数据的编辑

数据的编辑是指通过数据的审核发现存在问题的数据，并对问题数据进行处理，以确保调查数据满足质量要求。因此，调查数据的编辑工作包括数据的审核以及对问题数据的处理。

8.1.1 数据审核的内容

对于回收的调查问卷、二手资料等，需要进行完整性审核、准确性审核、及时性审核和一致性审核。

1. 完整性审核

完整性审核包括审核收集的二手资料是否完整、问卷中的所有问题是否都已填答。例如，对于统计数据，是否包含了所有单位、所有单位的数据是否完整、时间序列数据是否缺失某一期或多期的值；对于调查问卷，是否应该填答的题目均已作答、是否已经填写问卷编码等。对于网络调查，不允许被访者在填答不完整的情况下提交问卷，因此网络问卷不存在填答不完整的问题。

2. 准确性审核

准确性审核即审核回收的调查资料或问卷中是否存在明显错误。调查问卷中的错误可能包括前后不一致的答案、未按引导正确跳转、明显超出正常值的回答、所有题目的答案都一样等。统计数据中可能的错误包括明显的异常值、明显偏离正常范围的结构构成、分项数据加总与总和不一致、时间序列数据的异常变化等。

3. 及时性审核

及时性是指调查数据是否在规定日期填报或回收。有些调查问卷的回收有时间要求，如对于广告效果的调查，第一次调查问卷要求在广告播出之前回收完成。如果问卷回收时超过了预定的期限，则问卷未通过及时性审核。

4. 一致性审核

对数据资料的一致性审核包括：检查问卷是否存在前后矛盾、不一致的答案；检查统计资料的统计口径和资料分组等是否一致；特别需要检查统计数据中不同单位的数据、时间序列数据中不同时期的数据统计指标的定义、计量单位、统计范围、时间跨度等是否一致。

8.1.2 数据审核的方法

数据资料的审核工作贯穿数据收集、录入、数据分析之前甚至数据分析过程。调查过程中的审核表现为数据收集时的质量控制；问卷回收以后、录入过程中还要进行人工审核；数据分析之前的审核包括对数据的初步整理、描述统计和审查，分析之前的这些审核和数据的编辑也称为数据清洗。数据审核可能采用的方法包括经验判断、逻辑审核、计算审核和描述统计。

1. 经验判断

经验判断指在整个调查、数据处理过程中，相关人员根据经验人为判断调查数据是否符合完整性、准确性、及时性和一致性要求。

2. 逻辑审核

逻辑审核即从调查数据的逻辑关系出发来检验数据是否正确、是否一致、是否符合实际。通过逻辑审核能够发现问卷中前后不一致、互相矛盾的答案，统计数据中明显超出正常范围的数值等。

3. 计算审核

计算审核是通过各种数学运算来审核调查数据有无差错。例如，将统计数据中的各分项数据加总，查看是否等于总和数据；将具有数学乘除、加减关系的指标进行计算，查看数据是否相等。

4. 描述统计

通过对已经录入统计软件中的数据或问卷进行初步的描述统计，可以发现数据存在的问题。对每一个变量进行从小到大或从大到小的排序观察，可以发现数据中的缺失值和异常值；对定类、定序数据进行百分比统计，可以发现数据中是否存在缺失值、缺失值有多少、是否存在异常值；对定距和定比数据进行均值统计、探索分析，可以发现异常值，如对家庭规模的分析，发现家庭平均人口数为7，明显偏大，则意味着可能存在极大的异常值。描述统计结合逻辑审核，可以发现数据中的逻辑问题，如对品牌知名度的统计分析，发现提示前知名度大于提示后知名度，又如网上购买宠物食品的家庭占比大于养宠物的家庭占比，都意味着数据有误。

8.1.3 数据的初步处理

除了审核以外，数据的编辑可能需要完成的工作还包括对问题数据的处理，可能包括的内容有问卷的剔除、问卷的退回补测或重测、必要的更正、缺失值的填补等。

在编辑过程中，你需要决定什么样的调查问卷需要剔除。值得注意的是，不是含有缺失值、错误填写的问卷就一概要剔除。直接剔除只适用于以下情况：样本量很大且不合格问卷的比例很小；关键问题的答案缺失；错误或缺失的题目较多。

有不合格答案的问卷还有可能被退回补测或重测。补测或重测适用于样本量较小、很容易再次联系到被访者且仍在有效回收期内的情况。但是，补测或重测的数据可能与第一次调查的数据不同，因为中间可能隔了很长时间。

必要的更正可能包括对部分错误的更正、对统计口径不一致的更正等。例如，通过查找其他资料将错误数据进行更正，通过逻辑判断将问卷中不一致的答案进行更正，将口径不一致的答案或统计数据更正为一致的数据。

缺失值的填补可以采用以下几种方法：

估计值填补。根据被访者其他问题的答案，通过逻辑判断、推理等方法来计算或估计出一个值来填补缺失值。或者根据统计数据中的数学关系，计算出缺失值。例如，对于门诊患者满意度的调查中，被访者没有填写其所挂号的科室，但是通过其填写的就诊症状，推断出其挂的什么科室；又如统计数据中只有一、二产业的产值和地区生产总值，可以用地区生产总值减去一、二产业的产值作为第三产业的产值。

中值填补。如果缺失的数据是定距或定比数据，则可以采用该变量的平均值来填补缺失数据，这样，该变量的统计均值就不会改变，也不会对后续的其他统计分析如相关和回归分析造成很大的影响。

回归填补，即基于完整的数据建立回归模型。对于包含缺失值的数据或问卷，将已知变量值代入回归方程来估计缺失的变量值，以此预测值来进行填充。值得注意的是，缺失值的填补只是保证了数据的完整性，但是填补的数据不一定完全符合客观事实，不管采用何种填补方法，都或多或少地改变了原始的真实数据。

对于缺失值还可以不进行填补，而是在数据分析时进行处理，可以临时剔除含有缺失值的问卷，使之暂时不参与统计分析。

【相关链接】

数据分析时对于缺失值的处理

整例删除（casewise deletion）是指将有缺失值的样本或者问卷不列入分析的范围。这种方法可能导致样本变小。将大量的数据都剔除是不可取的，因为数据的收集过程成本很高，也耗费了很多时间。而且，从总体上来讲，有缺失值的问卷与完整的问卷存在差异，整例删除会对结果产生严重的影响。

结对删除（pairwise deletion）是指调研人员并没有剔除所有的有缺失值的问卷，而是在每一步计算中使用有完整答案的样本或者问卷。这样，不同的步骤之间采用的是不同的样本规模。这种方法适用于以下几种情况：① 样本的规模很大；② 只有很少的缺失值；③ 变量之间的相关性不是很强。然而，这种方法可能会使分析的结果不合理甚至不可行。

使用不同的方法处理缺失值可能会产生不同的结果，尤其是在缺失值不是随机产生，并且变量之间也有相关性的时候。因此，应当尽量减少缺失值，调研人员也应当谨慎选择处理缺失值的各种方法。

（资料来源：纳雷希·马尔霍特拉. 营销调研：应用导向［M］. 熊伟，郭晓凌，译. 6版. 北京：中国人民大学出版社，2020.）

 调查问卷编码

调查问卷编码就是为调查问卷中的问题和答案以及回收的各调查问卷编制相应的代码。

调查问卷编码的目的，一是便于问卷数据的录入，提高录入效率；二是为计算机识

别问卷数据信息提供依据；三是使数据以编码形式存储，简化数据呈现的方式，便于后期的数据处理分析。

下面以某市场调查公司的轿车用户调查问卷为例，介绍调查问卷编码。

示例问卷（部分）

问卷编号_____

女士/先生：

您好！我是××市场调查公司的访问员，我们正在进行一项有关汽车使用方面的调查，我想和您谈谈有关的问题，要耽搁您一些时间，谢谢您的支持与合作！

甄别部分

S1. 您在近半年之内是否接受过同类访问？（   ）
  1. 是（终止访问） 2. 不是
S2. 请问您或您的家人是否有从事以下行业的？（   ）
  A. 广告或公关
  B. 市场研究、咨询和调查
  C. 电视、广播、报纸等媒介
  D. 轿车制造
  E. 轿车批发、零售

主体调查表

Q1. 您或您的家庭是否拥有汽车？（   ）
  1. 是 2. 否（跳至Q3）
Q2. 您对自己（或家庭）的这部车怎么评价？（   ）
  1. 非常不满意 2. 不满意 3. 一般 4. 满意 5. 非常满意
Q3. 您购买汽车时，将以下因素按照您关注的程度排序。（限选三项）
  第一选择（   ）第二选择（   ）第三选择（   ）
  A. 整车价格 B. 耗油量 C. 外形 D. 舒适性 E. 维修便利性
  F. 操作灵活性 G. 品牌 H. 内部装饰 I. 其他
Q4. 您一般从哪些方面获得汽车信息？（可多选）（   ）
  1. 电视广告 2. 报纸广告 3. 路牌广告 4. 杂志广告 5. 别人介绍
  6. 车展 7. 网络广告 8. 其他

个人资料部分

G1. 您的性别：（   ）
  1. 男 2. 女
G2. 您的年龄：_____
G3. 您的受教育程度：（   ）
  1. 小学及以下 2. 初中 3. 高中 4. 大学及以上

8.2.1 编码的内容

编码的过程可以看作变量定义的过程，具体内容包括变量名称、说明或对应的问题、类型、所占字节数、变量的取值或取值范围、对应值的标签含义等，将这些变量信息罗列成表格形式或存储于数据分析软件中，形成的表格称为编码表。

8.2.2 编码的方法

调查问卷中需要编码的部分包括问卷的编号、问题以及答案，编码的方法需要逐一介绍。

根据调查问卷中的题目类型，问题和答案的编码方法包括事先编码和事后编码。事先编码也称为预编码，就是在问卷设计的时候，问卷问题和答案的代码基本已经确定，多用于封闭式问题的编码。事后编码则在调查问卷回收以后完成，一般适用于开放式问题的编码。对于开放式问题，由于问卷设计者预先无法确定被访者从哪些方面回答、如何回答问卷问题，故只能在问卷回收以后对答案进行事后编码。

1. 问卷编号的编码

尽管问卷中没有提示要填写问卷编号，但在实际操作中，每一份回收的问卷，不管是纸质版还是电子版，都必须有编号，问卷的编号也是编码的一部分。对每一份问卷进行编码有利于唯一地识别每一份问卷，为数据录入后的核对以及后期数据处理时查找、锁定原始问卷以及分组分析数据等提供便利。对于问卷的编号，可以在调查之前完成，也可以在问卷回收、审核完成后再编号。

问卷编号的编码方法可以是按照自然数从小到大依次编号，也可以像身份证号码一样，赋予编号一定的实际意义，如编号的第一位数字代表调查地点，第二位数字代表调查人员编号，从第三位数字开始是问卷的自然数编号。这样编码便于数据分析的时候对每一份问卷的识别以及分组分析数据。

2. 封闭式问题及答案的事先编码

示例问卷中包含了常见的封闭式问题类型：单项选择型、多项选择型、排序型以及量表型，通常这些类型的问题及其答案的编码方法是不同的。

（1）单项选择型问题及答案的编码

对于单项选择型问题，问题将以变量的形式存储于数据中，一道问题一般对应一个变量。例如，对于示例问卷中的问题"G1. 您的性别"，将问题的编码设置为"G1Gender"。对于答案的代码，问卷设计时设置为"1. 男""2. 女"两个选项，其中的代号1和2即可作为答案的代码。

（2）多项选择型问题及答案的编码

由于不能确定被访者会选择几个选项，多项选择型问题的编码方式要与单项选择型问题有所不同。若为不定项选择型问题，通用的做法是，将备选选项作为变量存储于数据中，有几个备选答案就设置几个变量，变量的值代码通常设置为0、1。该选项对应的变量值为0，表示被访者未选择该选项；值为1，表示被访者选择了该选项。如在示例问卷中，题目"Q4. 您一般从哪些方面获得汽车信息？（可多选）"，有8个选项，相当于把一个问题拆分为 8 个问题:"您是否从电视广告中获得汽车信息""您是否从报纸广告中获得汽车信息"……,每个问题的答案为 1 代表"是",0 代表"否"。

若为限定选择型问题,除了可以看作不定项选择型问题来编码以外,还可以缩减变量个数至限定的选项数。例如,示例问卷中的问题 Q4 如果为限定选择三项,则可以定义 3 个相同的变量。这种编码方式相当于把一个问题拆分为 3 道相同的单项选择型问题,每道问题对应的变量值都是 1—8,分别代表原问题中的 8 个选项。

(3) 排序型问题及答案的编码

调查问卷中经常会出现排序类型的问题,可以参考的编码方法有两种。

第一种可供选择的编码方法类似于多项选择型问题的编码,即每一个选项都为一个变量,变量含义与选项内容一致,变量的取值范围不再是 0、1,而是 1、2、3……,最大值为选项的个数。如示例问卷中"Q3. 您购买汽车时,将以下因素按照您关注的程度排序",若不规定限选项数,备选答案有"A. 整车价格;B. 耗油量;C. 外形……I. 其他"等 9 个选项,编码时需要对应生成 9 个变量,分别对应每个选项,变量的取值范围均为整数 1—9。1 代表将该选项排在第一位,2 代表将该选项排在第二位,3 代表将该选项排在第三位……以此类推。

第二种编码方法仍然设置同选项个数一样多的变量,但是变量的含义不再对应每一个选项,而分别是第一选择、第二选择、第三选择……,变量的值为每个选项的代码。如示例问卷中的问题 Q3,仍然设置 9 个变量,每一个变量的取值范围都是 A—I,分别代表 9 个选项。这种编码方法还适用于限定选择项数的排序题。如 Q3 问题中要求被访者按照关注程度限选三项排序,那么编码时就可以只设置 3 个变量,分别代表第一选择、第二选择和第三选择,变量取值范围仍是 A—I。

(4) 量表型问题及答案的编码

调查问卷中涉及满意度、态度等主观看法的问题时,一般采用量表进行测量。对于量表型问题的编码,每一个量表题项需要对应一个变量。变量类型可以设置为定序数据,这种情况下需要对答案进行代码值标签的设置。如示例问卷中的问题"Q2. 您对自己(或家庭)的这部车怎么评价?"的答案代码 1—5 分别对应"非常不满意"至"非常满意"。若将变量类型设置为定距数据,则不需要设置代码值标签。

3. 开放式问题及答案的编码

(1) 数字型开放式问题及答案的编码

对于直接回答数字的问题,变量的取值即为被访者回答的数字,只需定义变量的取值范围,无需进行答案的代码设置;也可以根据后期数据分析的目的,将答案进行重新编码,以对被访者进行分组。如示例问卷中问题"G2. 您的年龄",研究设计时定义被访者年龄范围为 20—60 岁,则可以定义变量取值范围为 20—60。也可根据数据分析要求将该变量重新编码为一位代码 1—5,分别表示 20—29 岁、30—39 岁、40—49 岁、

50—59 岁、60 岁。

（2）文字型开放式问题的事后编码

很多时候调查问卷中会有涉及文字类型的开放式问题，如询问被访者的补充意见、具体建议等。若数据分析时希望对此类开放式问题进行定量分析，则需要进行事后编码。事后编码即对被访者的回答进行分类整理，简化录入和分析过程的同时尽量最大化地保留原始答卷的信息。具体做法：选择回收的部分问卷，阅读被访者对开放式问题的回答，初步了解答案的分布情况；将所有有意义的答案归类整理成频数分布表，若所分组数过多，将回答相近的分组进行合并，将频数过低的组数合并为"其他"组；用简便的词汇或语言描述每组的要点；根据最终的分组确定各组代码。

表 8-1 为事后编码示例。

表 8-1　关于商品的不满意点

编码	内容	回答举例
1	价格	价格高 店铺之间价格相差较大
2	款式	没有想要的颜色 希望小型化
3	使用简便性	盖子不容易打开 管嘴容易堵塞
4	功能	容易坏 老出故障
5	售后服务	不能马上来修 修理费高
6	销售方法	经销店少 希望提供邮购

开放式问题的事后编码没有标准答案，最终的分类完全由研究人员根据调查研究的目的主观确定，因此研究人员的经验非常重要。可以说，事后编码是一项艰难的艺术。

假设示例问卷一共有效回收 200 份，最终形成的编码表见表 8-2。

表 8-2　示例问卷编码表

序号	变量名称	变量说明	类型	宽度	取值或范围	值标签
1	No	问卷编号	定类	3	1—200	无
2	S1	半年内是否接受过同类访问	定类	1	1、2	1 = 是 2 = 否
3	S2	是否从事相关行业	定类	1	1、2	1 = 是 2 = 否
4	Q1	是否拥有汽车	定类	1	1、2	1 = 是 2 = 否
5	Q2	对汽车的满意度	定距	1	1—5	无

续表

序号	变量名称	变量说明	类型	宽度	取值或范围	值标签
6	Q3.1	购买汽车时考虑的因素（第一选择）	定类	1	A—I	A=整车价格 B=耗油量 C=外形 D=舒适性 E=维修便利性 F=操作灵活性 G=品牌 H=内部装饰 I=其他
7	Q3.2	购买汽车时考虑的因素（第二选择）				
8	Q3.3	购买汽车时考虑的因素（第三选择）				
9	Q4.1	信息来源1：电视广告	定类	1	0、1	无
10	Q4.2	信息来源2：报纸广告				
11	Q4.3	信息来源3：路牌广告				
12	Q4.4	信息来源4：杂志广告				
13	Q4.5	信息来源5：别人介绍				
14	Q4.6	信息来源6：车展				
15	Q4.7	信息来源7：网络广告				
16	Q4.8	信息来源8：其他				
17	G1	性别	定类	1	1、2	1=男 2=女
18	G2	年龄	定距	2	20—60	无
19	G3	受教育程度	定序	1	1—4	1=小学及以下 2=初中 3=高中 4=大学及以上

8.2.3 编码的原则

为便于数据录入和数据处理，问卷编码需要遵循以下原则。

1. 互斥原则

不管是何种问题的编码，首先要遵循互斥原则。问卷编号不能重复，唯一地识别每一份问卷；所有变量名称不能重复；一个变量下面的所有代码不能重复，唯一地代表一种含义且不同代码的含义不能重复或重叠。

2. 穷尽原则

问卷编码时需要特别注意变量的取值或取值范围，变量的代码要能够包含所有可能的回答。若问卷中存在缺失值，编码时特别注意可以为缺失值指定一个代码，如可以统一规定所有问题中"9"表示缺失值。

3. 最简原则

由于数据录入一般工作量比较巨大、繁琐，所以编码要遵循最简原则，特别是对于录入的代码的设置，为减少问卷录入时的工作量，应尽量减少代码位数。能用一位数字表示就不用两位，能用两位表示就不用三位；能用自然数，尽量不用小数；能用正数，尽量不用负数；能用绝对值小的数，尽量不用绝对值大的数。

最简原则要求在编码的时候还要考虑到后期的数据分析，尽量减少后期数据分析时的工作量，答案代码能用数字就尽量不用字母。这是因为数字既可以作为定类和定序变量的值，又可以作为定距和定比变量的值，在数据分析时具有较强的灵活性；同时在一些统计软件中，数字类型的代码可以参与的统计分析方法更多。例如，以 0、1 为编码的二值分类变量可以作为自变量进行回归分析，但是以字母为代码的二值变量则不可以；方差分析的自变量也要求为数值型，字母表示的字符串则不可以作为方差分析的自变量。

4. 一致性原则

为便于后期数据分析时分析人员对代码的识别，同时便于统计分析时数据的汇总整理分析，问卷的编码应遵循一致性原则。在设置每一份问卷的代码时，要求代码值尽量位数、结构相同，具有可识别性。对于问卷问题和答案的编码，要用固定的顺序表示回答项的含义，如对问卷中的所有满意度量表，均按照五级量表、从小到大表示满意程度，"1"表示非常不满意，"5"表示非常满意；又如对于所有问题缺失数据的编码，均采用"9"作为代码。

5. 可读性原则

尽管问卷编码主要用于计算机识别问卷信息，但是，在后期统计分析的时候，编码的可读性能够为数据分析人员提供很多便利。例如，在示例问卷中，有甄别部分、主体调查表和个人资料部分三个部分的问题，在编码时，问题的代码则应该尽量保留该信息，推荐的做法是问题的编码与原问卷中的问题编号一致。对于多项选择型问题或排序型问题的编码，每一个变量的名称应尽量保留原问卷中的问题和备选答案信息，如示例问卷中问题 Q3 和 Q4 对应的变量名称和变量说明的设置，即保留了原始问卷的信息，后期数据分析的时候，分析人员看到变量名称即可识别对应的变量集。

8.3 调查问卷录入

现在大部分的问卷调查都通过网络调查平台来完成，被访者只需扫描相应的二维码或者点击问卷的链接即可在电脑上或者手机端完成问卷填写，调查人员无需录入调查问卷就能够直接获得用户填写的问卷信息。还有应用比较广泛的计算机辅助电话调查，调查人员在调查过程中直接将被访者的回答录入计算机。但是，仍然有一部分问卷通过纸质媒介进行发放，如以中小学生、老年人等为调查对象的调查问卷。

纸质问卷编码完成后，需要将原始问卷数据录入计算机。在实际市场调查工作中，如果问卷发放量很大，每份问卷涉及的问题很多，问卷录入无疑是个繁重的大任务，通常需要借助专业的工具或软件来完成，以提高问卷录入的效率和准确度。其中可供参考的数据录入方式有光电扫描读取问卷数据，利用计算机软件如 EpiData、利用网络平台如问卷星录入数据等。

光电扫描适用于全部为封闭式问题且答题形式较为标准、规范的问卷，如将选项用铅笔涂黑。现实中发放的调查问卷虽以封闭式问题为主，但被访者或调查人员填答问卷时往往都较为随意，标准化程度低，光电扫描就不太适合。

数据录入软件 EpiData 具有安装容易、操作简单、录入界面直观、可以进行录入质量控制等特点，非常实用。读者若有需要，可以自行下载 EpiData 自带的教程进行深入学习。EpiData 数据录入软件的操作界面见图 8-1。

图 8-1　EpiData 主界面

数据录入过程的规范性非常重要。对于问卷的填写要求和规则、编码、开放式问题的录入以及对于特殊情况的处理办法等，都需要向录入员解释清楚。此外，发放给每一位录入员的原始数据录入文件一定要统一，便于后期对所有数据进行合并。

准确性是对数据录入的另一个重要要求。通常录入完成后需要对数据进行全面核查或抽样复核。数据核查的方式有人工审核、双录入核对、核对命令审核等方法。

人工审核。在录入结束、数据已经汇总以后，由审核人员将录入的数据与原始纸质问卷中的数据进行核对，以检查是否存在录入错误的情况。通常，人工审核采用抽样复核的形式。

双录入核对。双录入核对是指问卷由两名不同录入员分别各录入一次，录入完成以后，由数据录入软件对两份理论上来说应该完全相同的数据文件进行核对，如果发现两份数据完全相同，则认为存在录入错误的概率极低，因为两名录入员同时犯相同的录入错误的概率非常低。如果发现两份数据存在差异，核对结果会报告发现差异的问卷编号、题目位置等信息，提示需要查看原始纸质问卷。双录入核对由软件实现数据核对，检查效率高，但是由于相同的问卷需要两名录入员共录入两次，因此需要更多录入员的人力投入。

核对命令审核。调查问卷中的变量往往存在取值或范围的限制；另外，一些问卷还会存在跳转问题。如能对诸如此类的问卷填写规则在录入过程中进行控制，则可以大大提高问卷录入的准确率和录入效率。核对命令可以实现对变量录入规则的控制。例如，在创建数据录入的原始文件时，定义某变量值的范围为 A—D，该核对信息自动存入原始录入文件，如果录入员在数据录入过程中录入了其他不在 A—D 范围内的值，则录入系统会提示录入员录入错误。核对命令可以在一定程度上发现并避免录入错误。

本章小结

1. 数据的编辑指通过数据的审核发现存在问题的数据，并对问题数据进行处理，以确保调查数据满足质量要求。调查数据的编辑工作包括数据的审核以及对问题数据的处理。

2. 数据审核的内容包括完整性审核、准确性审核、及时性审核和一致性审核。可以采用的数据审核方法有经验判断、逻辑审核、计算审核和描述统计。

3. 对问题数据的处理包括问卷的剔除、问卷的退回或补测、必要的更正、缺失值的填补等。缺失值的填补，可以采用以下几种方法：估计值填补、中值填补、回归填补。

4. 调查问卷编码的目的，一是便于问卷数据的录入，提高录入效率；二是为计算机识别问卷数据信息提供依据；三是数据以编码形式存储，简化数据呈现的方式，便于后期的数据处理分析。

5. 编码的过程可以看作变量定义的过程，具体内容包括变量名称、说明或对应的问题、类型、所占字节数、变量的取值或取值范围、对应值的标签含义等，将这些变量信息罗列成表格形式或存储于数据分析软件中,形成的表格称为编码表。

6. 调查问卷中需要编码的部分包括问卷的编号、问题以及答案。问卷的编号用于唯一地识别每一份问卷。封闭式问题一般采用预编码,开放式问题一般采用事后编码。

7. 问卷编码需遵循互斥原则、穷尽原则、最简原则、一致性原则、可读性原则。

8. 纸质问卷可以利用光电扫描、计算机软件、发放问卷的网络平台等方式进行问卷录入。对于录入数据的核查,可以采用全面核查或抽样复核的方式。数据核查的方式有人工审核、双录入核对和核对命令审核。

本章思考题

1. 数据审核的内容有哪些?
2. 数据审核的方法有哪些?
3. 什么是问卷的编码?问卷编码的目的是什么?
4. 调查问卷中需要编码的部分有哪些?
5. 多项选择型问题如何编码?
6. 简述问卷编码的原则。
7. 数据录入核查的方法有哪些?
8. 下面是某调查问卷中被访者对销售店的希望,请尝试对这些答案进行事后编码。

对销售店的希望:

- 希望能得到送货的服务;
- 所标价格和收款机上显示的价格要一致;
- 增加更多的停车场;
- 服务人员要掌握商品知识;
- 增加特价销售日;
- 具有稳定需求的商品不要缺货;
- 解决傍晚高峰的排队问题;
- 提高收款速度;
- 商品放在容易找到的地方;
- 过了保质期的商品不要上架;
- 店内整洁有秩序;
- 增加鲜鱼的种类;
- 服务人员要轻拿轻放商品;

市 场 调 查

- 实行购买金额积分返点制；
- 实施时间段优惠；
- 加入具有季节感的商品；
- 打出特价销售的时间点的广告；
- 必须注明商品的产地。

（资料来源：酒井隆. 图解市场调查指南［M］. 郑文艺，陈菲，译. 广州：中山大学出版社，2008.）

第9章 SPSS 数据文件准备

【学习目标】

- 熟悉 SPSS 基本操作界面
- 理解 SPSS 两种数据文件类型：.sav 数据文件和.spv 文件
- 能够在 SPSS 中建立并录入数据
- 能够将常用的数据类型导入 SPSS
- 能够在 SPSS 中根据需要完成观测量排序、观测量选择
- 能够在 SPSS 中根据需要完成计算变量、变量重新编码等操作

9.1 SPSS 简介

SPSS 是最早的统计分析软件，由美国斯坦福大学的三名研究生于 1968 年研究开发成功。SPSS 是软件英文名称的首字母缩写，原意为 Statistical Package for the Social Sciences，即"社会科学统计软件包"。随着 SPSS 产品服务领域的扩大和服务深度的加大，SPSS 公司于 2000 年正式将其英文全称更改为 Statistical Product and Service Solutions，意为"统计产品与服务解决方案"。2009 年，IBM 公司收购了 SPSS 公司，2010 年将其更名为 IBM SPSS Statistics。

SPSS 具有界面直观、操作简单、功能强大等特点，在数据分析领域，特别是问卷数据分析中应用非常广泛。本书就 IBM SPSS Statistics 22.0 版本，结合数据统计分析基本理论，介绍 SPSS 的数据输入/导入、数据编辑管理、基本的描述统计分析、假设检验、统计图表的绘制等基本操作及统计结果分析等内容。

9.1.1 SPSS 数据编辑窗口

用户启动 SPSS 软件后,系统会弹出一个界面询问用户希望做什么,用户选择"输入数据"或按"取消"按钮,即进入空白的数据编辑窗口,如图 9-1 所示。用户在询问界面选择"打开现有数据源",或在电脑中直接打开已有的 SPSS 数据文件,即进入已有数据文件的数据编辑窗口。在数据编辑窗口,用户可以完成变量定义、数据录入、数据导入、数据编辑和管理,各种统计分析及统计图表绘制的主菜单也都在数据编辑窗口打开。

数据编辑窗口上方为 SPSS 菜单项及常用的工具图标;最下面一行为系统状态显示区,可以看到"IBM SPSS Statistics Processor 就绪",用户将鼠标置于任何一个区,系统会提示每个区的功能。编辑区左下角显示有两个视图:数据视图和变量视图,用户可以点击相应按钮在两个视图窗口之间切换。数据视图主界面用于显示各个变量名称及各观测量对应的变量值。用户可以在主界面中录入数据,也可以对已经打开的数据文件进行编辑,如插入个案、删除个案、复制数据、插入新变量、删除变量、排序个案等。数据视图中每一行为一个观测量/个案,变量以列存放。变量视图(图 9-2)用于定义、查看和编辑变量属性,变量视图中每一行为一个变量,列显示变量属性。

SPSS 数据编辑视图中建立或保存的数据文件类型为 .sav,即 SPSS 数据文件。

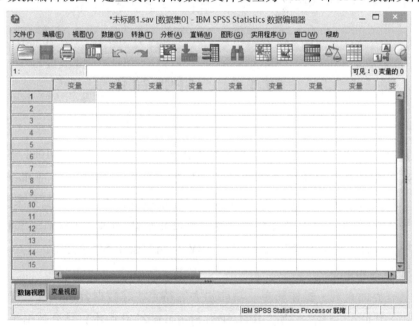

图 9-1 SPSS 数据编辑视图之数据视图

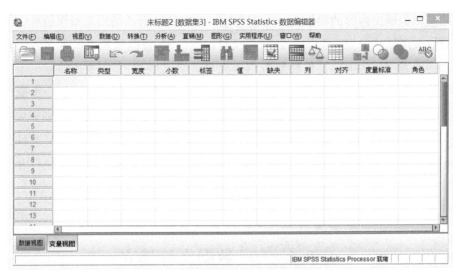

图 9-2 SPSS 数据编辑视图之变量视图

9.1.2 SPSS 查看器窗口

SPSS 中另一个常用的窗口为查看器窗口，用于查看和编辑 SPSS 所有统计分析的结果，包括统计图、统计表以及各种操作的信息。用户打开已有的 .sav 数据文件时，SPSS 会自动打开一个新的对应的查看器窗口，用户对所有数据文件的操作结果均输出在该窗口。若用户在空白的数据编辑窗口中输入变量和数据，然后选择保存输入的 .sav 数据文件，SPSS 也会同时打开一个新的查看器窗口，如图 9-3 所示。

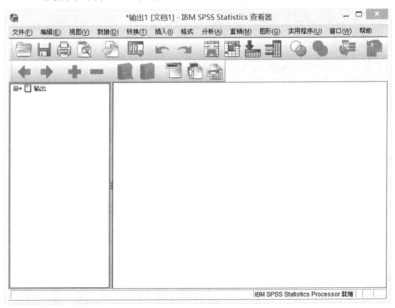

图 9-3 SPSS 查看器窗口

查看器窗口上方菜单栏与数据编辑窗口菜单栏一致，菜单栏下方为常用工具栏，主界面中的左侧为输出内容的导航栏,右侧为输出的统计分析的结果及操作信息。

用户在关闭新建的查看器窗口或数据文件时,SPSS 会提示是否保存该查看器中的输出内容,查看器内容保存文件类型为 .spv 文件。

需要注意的是,用户每打开一次已有数据文件,SPSS 都会自动打开一个新的查看器窗口,如果用户想将数据文件的多次分析结果存放于一个查看器窗口,则需要在打开该数据文件之前先打开用于存放结果的 .spv 文件,然后再打开 .sav 数据文件,这样 SPSS 不会再新建一个查看器窗口,所有统计分析的结果都会存于事先已经打开的 .spv 文件中。

9.2 数据文件建立

9.2.1 定义变量

在 SPSS 空白数据编辑窗口中,可以进行数据的输入。首先切换至变量视图,进行变量的定义,定义好变量后切换至数据视图,进行观测量数据的录入。

变量定义的主要内容包括变量名称、变量类型、变量宽度、变量值的小数位数、变量标签、变量值标签、缺失值、变量在数据视图中的显示(列)宽度及对齐方式、变量的度量标准、角色等。见图 9-2。

1. 定义变量名称

SPSS 变量名称可以为中文或英文,命名规则如下。

① 变量名称长度不能超过 64 个字符。

② 变量名称不能以数字开头,但是数字可以出现在变量名称的中间或结尾。

③ -、*、括号、逗号、引号、问号、感叹号等标点符号不能出现在变量名称中。

④ 变量名称中不能包含空格。

⑤ 不能以下划线(_)和圆点(.)作为变量名称的最后一个字符。

⑥ 变量名称不能与 SPSS 保留字相同。SPSS 的保留字有:ALL、AND、BY、EQ、GE、GT、LE、LT、NE、NOT、OR、TO、WITH。

⑦ 变量名不区分大小写。

2. 定义变量类型

SPSS 中的变量主要包括数值型、日期型、字符型三种类型。每一种类型在定义时可以同时指定变量长度,数值型还可以同时定义小数点位数。数值型变量根据变量的形式不同可以分为以下类型。

① 标准数值型。同时定义数值的宽度，即整数部分＋小数点＋小数部分的位数，默认为 8 位；定义小数位数，默认为 2 位。

② 逗号数值型。即整数部分每 3 位数加一逗号，其余定义方式同标准数值型。

③ 圆点数值型。无论数值大小，均以整数形式显示，每 3 位数加一小点（但不是小数点），小数点用逗号表示。

④ 科学记数法型。

⑤ 美元型。数值前显示美元符号＄。

⑥ 自定义货币型。

⑦ 受限数字型。具有前导零的整数，即整数前用 0 填满至指定宽度。

3．定义变量标签

变量标签用以说明变量的含义，没有变量名称的那些限制。若变量定义了变量标签，在统计分析过程中以及输出结果中，则以标签来显示变量。

4．定义变量值标签

变量值标签用以指定变量值的含义，如"性别"变量中定义值 1 为男性，值 2 为女性，见图 9-4。定义好值标签后，在统计分析输出结果中，变量不再以值出现，而是以值标签显示。

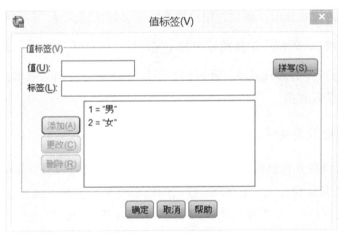

图 9-4　定义值标签

5．定义缺失值

缺失值可以分为系统缺失值（系统读入空白值或非数值数据）和自定义缺失值。SPSS 将未录入的变量值自动识别为系统缺失值。用户还可以自定义缺失值，如定义 9 ＝ 缺失值。SPSS 数据视图中数值型系统缺失值显示为"．"，字符型系统缺失值显示为空白。用户在数据分析时可以自定义缺失值的处理方式。

6．定义变量的度量标准

SPSS 中变量的度量标准有三种：名义 名义(N)、序号 序号(O) 和度量 度量(S)，名义和序号分别对应定类数据、定序数据，度量对应定距数据、定比数据。

7. 定义变量的其他属性

用户在定义变量类型的时候，可以在对话框中定义变量长度和小数点位数；变量列和对齐两个属性为变量在数据视图中显示的列宽和对齐方式，也可以在数据视图中用鼠标选中变量后进行拖动以改变列宽；变量的角色属性用于定义变量在数据分析时的角色，用户在定义变量时可使用系统默认设置。

9.2.2 数据录入

虽然不定义变量也可以在数据视图中直接输入数据，有了数据值的变量系统默认变量名为 VAR00001、VAR00002……类型为数值型变量，但通常情况下，都是先定义变量再录入数据。定义好变量后，进入数据视图，每一列为一个变量，每一行为一个观测量或称为个案。若为问卷数据，则每一行对应一个被访者即一份问卷，用户可以在相应单元格内录入变量值。录入了数值的观测量在数据视图（图 9-1）最左侧横行的序号变为黑色，否则为灰色。初学者在录入数据以及后续数据处理分析时，应注意是否因误操作而增加了变量值均为缺失的空白观测量，若有，应及时删除该观测量。

数据视图窗口有两种常用的查看数据的视图，一是数据以定义的值的方式显示，二是数据以值标签的方式显示。例如，用户事先已定义好性别变量，1 = 男，2 = 女，用户可以录入数字 1 或 2，若按下工具图标中的 符号，或打开"视图"菜单下的"值标签"，则数据以男或女的形式显示，此时用户可以在性别对应的数据单元格的下拉菜单中选择男或女以录入数据。

9.2.3 数据文件导入

SPSS 除了可以打开已经保存好的 .sav 数据文件外，还可以打开 Excel、SAS、STATA 等数据文件。具体操作为：在 SPSS 数据编辑窗口下，选择"文件（F）"→"打开（O）"→"数据（D）"或直接单击工具图标中的打开符号，直接打开已经保存好的 .sav 数据文件，也可以在打开数据的对话框"文件类型"下拉选项中选择相对应的数据文件类型。例如用户想要打开 Excel 数据文件，在"文件类型"下拉选项中选择"Excel（*.xls，*.xlsx，*.xlsm）"，在文件保存的目录下双击想要打开的 Excel 数据文件，见如图 9-5 所示对话框。若 Excel 数据中第一行为变量名，则需勾选"从第一行数据读取变量名"。"工作表"用于选择需要打开的 Excel 工作表，默认为文件中的第一个工

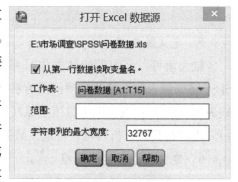

图 9-5 打开 Excel 数据文件

作表。图 9-5 中默认的第一个工作表名称为"问卷数据",数据单元格的范围为从 A1 至 T15 单元格,用户也可以从下拉菜单中选择 Excel 中的其他工作表。"范围"为选填项,用于定义用户想要打开的工作表单元格范围,如 A1: Y16 为读取 Excel 中 A1 至 Y16 单元格范围内的数据。需要注意的是,用户导入 Excel 数据文件后,需要检查一下导入的变量的各个属性,如变量类型、度量标准等可能需要根据实际进行更改,变量值标签需要重新定义。

9.3 数据文件管理

9.3.1 数据预处理

在对数据进行统计分析前,可能需要对数据进行预处理。如将观测量按照某变量升序或降序排列,以观察数据的分布特征;又如临时选择观测量中的部分进行统计分析,其他观测量虽然不参与分析,但是也不能删除,这种情况下需要用到观测量选择。

1. 观测量排序

在对数据进行统计分析之前,可能需要对观测量按照某变量升序或降序排列,以观察数据的分布特征,或查看数据的极端值、缺失值等。两种方法可以实现观测量排序。第一种方法:"数据(D)"→"排序个案(S)",打开观测量排序对话框,如图 9-6 所示。将据以排序的变量从左侧变量列表中移入右侧"排序依据"栏,"排列顺序"根据要求选择"升序(A)"或"降序(D)",单击"确定"。第二种方法:在数据视图中,标题对应的变量名称处单击鼠标右键,选择快捷菜单中的升序或降序排列。

图 9-6 观测量排序对话框

2. 观测量选择

数据分析的时候，经常需要选择部分观测量单独进行分析，如选择所有观测量中的女性进行分析，男性数据则暂时过滤。其操作如下："数据（D）"→"选择个案（S）"，打开观测量选择对话框，如图9-7所示。"选择"选项中提供的个案选择方式有"全部个案（A）""如果条件满足（C）""随机个案样本（D）""基于时间或个案全距（B）""使用筛选器变量（U）"等。"输出"选项中"过滤掉未选定的个案（F）"为将未选定的个案临时过滤而不删除，被临时过滤的观测量在数据视图中横行代号为斜杠删除状态；"将选定个案复制到新数据集（O）"为系统自动生成一个与现有数据变量结构相同的新数据，新数据中只含有符合筛选条件的观测量；"删除未选定个案（L）"为将不符合筛选条件的个案从数据中删除。下面逐一介绍观测量选择方式。

图9-7 观测量选择对话框

（1）按条件筛选个案

选择"如果条件满足（C）"选项，单击"如果（I）"按钮，打开如图9-8所示对话框，对话框中右上空白栏中填写观测量筛选的条件。如选择性别变量中值为1的男性，具体操作为将左侧"性别"变量移入右侧空白栏，在其后键入或从对话框的键盘中选择"='1'"。单击"继续"回到上一对话框，定义好输出方式后单击"确定"。完成观测量的筛选后，若用户选择的输出方式为"过滤掉未选定的个案"，系统会自动在原数据中加入一个新的变量，名称为"filter_$"，变量标签为用户定义的筛选条件语句，值标签为0 = Not Selected，1 = Selected，该变量用于控制数据中的观测量是被选择还是被过滤。若用户将这一新变量删除,则数据恢复到筛选前的正常状态。需要注意两点:一是所有筛选条件的填写都必须使用英文状态下的符号或字符;二是若用户保存后关闭数据文件,再次打开时 filter 变量及对应的值均被保存,但关闭之前临时被过滤掉的观测量回复正常状态,用户需重新定义筛选观测量。

用户也可以在筛选条件中键入诸如"年龄>=35""年龄>=35 & 性别='1'""年龄>=35 or 性别='2'"之类的筛选条件,还可以在右侧"函数组"中选择函数来定义更复杂的筛选条件。需要注意的是,若据以筛选的变量为字符型类别变量,即在左侧变量列表中系统标记为 的变量,在键入筛选条件时,需要将具体的值或代码以英文状态下的单引号引起来,否则系统不能识别;若据以筛选的变量为数值型变量,不管为何种度量标准,都无需加单引号。

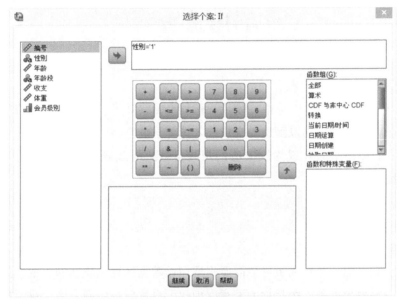

图 9-8 按条件筛选个案

(2)随机选择个案样本

在图 9-7 所示对话框中选择"随机个案样本(D)",单击"样本(S)",打开如图 9-9 所示对话框,系统提供了两种选择方式。第一种为随机选择大约多少百分比的观测量,百分比数值由用户自定义键入"大约(A)"后面的空格中。第二种方式为"精确(E)"方式,用户选中该方式

图 9-9 随机选择个案

后,在"精确(E)"后的空格中输入需要选择的观测量数据,在"从第一个开始的个案(F)"后的空格中键入小于等于原数据观测量数目的数值。如在第一个空格中输入

50，在第二个空格中输入 100，则系统会在前 100 个观测量中随机选择 50 个观测量，第 100 个以后的观测量自动全部过滤或删除。随机个案样本方式也会产生 filter_$ 变量。

（3）根据数据范围选择个案

在如图 9-7 所示对话框中选择"基于时间或个案全距（B）"，单击"范围（N）"按钮，打开如图 9-10 所示对话框，在第一个空格处填写选择的第一个观测量号，第二个空格处填写选择的最后一个观测量号，如填写 51 和 100，则第 51 个至第 100 个共 50 个观测量被选中。此种筛选方式不产生 filter_$ 变量。

图 9-10　根据数据范围选择个案

（4）使用筛选器选择个案

在如图 9-7 所示对话框中选中"使用筛选器变量（U）"，左侧变量列表中包含了数据中所有数值型变量，将据以筛选的变量移入选项下的空格中，变量值不为 0 的所有观测量都被选中，变量值为 0 或为缺失值的观测量被过滤或删除。此种筛选方式不产生 filter_$ 变量。

9.3.2　数据管理

1. 计算变量

在数据分析之前，分析人员可能需要根据原始数据计算生成新的变量。如对于满意度的研究中，需要根据各二级指标的满意度加权汇总生成总体满意度；对于广告前后的销量对比，需要计算广告后销量与广告前销量的差。下面以雇员信息数据为例（数据文件名称：09.3 雇员信息），计算每个雇员工资增加额度，数据截图如图 9-11 所示。计算变量的具体操作："转换（T）"→"计算变量（C）"，打开计算变量对话框，如图 9-12 所示。在左上角"目标变量（T）"中输入计算结果所属变量的名称，可以为数据已有的变量，也可以为新变量，如此处输入"工资涨幅"。在"数字表达式（E）"栏内填写新变量的数字表达式，表达式也可采用"函数组（G）"中的函数。此处输入"当前工资－初始工资"。此外，此例中无需操作，但可能用到的操作还有："类型与标签（L）"按钮，可以定义新变量的类型和标签，默认变量类型为 8 位数值型，可以更改为字符串类型并自定义变量宽度。左下方"如果(I)"按钮用于筛选参与计算的观测量，默认为所有个案均参与计算，用户也可以自定义筛选条件，具体筛选方法参照观测量选择方式。若定义了筛选条件，则不满足条件的观测量不参与计算。此情况下若目标变量为新变量，则值为缺失值；若目标变量为原有变量，则其值保持不变。

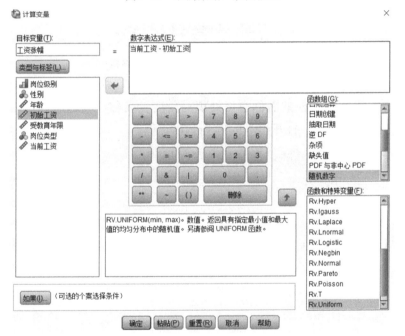

图 9-11　示例数据：雇员信息

图 9-12　计算变量对话框

2. 变量重新编码

变量重新编码在数据处理过程中非常常见。如问卷中的李克特量表，经常在很多正向表述语句中穿插若干反向表述语句。在数据分析之前，就需要将反向表述语句转换为正向表述语句后重新编码。对于被访者年龄的数据，可能需要重新编码为年龄段；对于被访者受教育程度，可能需要将"小学""初中"两个选项重新合并为"初中及以下"等。在数据视图中打开"转换（T）"菜单，可以看到有两种重新编码方式："重新编码为相同变量（S）"和"重新编码为不同变量（R）"。下面仍以数据"09.3 雇员信息"（图9-11）为例，介绍重新编码为不同变量。将数据中"受教育年限"变量重新编码为"受教育程度"，9年及以下编码为A（代表初中及以下）、10—12年编码为B（代表高中）、13—16年编码为C（代表本科）、17年及以上编码为D（代表研究生）。

打开"转换（T）"→"重新编码为不同变量（R）"，出现如图9-13所示对话框。

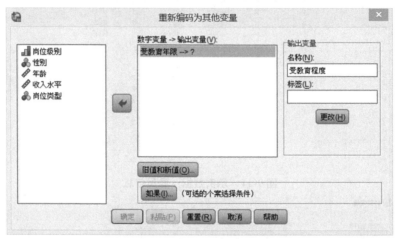

图9-13　重新编码为不同变量对话框

将左侧变量列表中的"受教育年限"变量移入中间"数字变量→输出变量（V）"栏。在右侧"输出变量"栏的名称空格处填写新变量名称"受教育程度"。点击下方"旧值和新值（O）"按钮，打开如图9-14所示对话框。

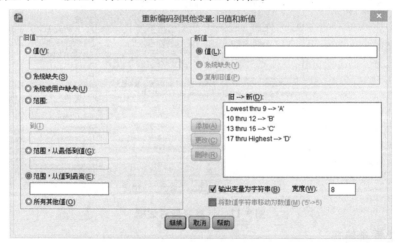

图9-14　旧值和新值的定义

新变量默认为数值型，本例中定义的新变量为字符型，需勾选右下角"输出变量为字符串（B）"选项，字符串宽度默认为8，可以不用修改或改为1。定义旧值和新值：在"旧值"栏中选中"范围，从最低到值（G）"，在其空格中输入9，在"新值"栏中的"值（L）"空格中录入A，在"旧→新（D）"栏处单击"添加（A）"；在"旧值"

栏中选中"范围",在两个空格中分别录入 10 和 12,在"新值"栏中的"值(L)"空格中录入 B,在"旧→新(D)"栏处单击"添加(A)";在"旧值"栏中选中"范围",在两个空格中分别录入 13 和 16,在"新值"栏中的"值(L)"空格中录入 C,在"旧→新(D)"栏处单击"添加(A)";在"旧值"栏中选中"范围,从值到最高(E)",在其空格中输入 17,在"新值"栏中的"值(L)"空格中录入 D,在"旧→新(D)"栏处单击"添加(A)"。完成后单击"继续"按钮,回到图 9-13 所示主界面。

若还需要对其他变量进行重新编码,则重复以上步骤,直至所有变量重新编码完成。本例中只需要对一个变量重新编码,因此无需重复以上步骤。单击右侧"更改(H)"按钮,然后单击"确定"。

本例中视图主界面回到数据编辑窗口以后,还需要对新生成的变量"受教育程度"定义值标签,具体操作见定义变量部分。

本章小结

1. SPSS 全称为 Statistical Product and Service Solutions,即"统计产品与服务解决方案"。SPSS 具有界面直观、操作简单、功能强大等特点,在数据分析领域,特别是问卷数据分析中应用非常广泛。

2. SPSS 主界面有数据视图和变量视图两种视图。SPSS 数据编辑视图中建立或保存的数据文件类型为 .sav。

3. SPSS 中另一个常用的窗口为查看器窗口,用于查看和编辑 SPSS 所有统计分析的结果,包括统计图、统计表以及各种操作的信息。查看器内容保存文件类型为 .spv 文件。

4. SPSS 数据文件建立需要首先在变量视图下对变量进行定义,变量定义的主要内容包括变量名称、变量类型、变量宽度、变量值的小数位数、变量标签、变量值标签、缺失值、变量在数据视图中的显示(列)宽度以及对齐方式、变量的度量标准、角色等。

5. SPSS 还可以打开如 Excel 等的数据文件。

6. 在 SPSS 中,用户可以根据统计分析的需要首先对数据文件进行观测量排序、观测量选择、计算变量、变量重新编码等操作。

本章思考题

1. SPSS 变量命名规则有哪些?
2. SPSS 中变量的度量标准有哪三种？对这三种数据类型进行解释。
3. SPSS 观测量选择方式有哪些?
4. 打开数据文件"09.3 雇员信息.sav"。

（1）将观测量按照年龄降序排列。

（2）将"当前工资"变量重新编码为"收入水平"变量，其中当前工资小于等于 $20 000 对应新变量的值为"低"，当前工资大于 $20 000 且小于等于 $50 000 对应新变量的值为"中"，当前工资大于 $50 000 对应新变量的值为"高"。选择收入水平为"高"的观测量，其他观测量暂时过滤。

第10章 数据的描述统计分析

@ 【学习目标】

- 理解何为基本的描述统计分析方法
- 能够绘制类别变量和序数变量频数表
- 理解度量变量的集中趋势和离散程度度量指标,能够完成相关的分析操作
- 了解描述分析和探索分析的过程和结果
- 能够根据统计分析需要绘制单变量和多变量表格
- 能够根据统计分析需要选择并绘制合适的统计图
- 能够完成多选题变量集的定义、频数分析和交叉表分析

调查数据收集整理完成以后,首先要对数据进行初步的分析,即描述统计分析,以了解数据分布的基本特征。对数据的基本描述统计分析通常包括频数分析、交叉表分析、集中趋势分析、离散程度分析、偏态和峰态分析等,统计分析的结果以表格或图形的形式呈现。本章介绍 SPSS 中基本的描述统计分析方法、统计表和统计图的绘制以及多选题的分析。

10.1 基本的描述统计分析方法

SPSS 中"分析(A)"菜单下"描述统计(E)"提供了各种基本的描述统计分析方法,包括频数(Frequencies)分析、描述(Descriptives)分析、探索(Explore)分析和交叉表(Crosstabs)分析等。本节首先介绍频数分析、描述分析以及探索分析的基本功能。特别要注意的是,在本章及后续章节介绍的数据分析中,都需要特别留意一种分析方法或图表适合何种变量类型,因为变量类型不同,能够运用的统计分析方法以及图表呈现方式会有所不同。

10.1.1 频数分析

频数分析可以完成类别变量和序数变量的频数分析、尺度变量的集中趋势和离散程度常用指标的统计分析以及相关统计图（条形图、饼图、直方图）的绘制。频数分析的具体操作为菜单"分析（A）"→"描述统计（E）"→"频率（F）"（注：软件中显示为"频率"），打开如图10-1所示对话窗，将需要进行频数分析的一个或多个变量选中后单击箭头，移至右侧"变量（V）"框中，然后根据需要进行后续操作，完成频数分析以及集中趋势和离散程度的分析。

1. 单变量频数分析

单变量频数分析可以用于分析单个类别变量、序数变量和离散的尺度变量的分布频数、频率（百分比）、有效百分比和累积百分比。在如图10-1所示的对话框中，将待分析变量选择好以后，确保左下角"显示频率表格（D）"默认为勾选状态，单击"确定"即可完成频数表。

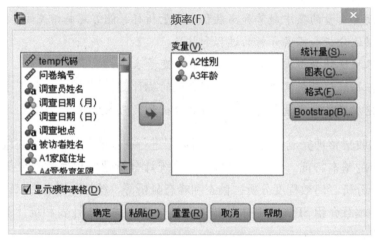

图10-1 频数分析对话框

如需绘制统计图，单击如图10-1所示对话框中的"图表（C）"，根据需要选择饼图或条形图等。见图10-2。

如需设置统计表的显示格式，单击如图10-1所示对话框中的"格式（F）"按钮，打开格式对话框。见图10-3。"排序方式"用于设置频数表中变量类别的排序方式，默认为按照变量类别代码（或类别值）的升序排列，用户还可选择按照类别代码（或类别值）的降序排列、按照类别频数升序或降序排列。"多个变量"用于设置在多个变量同时进行频数分析时结果的呈现形式。"比较变量（C）"是按照统计分析的结果类

图10-2 频数分析"图表"选项

型来呈现，在频数分析中，先呈现一张所有变量及观测量数量汇总表（统计表），包括变量列表、有效值及缺失值，然后呈现各变量频数表，有几个变量就有几张表格，如果有统计图，最后呈现各变量统计图。"按变量组织输出（O）"首先呈现第一个变量的所有统计分析结果，包括观测量数量统计表、频数表、统计图，然后是下一个变量的统计分析结果，直至所有变量结果输出完成。"排除具有多个类别的表"用于设置在变量类别过多的情况下，频数表是否呈现。如果勾选了该选项，并设置了最大类别数，那么若变量值类别数大于设置的值，则统计分析结果中不显示频数表。

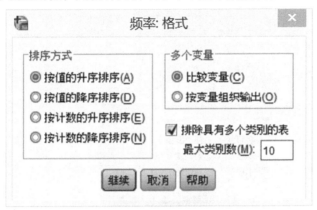

图 10-3　频数分析格式设置

表 10-1 为某次问卷调查被访者年龄的频数表。从频数表中可以看出不同年龄段的被访者人数（频数）和总人数、所占百分比、有效百分比和累积百分比。有效百分比为各组观测量占排除缺失值后总观测量的百分比，因此在存在缺失值时更能反映各组的分布情况。值得注意的是，虽然统计结果中都会给出累积百分比，但是对于类别变量来说，因为变量值没有大小、多少的概念，因此累计百分比是没有意义的，对于序数变量和尺度变量，累积百分比才有意义。

表 10-1　被访者年龄分布频数表

	分类	频数	百分比/%	有效百分比/%	累积百分比/%
有效	30—64 岁	271	22.6	22.6	22.6
	65—69 岁	379	31.6	31.6	54.2
	70—74 岁	310	25.8	25.8	80.0
	75—79 岁	153	12.8	12.8	92.8
	80 岁及以上	87	7.3	7.3	100.0
	总计	1 200	100.0	100.0	

2．集中趋势和离散程度分析

对于连续的尺度变量，如身高、体重、收入等，因其值分布较多，不方便一一列举，因此频数分析不适用，可以进行集中趋势和离散程度分析。在图 10-1 频数分析对话框中，将待分析的变量送至"变量（V）"栏，左下角"显示频率表格（D）"选项不要勾选，单击右侧"统计量（S）"，打开如图10-4所示统计量对话框，可以看到频数分析能够输出的各统计量，用户只需勾选相应统计量，单击"继续"即可完成统计分析。

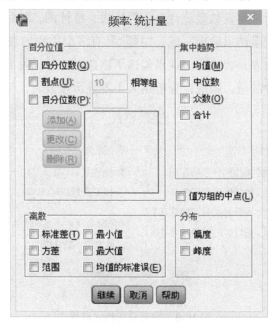

图10-4 频数分析"统计量"选项

（1）集中趋势

集中趋势用来描述数据分布的一般水平，选项中给出了集中趋势的各测度指标，包括均值、中位数、众数和合计。① 均值是所有观测量变量值的简单算术平均数，是集中趋势测度中最常用的统计量。② 中位数即将所有观测量从小到大或从大到小排序，处于中间位置的数，所有观测量中，比中位数大和比中位数小的观测量各占50%。中位数还适用于序数变量。③ 众数即出现次数最多的数，有时数据中会存在不止一个众数，SPSS输出结果中默认给出一个最小的众数。众数还适用于类别变量和序数变量。④ 合计即所有观测量变量值的和。

（2）百分位值

在中位数的基础上理解百分位值更容易。①"四分位数"即将数据从小到大排序，在25%、50%和75%位置的三个数，即将所有观测量按大小四等分的三个数据点，依次又称为下四分位数、中位数和上四分位数。②"割点"即将观测量按照指定数量等分的对应数据点，如五等分点，对应的四个百分位数分别在20%、40%、60%、80%位置。③"百分位数"用于添加除四分位数和割点外指定位置的百分位数，可以添加多个百分位数。

（3）离散程度

离散程度即数据分布远离其中心的程度，选项中给出了离散程度的各测度指标，包括最小值、最大值、范围、标准差、方差和均值的标准误。① 范围也称全距，即变量的最大值与最小值的差。② 标准差和方差描述数据远离其中心位置的程度，标准差的平方为方差。在统计软件中，默认所有数据均为样本数据，因此结果中呈现的标准差和方差均为样本标准差和方差。③ 均值的标准误为样本均值抽样分布的标准差，也即第3章中提到的用样本均值估计总体均值时的平均抽样误差。

（4）分布形状

数据分布的形状用偏度和峰度描述。① 偏度系数用来描述数据分布的对称性。偏度系数等于0，数据为对称分布；偏度系数大于0，数据为正偏分布，也称右偏分布，分布图中右边有一条长长的尾巴；偏度系数小于0，数据为负偏分布，也称左偏分布，分布图中左边有一条长长的尾巴。偏度系数的绝对值越大，数据分布的偏斜程度越大。② 峰度系数用于描述数据分布的陡度。峰度系数为0，数据分布与正态分布陡度相同；峰度系数大于0，数据分布比正态分布陡；峰度系数小于0，数据分布比正态分布平缓。对于数据分布的形状，可以结合统计图如直方图、箱图等来看，更加直观形象。如需绘制统计图，在如图10-1所示对话框中单击"图表（C）"，选择直方图，勾选"在直方图上显示正态曲线（S）"。

表10-2 为某公司雇员收入水平的描述统计分析结果。

表 10-2　某公司雇员收入水平的描述统计分析结果

N	有效	385
	缺失	0
均值		$ 34,942.31
中值		$ 28,500.00
众数		$ 24,450[a]
标准差		$ 17,930.648
方差		321 508 137.351
偏度		2.069
偏度的标准误		0.124
峰度		4.959
峰度的标准误		0.248
全距		$ 119,250
极小值		$ 15,750
极大值		$ 135,000
百分位数	25	$ 24,000.00
	50	$ 28,500.00
	75	$ 38,625.00

a. 存在多个众数，显示最小值。

10.1.2 描述分析

描述分析过程可以完成对尺度变量的基本描述统计分析,包括常见的集中趋势和离散程度统计量。具体操作为菜单"分析(A)"→"描述统计(E)"→"描述(D)",打开描述分析对话框,如图10-5所示。将待分析变量移入"变量(V)"框。

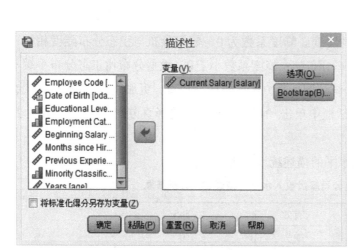

图10-5 描述分析对话框

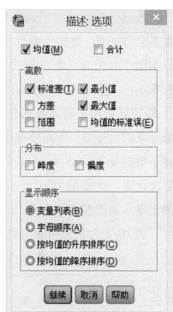

图10-6 描述分析"选项"

用户如需生成变量的标准化得分值(Z分数),勾选左下角"将标准化得分另存为变量(Z)",然后单击"确定",系统将会生成一个新的变量,变量名称为"Z" + 原始复量名,变量值为该变量的Z分数。Z分数(Z-score)又称标准分数,为变量值与变量算术平均数的差再除以变量的标准差,表示变量值偏离算术平均数Z倍的标准差,从而测定该变量值在所有变量值中的相对位置。

集中趋势和离散程度、分布形状等指标的分析需单击"选项(O)",打开如图10-6所示对话框,用户只需勾选需要的统计量指标,单击"继续"即可。

10.1.3 探索分析

探索分析可完成对尺度变量的常规描述统计分析,还可输出均值的置信区间估计,计算切尾平均数,进行异常值和极端值检测;绘图功能包括绘制茎叶图、直方图和箱图;还可对数据进行分组对比分析和统计图绘制。探索分析具体操作为菜单"分析(A)"→"描述统计(E)"→"探索(E)",打开探索分析对话框,如图10-7所示。将待分析变量移入"因变量列表(D)",根据需要完成其他设置后,单击"确定"即可。

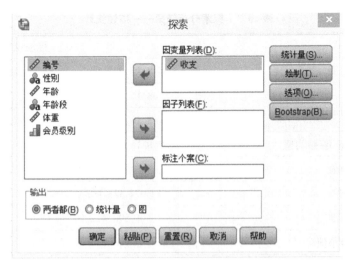

图 10-7 探索分析对话框

在如图 10-7 所示对话框中单击"统计量（S）"按钮，打开如图 10-8 所示对话框，默认勾选的统计量为均值的 95% 置信区间估计。"M-估计量（M）"选项为计算集中趋势的稳健估计，该统计量是由对观测量进行加权的方法计算出来的，一般受异常值影响较小。如果该统计量离均值较远，则说明数据中可能存在异常值，此时宜用该估计值替代均值以反映集中趋势。常用的 M 估计方法有 Huber 估计、Andrew 估计、Hampel 估计和 Tukey 估计，其中 Huber 估计适用于数据接近正态分布

图 10-8 探索分析"统计量"选项

的情况，另三种则适用于数据中有许多异常值的情况。"界外值（O）"选项为输出最大的 5 个值和最小的 5 个值。"百分位数（P）"选项为输出位于 5%、10%、25%、50%、75%、90% 和 95% 位置的百分位值。

表 10-3 为勾选描述统计量后对某俱乐部 120 名会员收支水平的统计分析结果。从表 10-3 可以看出，探索分析除了计算常规的描述统计量以外，还给出了均值的 95% 置信区间估计，置信下限为 15 098.75 美元，置信上限为 16 758.25 美元；5% 修整均值是去掉观测量中变量值最高的 5% 和最低的 5% 后，剩下的 90% 的观测量取算术平均数，这样做的目的是使平均数免受极端值的影响；四分位距为上四分位数与下四分位数之差。

表 10-3　探索分析结果——描述统计

		统计量	标准误
均值		$ 15,928.50	$ 419.045
均值的95%置信区间	下限	$ 15,098.75	
	上限	$ 16,758.25	
5% 修整均值		$ 15,506.85	
中值		$ 14,250.00	
方差		21 071 878.403	
标准差		$ 4,590.412	
极小值		$ 9,000	
极大值		$ 34,000	
范围		$ 25,000	
四分位距		$ 3,225	
偏度		1.783	0.221
峰度		3.517	0.438

除了对单个尺度变量进行分析以外，探索分析还可以对尺度变量进行分组对比分析，在如图10-7所示对话框中，将欲进行对比分析的分组变量从左侧变量列表中移入"因子列表（F）"栏，如将"性别"变量移入"因子列表（F）"栏，对收支进行分析，则以上所有对收支的统计分析结果、统计图表均按照性别分开输出。

在如图10-7所示对话框中单击"绘制（T）"按钮，出现如图10-9所示对话框，可以看到探索分析能够绘制的统计图类型，包括箱图、茎叶图和直方图。"带检验的正态图（O）"复选框为输出正态Q-Q图和去趋势正态Q-Q图，以及正态性检验结果。

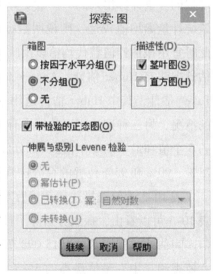

图10-9　探索分析"绘图"选项

10.2 创建统计表

在市场调查报告中,有时需要将数据以汇总表格或嵌套表格的形式呈现出来,如在呈现问卷调查样本分布时,用户可能需要将被访者的基本信息以汇总的频数表的形式输出,或在数据分析时,可能需要呈现三维表格等。在 SPSS 中,允许用户根据分析需要自定义构建单变量和多变量表格。具体操作为菜单"分析(A)"→"表(B)"→"定制表(C)",打开如图 10-10 所示设定表格提示框,提示用户在创建表格之前,应先定义好变量类型、标签、值标签、测度方式等属性,因为这些属性将决定表格中的统计量和行、列标题,单击"确定"按钮,打开表格设定和预览界面。如图 10-11 所示,左侧为变量列表,右侧空白处为表格预览区。

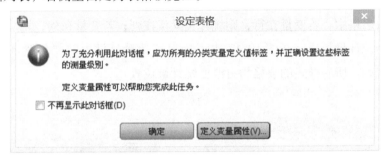

图 10-10 设定表格提示框

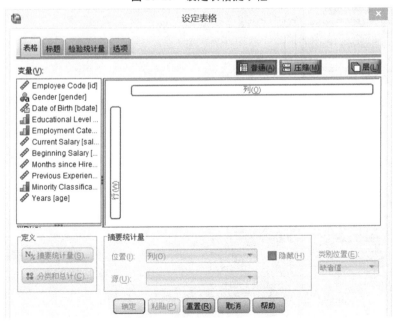

图 10-11 表格设定和预览界面

10.2.1 单变量表格

在如图 10-11 所示对话框中，将左侧待分析的变量用鼠标拖动至右侧"行（W）"或"列（O）"字样的方格内，直至方格外框变成红色，放开鼠标即可完成变量表格的初步设定，在表格预览区可看到表格的基本样式。

1. 类别变量和序数变量表格

若选择的变量为类别变量或序数变量，则表格预览显示如图 10-12 所示。第一列"Gender"为变量标签（若无标签设置，则显示变量名），第二列中的"Female""Male"为变量值标签，第三列"计数"为系统默认的统计量。若用户想更改统计量，单击左下角"定义"框中的"摘要统计量（S）"，打开如图 10-13 所示自定义统计量对话框，用户可以根据需要选择左侧的统计量移入右侧"显示（D）"框，并设置统计量显示的格式，如小数点位数等。设置好以后，单击"应用选择"回到表格设定和预览界面，单击"确定"完成表格创建。

在单变量表格中，若变量在行，则统计量默认在列；若变量在列，则统计量默认在行。若想改变统计量位置，在图 10-12 中"摘要统计量"框中的"位置（I）"下拉选项中选择行或列。所有样式的表格均可改变统计量位置。

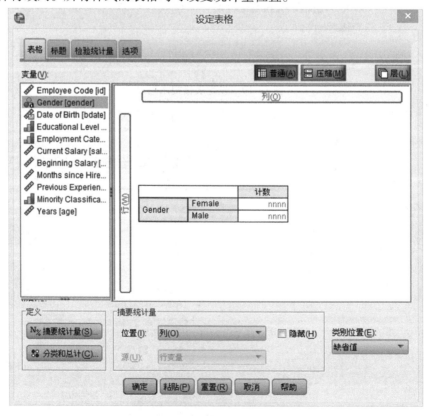

图 10-12　表格预览显示

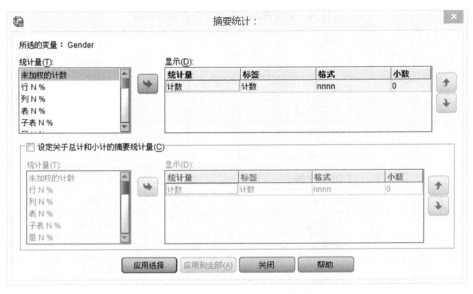

图 10-13　自定义统计量对话框

2．尺度变量表格

若用户选择的变量为尺度变量，则表格预览区域显示变量名称，默认的统计量为均值。打开"摘要统计量（S）"对话框，用户可以看到类似于图 10-13 的自定义统计量对话框，只是"统计量（T）"一栏不再首选推荐各频率统计量，而是集中趋势和离散程度的相关描述统计量。

10.2.2　多变量表格

市场调查中常用的多变量表格包括堆栈表格、交叉表格和嵌套表格。

1．堆栈表格

堆栈表格中各个变量为并列关系，如表 10-4 所示。当调查人员需要呈现样本分布时，堆栈表格是个不错的选择。堆栈表格的创建有两种方法。第一种方法为在如图 10-11 所示对话框中，选中待分析的所有变量，拖动至预览区的行或列方格中，即可完成堆栈表格的创建。第二种方法为将待分析变量分多次拖入预览区，第一个变量按照创建单变量表格的方式拖入预览区，第二个变量需拖动至预览表格中第一个变量的下方，出现与第一个变量列和变量值标签列等宽的红色方框时方可松开鼠标，将变量依次逐个拖入预览区。运用第二种方法创建的表格，在定义摘要统计量时，若想所有变量的统计量相同，则需要用户使用图 10-13 中的"应用到全部（A）"。

表 10-4 呈现样本分布的多变量堆栈表格

	分类	计数	列 N %
性别	男	70	58.33%
	女	50	41.67%
年龄段	29 岁及以下	5	4.17%
	30—39 岁	17	14.17%
	40—49 岁	64	53.33%
	50—59 岁	17	14.17%
	60—69 岁	15	12.50%
	70 岁及以上	2	1.67%
会员级别	至尊会员	26	21.67%
	金卡会员	34	28.33%
	银卡会员	40	33.33%
	初级会员	20	16.67%

2．交叉表格

交叉表格在行和列均设置了变量，可以呈现两个甚至三个变量之间的相关或因果关系，如表 10-5 和 10-6 所示。以表 10-5 和 10-6 为例，交叉表格的创建方法如下：① 将"性别"变量拖至预览区的行变量方框内；② 将"受教育程度"变量拖至列变量方框内；③ 将"是否孤独"变量拖动至列标题下方，出现与列标题等宽的红色方框时松开鼠标；④ 单击预览表格中的"性别"变量以激活"摘要统计量（S）"按钮，单击该按钮，打开自定义统计量对话框，在自定义统计量对话框中移入"行 N%"统计量，将"计数"统计量移出，设置行百分比小数位数为 2，单击"应用选择"，回到表格设定和预览窗口；⑤ 在"摘要统计量（S）"的"位置（I）"下拉菜单中选择"行（W）"，将统计量位置设置为行，单击"确定"即可完成表 10-6。省略掉其中的第③步则生成表 10-5。

表 10-5 双变量交叉表格

分类			受教育程度		
			初中及以下	高中	大学
性别	男	行 N %	58.74%	25.65%	15.61%
	女	行 N %	75.38%	17.37%	7.25%

表10-6 三变量交叉表格

分类			受教育程度					
			初中及以下		高中		大学	
			是否孤独		是否孤独		是否孤独	
			否	是	否	是	否	是
性别	男	行 N %	41.46%	58.54%	49.28%	50.72%	46.43%	53.57%
	女	行 N %	37.47%	62.53%	44.35%	55.65%	62.50%	37.50%

3. 嵌套表格

嵌套表格中所有变量都在行（或列），统计量在列（或行），如表10-7所示。创建嵌套表格时首先将一个变量拖至预览区的行方框内，将第二个变量拖至行变量的左边或右边，当出现红色方框时松开鼠标，形成行嵌套表格；若第一个变量在列，将第二个变量拖动至第一个变量的上面或下面，则形成列嵌套表格。

表10-7 双变量嵌套表格

分类				计数	列 N %
性别	男	受教育程度	初中及以下	316	58.74%
			高中	138	25.65%
			大学	84	15.61%
	女	受教育程度	初中及以下	499	75.38%
			高中	115	17.37%
			大学	48	7.25%

10.3 制作统计图

在SPSS中，打开数据后，单击"图形（G）"→"图表构建器（C）"，在弹出的对话框中单击"确定"，可以看到SPSS能够绘制的统计图类型[①]，如图10-14所示。这里只介绍几种常用统计图形的绘制和编辑方法。

---

① SPSS为尊重老用户的使用习惯，将早期版本的绘图菜单收入到"图形"→"旧对话框"菜单下，老用户可以在该菜单下选择对应的图形，完成统计图的绘制。对于新学者来说，建议使用"图表构建器"完成统计图制作。

图 10-14　SPSS 图表构建器

10.3.1　饼图

饼图适合于单个定类变量、定序变量或者变量值的个数有限的定距变量、定比变量分布特征的呈现。以职场人通勤方式的数据（10.3 通勤.sav）为例，在如图 10-14 所示界面中，左下角"库"中选择"饼图/极坐标图"，将出现的饼图拖动至右上方的图形预览界面中，将左上角变量列表中的"通勤方式"拖动至图表预览窗口中的"分区依据"位置，单击下方"确定"，即可生成图形。

单击生成的统计图，可以打开图形编辑界面，可以编辑图形的大小、颜色、布局、边框、坐标、数字标签、字体、字号、标题等，用户需要经过反复练习、尝试，实现图表的编辑美化。职场人通勤方式饼图如图 10-15 所示。

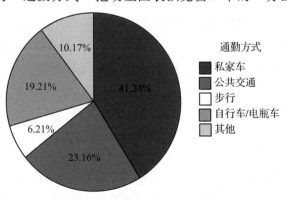

图 10-15　职场人通勤方式饼图

10.3.2 条形图

条形图能够呈现的数据信息量较饼图大,而且形式多样。条形图既可以是横向的条形,也可以是纵向的柱形;包括简单条形图、分类条形图和堆积条形图;条的高度(长度)既可以表示频数、频率,又可以是统计量,如均值、标准差等;条形图中条(或柱)可以表示同一分类变量中的不同类别,也可以表示不同的变量,还可以表示同一变量的不同统计量。

1. 简单条形图

(1)简单条形图可以实现饼图的功能

仍以职场人通勤方式的数据为例,在图 10-14 的图表构建器中,选择左下角"库"中的"条形图",在右下角出现的各类条形图中,选择第一个"简单条形图"拖动至图形预览右上方的图形预览区中,将左上角变量列表中的"通勤方式"拖动至图表预览窗口中的"是否为 X 轴"位置,单击下方"确定",即可生成图形(图 10-16)。经过编辑以后的纵向和横向条形图如图 10-17 所示。

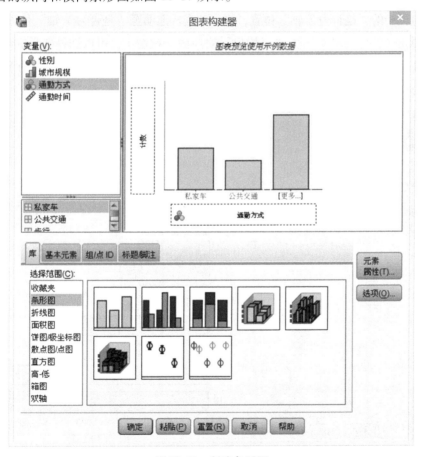

图 10-16 创建条形图

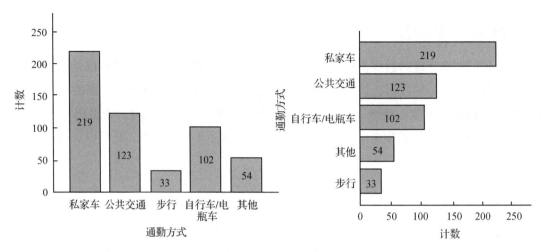

图 10-17 横向和纵向的条形图

（2）简单条形图可以用于分类对比

在 SPSS 中，绘制统计图时还可以实现统计的功能，如条的高度（长度）不再是频数，而是另一个尺度变量的统计量，如均值。在如图 10-16 所示界面中，将分类变量拖动至图表预览区中的"是否为 X 轴"位置，将尺度变量拖动至"是否为 Y 轴"位置，在弹出的窗口中单击"统计（S）"下方"平均值"对应的下拉箭头，可以选择变量的统计指标，默认为"平均值"，如图 10-18 所示。图 10-19 为某公司不同受教育年限的员工的平均工资。

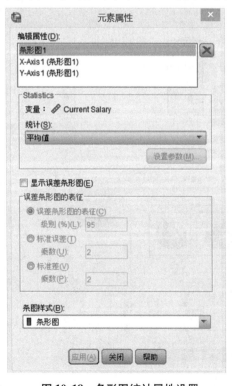

图 10-18 条形图统计属性设置

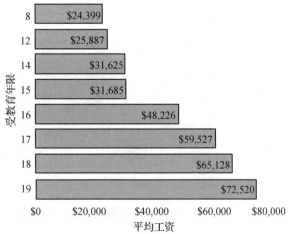

图 10-19 条形图示例

2. 分类条形图

分类条形图可以在简单条形图的基础上再引入一个分类变量，实现该分类变量类别下的对比。以图 10-20 为例，在图 10-16 的图形界面中，选择右下角图形中的第二个条形图拖动至图表预览区，然后将第一个分类变量"通勤方式"拖动至预览区的"X 轴上的聚类：设置颜色"处，将第二个分类变量"城市规模"拖动至"是否为 X 轴"，单击"确认"。

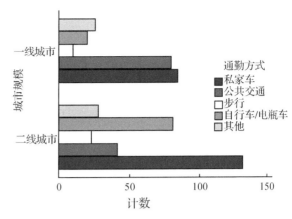

图 10-20　分类条形图

3. 堆积条形图

堆积条形图除了具有简单条形图的功能——展示类别的分布情况——以外，还可以引入一个新的变量，实现类别内部（每个条或柱的内部）的分类和堆积，便于查看每个类别内部的分布情况。在图 10-16 的界面中，选择左下角"库"中的"条形图"，在右下角出现的各类条形图中，选择第三个"堆积条形图"拖动至图形预览右上方的图表预览区中，将"城市规模"变量拖入"是否为 X 轴"位置，将"通勤方式"变量拖入"堆积：设置颜色"位置，单击"确定"。经过编辑的堆积条形图如图 10-21 所示。

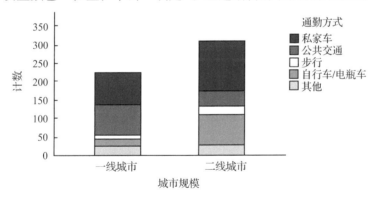

图 10-21　堆积条形图

10.3.3　折线图

折线图非常适合表现随时间的变化所观测变量的值或统计量的变化，因此，折线图是呈现时间序列数据的最佳选择。折线图包括单线图和多线图，一般横轴为时间，纵轴为所观测变量的值或对应的统计量（如均值、标准差等）。此处以从某旅游网站收集到的某城市三个旅游景区的评论数据（10.3 景区评论数据.sav）为例，绘制单线图和多线图。

1. 单线图

打开"10.3 景区评论数据.sav",在图 10-14 的图表构建器中,选择左下角"库"中的"折线图",看到有单线图和多线图两种形式的折线图可供选择,将"单线图"拖至图表预览界面,在变量列表中选择"时间"变量拖至 X 轴位置,单击"确定",如图 10-22 所示。绘制好以后经过编辑的折线图如图 10-23 所示。

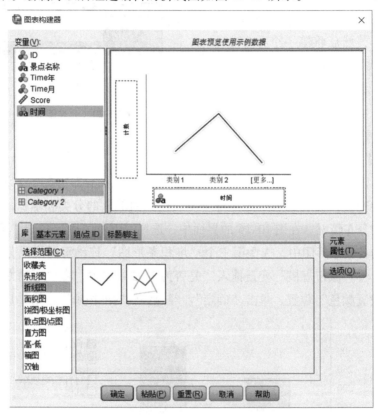

图 10-22 绘制折线图

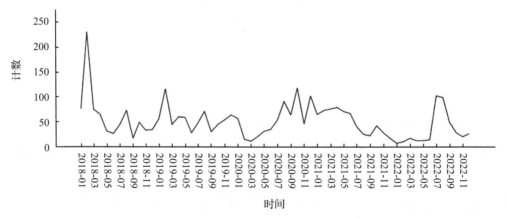

图 10-23 景区评论数量折线图

可以绘制纵坐标带有统计功能的折线图。仍以景区评论数据为例,在图 10-22 的绘制折线图界面中,将"时间"变量拖至 X 轴位置,将"Score"变量拖至 Y 轴位置。绘制好以后经过编辑的折线图如图 10-24 所示。

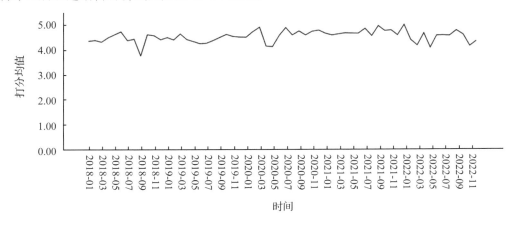

图 10-24 景区评论打分折线图

2. 多线图

仍以景区评论数据为例,在图 10-22 的绘制折线图界面中,将多线图拖至图表预览区,将"时间"变量拖至 X 轴位置,将"景点名称"变量拖至预览区右上角的"设置颜色"虚线方框内。绘制好以后经过编辑的折线图如图 10-25 所示。

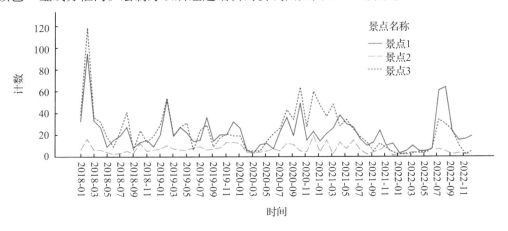

图 10-25 多景点评论数量折线图

10.4 多选题分析

在调查问卷中,多选题通常是不可避免的。多选题的编码方式有两种。若对于一般多选题,将一道多选题拆分为多个二分变量,每一个选项对应一个变量,值为 1 或 0,这种方法称为二分法;若多选题为限定选择型,除了以上二分法的编码方式外,还可以考虑用分类变量进行编码,如限选三项,则定义三个分类变量,每个变量的值均为各选项的代码,这种方法称为分类变量法。后期的数据分析通常是将对应的所有变量定义为变量集,然后对该变量集进行统计分析。

10.4.1 定义变量集

1. 定义二分变量集

在 SPSS 中,用户首先需定义变量集,以告知系统哪些变量对应一道多选题。以数据"10.4 多选题示例.sav"为例,定义变量集的方法为① 打开数据以后,选择"分析(A)"→"多重响应(V)"→"定义变量集(D)",打开多重响应变量定义对话框,如图 10-26 所示。可以看到左侧变量列表中已经存在的变量,包括"退休后的闲暇活动"多选题对应的"看电视/听广播"等八个变量,这八个变量的值为 0 或 1;"最喜欢的闲暇活动"对应的三个变量,对应的值分别为 1—8,表示八个选项。② 将左侧同属于"退休后的闲暇活动"多选题的八个变量依次或一次性选中移入右侧"集合中的变量(V)"栏中。③ 在"将变量编码为"中选择默认的"二分法(D)",计数值录入表示"是"的代码"1"。④ 在"名称(N)"栏中录入变量名称"退休后的闲暇活动",标签栏用于输入变量集名称的标签,此例中无需输入。⑤ 以上操作完成后,右侧"添加(A)"按钮变为可选状态,单击该按钮,将刚刚定义的变量集添加至最右侧"多响应集(S)"栏中。变量集显示为"$退休后的闲暇活动",名称前面的符号 $ 为系统自动添加,用以区别于其他普通变量。⑥ 若需定义多个变量集,重复以上步骤,所有变量集定义好后单击"关闭"。需要注意的是,用户定义的变量集在用户关闭数据文件后,是无法保存的,用户下次打开数据文件需重新定义。

图 10-26 定义多选题变量集

2. 定义分类变量集

若多选题为限定选择型，则可以采用分类法来定义变量和变量集，以"最喜欢的闲暇活动"为例，若限选三项，则可以定义三个分类变量，将对应的变量名称定义为"最喜欢的闲暇活动一""最喜欢的闲暇活动二""最喜欢的闲暇活动三"，三个变量的值均为1—8，分别代表选项中的各项休闲活动内容。分类变量集的定义方法基本与二分变量集相同，如图10-26所示，只是步骤②中，将左侧变量中的对应的三个变量移入右侧"集合中的变量（V）"栏中，步骤③在"将变量编码为"中应选择"类别（G）"，范围定义为1到8。其他各步相同。

需要注意的是，在定义变量集时，"将变量编码为"选项中计数值和分类法的值的范围，都必须输入数值型变量。

10.4.2 多选题数据的频数分析

用户定义好多响应变量集后，再次打开"分析（A）"→"多重响应（U）"，会发现菜单下的"频率（F）""交叉表（C）"两个子菜单由原来的灰色变为可操作。单击"频率（F）"，打开频数分析对话框，如图10-27所示。左侧"多响应集（M）"中显示用户已经定义好的变量集。用户可以看到定义好的变量集前面的图标，二分变量集和分类变量集是有区别的。将待分析的变量移入右侧"表格（T）"栏中。"缺失值"用于定义缺失值的处理方法，对于二分变量集，未勾选时只有观测量变量集的值均不含有计数值1，系统才剔除该观测量；选项"在二分集内按照列表顺序排除个案（D）"表示只要观测量变量集中存在一个缺失值变量，系统在做频数分析时就会将该观测量排除在外。对于分类变量集，未勾选时只有变量集中的所有变量均为缺失值，系统才将该观测量排除；选项"在类别内按照列表顺序排除个案（G）"表示只要观测变量集中存在一个缺失值，该观测量就会被排除。

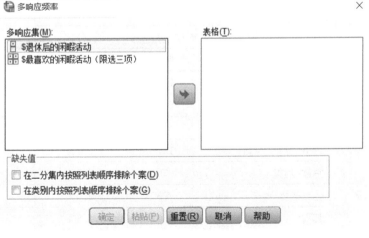

图10-27 多选题数据的频数分析

多响应变量集的频数分析结果为两个表格。第一个表格为个案摘要（表格略），给出有效观测量和带有缺失值的观测量数；第二个表格为频数表，如表 10-8 和 10-9 所示。表 10-8 为二分变量集的频数表，表中三列统计数据分别为响应次数、响应百分比（为响应次数占合计响应次数的百分比）、个案百分比（为响应次数占观测量的百分比）。从响应百分比可以看出，"看电视/听广播"为退休后最主要的闲暇活动，占所有活动的 28.9%；从个案百分比可以看出，72.5% 的被访者退休后的闲暇活动包括"看电视/听广播"，个案百分比合计 251.1%，说明平均每个被访者选出的闲暇活动数为 2.511 项，该值的大小反映老年人在退休后活动的丰富程度。表 10-9 为分类变量集的频数表，因为每名被访者均要求选定三项，因此表中个案百分比的和为 300.0%。

表 10-8　退休后的闲暇活动频数表

分类		响应		个案百分比
		响应次数	百分比	
$ 退休后的闲暇活动 a	看电视/听广播	869	28.9%	72.5%
	聊天/打牌	605	20.1%	50.5%
	料理家务	511	17.0%	42.7%
	照看孙辈	415	13.8%	34.6%
	读书/看报/绘画	226	7.5%	18.9%
	唱歌/跳舞	145	4.8%	12.1%
	体育锻炼	159	5.3%	13.3%
	其他	78	2.6%	6.5%
总计		3 008	100.0%	251.1%

a. 值为 1 时制表的二分组。

表 10-9　最喜欢的闲暇活动（限选三项）频数表

分类		响应		个案百分比
		响应次数	百分比	
$ 最喜欢的闲暇活动(限选三项)	看电视/听广播	892	24.8%	74.5%
	聊天/打牌	722	20.1%	60.3%
	料理家务	898	25.0%	75.0%
	照看孙辈	678	18.9%	56.6%
	读书/看报/绘画	187	5.2%	15.6%
	唱歌/跳舞	78	2.2%	6.5%
	体育锻炼	73	2.0%	6.1%
	其他	66	1.8%	5.5%
总计		3 594	100.0%	300.0%

10.4.3 多选题数据的交叉表分析

用户定义好多响应变量集后，可以进行多响应变量与数据中的分类变量的交叉分析，以达到对比分析的目的，如对比分析男性和女性退休后的闲暇活动有何差异。具体操作如下：① 定义好变量集后，打开"分析（A）"→"多重响应（U）"→"交叉表（C）"，出现如图10-28所示交叉表对话框。② 数据文件中原有的变量在左上栏内，定义好的多响应变量集在左下栏内，将待分析的多响应变量集和数据文件中原有数值型分类变量（注意：一定要为数值型分类变量，字符型分类变量不可以）分别移入右侧行和列（或列和行），本例中将"＄退休后的闲暇活动"移入行，将性别变量移入列。③ 定义原变量取值范围。移入的性别变量显示为"性别(？？)"，选中该变量，单击"定义范围（G）"按钮，打开如图10-29所示对话框，定义性别变量值的范围。"最小值"输入"1"，"最大值"输入"2"，（1和2在性别原变量中分别代表男和女），单击"继续"，则图10-28中的列变量显示变为"性别（1 2）"。定义值的范围时可以取变量值的一部分，如列变量为年龄段，变量编码为1—6，1为"60—64 岁"，2为"65—69"岁，依此类推，分别代表各个不同的年龄段，输入最小值1、最大值2，则输出的交叉表中只显示这两个年龄段的对比分析结果，3—6年龄段不显示。④ 单击"选项（O）"按钮，打开选项对话框，如图10-30所示。"单元格百分比"定义输出百分比为行百分比、列百分比或者总计百分比；"跨响应集匹配变量（M）"选项仅用于行列变量均为多响应分类变量集的情况，用于确定输出的交叉表中各变量集中的变量之间的对应关系；"百分比基于"用于定义单元格中的百分比是观测量（个案）百分比还是响应百分比；"缺失值"处理与多响应变量集的频数分析中的操作相同。本例中选择基于观测量的列百分比，单击"继续"，回到交叉表定义对话框，单击"确定"。分析结果如表10-10所示。

图10-28 制作多选题交叉表

图10-29 制作多选题交叉表时定义变量范围

图 10-30 制作多选题交叉表时定义单元格

表 10-10 退休后的闲暇活动 * 性别交叉表

分类			性别		总计
			男	女	
$退休后的闲暇活动 a	看电视/听广播	计数	402	467	869
		性别内的百分比	74.9%	70.7%	
	聊天/打牌	计数	283	322	605
		性别内的百分比	52.7%	48.7%	
	料理家务	计数	164	347	511
		性别内的百分比	30.5%	52.5%	
	照看孙辈	计数	162	253	415
		性别内的百分比	30.2%	38.3%	
	读书/看报/绘画	计数	154	72	226
		性别内的百分比	28.7%	10.9%	
	唱歌/跳舞	计数	40	105	145
		性别内的百分比	7.4%	15.9%	
	体育锻炼	计数	94	65	159
		性别内的百分比	17.5%	9.8%	
	其他	计数	40	38	78
		性别内的百分比	7.4%	5.7%	
总计		计数	537	661	1198

a. 值为 1 时制表的二分组。

本章小结

1. 描述统计可以呈现变量分布的基本特征。对类别变量和序数变量的常见基本描述统计分析方法包括绘制频数表、饼图、条形图等。对尺度变量的常用描述统计分析方法包括集中趋势、离散程度、分布形状的度量，统计表等。SPSS中"分析（A）"菜单下"描述统计（E）"提供了各种基本描述统计分析方法，包括频数分析、描述分析、探索分析等，可以完成对数据的基本描述统计分析。

2. 通过SPSS菜单"分析（A）"→"表（B）"→"定制表（C）"可以创建统计表，包括单变量表格、多变量堆栈表格、多变量交叉表格和多变量嵌套表格等。

3. 通过SPSS菜单"图形（G）"→"图表构建器（C）"可以绘制常用的各种统计图，如饼图、条形图、折线图等，还可以根据需要对图表进行编辑和美化。

4. 多选题的分析需要首先定义变量集，然后可以对变量集进行频数分析、交叉表分析等。

本章思考题

1. 描述统计分析的目的是什么？
2. 类别变量和序数变量可以采用的描述统计分析方法有哪些？
3. 尺度变量的描述统计分析指标有哪些？对这些指标进行解释。
4. 多选题的编码方式是什么样子的？在进行数据分析之前，应如何定义变量集？

第11章 假设检验

【学习目标】

- 理解假设检验的基本思想及相关概念
- 能够读懂假设检验的结果
- 理解均值比较方法
- 能够完成 t 检验和单因素方差分析，并对结果进行解读
- 能够完成双变量交叉表制作及卡方检验，并对结果进行解读

前面各章讲述的分析方法都是对调查结果的客观呈现，能够帮助分析人员发现变量的基本特征以及变量之间的初步关系，这种分析方法称为描述统计。更多时候，分析人员需要基于现有数据、超越现有数据，对样本以外的总体变量之间的关系进行验证。通常的做法是研究人员首先提出一些假设，通过现有数据对提出的假设进行检验，如这家超市比其他超市具有更高的消费者满意度，新广告比旧广告具有更好的宣传效果，每个家庭平均每月外出就餐超过3次，年轻消费者比中年消费者更喜欢店铺的新装修风格。对于这些假设的检验，需要用到统计中的推断统计之假设检验。

本章将基于基础统计学，介绍假设检验的基本思想以及在市场调查数据分析中的应用。

11.1 假设检验的基本思想

11.1.1 原假设和备择假设

某化妆品针对40岁左右的中年女性，为检验购买者的平均年龄是否为40岁，调查

人员对购买者进行了抽样调查，并统计了被访者的平均年龄。分析结果显示，被访者的平均年龄为41岁，你的结论是什么？如果被访者的平均年龄为50岁，你的结论又是什么？

在这个例子中，调查人员首先需要对购买者年龄的均值做出假设：假设购买者年龄的均值为40岁，这个带等号的假设称为原假设，用H_0表示，与原假设对立的情况就是购买者年龄的均值不等于40岁，这个假设称为备择假设，用H_1表示。原假设和备择假设是关于总体参数（均值、比例等）的陈述，原假设是带有等号的陈述（=、≥、≤），备择假设是原假设的对立陈述（≠、<、>）。化妆品的例子中的原假设和备择假设为：

H_0：购买者的平均年龄 = 40 岁

H_1：购买者的平均年龄 ≠ 40 岁

11.1.2 两类错误和显著性水平

在抽样调查中，我们无法确定对总体所做的假设是否为真，但可以肯定的是，无论我们拒绝原假设还是不拒绝原假设，我们都有可能会给出错误的结论。在总体真实值符合原假设，即原假设正确的情况下，若我们得出的结论是不拒绝原假设，那么我们的结论是正确的；若我们的结论是拒绝原假设，那么我们就犯了弃真错误。在总体真实值不符合原假设，即原假设不正确的情况下，若我们的结论是拒绝原假设，那么我们的结论是正确的；若我们的结论是不拒绝原假设，那么我们就犯了取伪错误。

在假设检验中，弃真称为第一类错误，犯第一类错误的概率记为α；取伪称为第二类错误，犯第二类错误的概率记为β。假设检验的结论与犯错概率如表11-1所示。

表11-1 假设检验的第一类错误与第二类错误

假设检验的结论	真实情况	
	H_0 正确	H_0 错误
不拒绝 H_0	结论正确，概率为 $1-\alpha$	结论错误，概率为 β（取伪）
拒绝 H_0	结论错误，概率为 α（弃真）	结论正确，概率为 $1-\beta$

只有当原假设被拒绝时，我们才有可能犯弃真错误，同样地，只有原假设未被拒绝时，我们才有可能犯取伪错误，而我们的结论要么是不拒绝原假设，要么是拒绝原假设，所以我们要么有可能犯弃真错误，要么有可能犯取伪错误，而不可能同时犯两类错误，但是我们也无法保证既不犯弃真错误也不犯取伪错误。如果我们放宽决策要求，更多的情况下不拒绝H_0，那么我们就降低了犯弃真错误的概率，但是犯取伪错误的概率相应地提高了。极端情况就是我们永不拒绝H_0，那么我们永远不会犯弃真错误，$\alpha = 0$，但是，在H_0错误的情况下，我们犯取伪错误的概率就变为100%，即β变为1。这只是极端情况的例子，现实中不会存在如此极端的决策行为，α和β不会存在完全数值上的

对应关系，只是其中一个增大，另一个会相应减小，但是数值关系无法确定。我们自然希望犯两类错误的概率都尽可能低，但是实际上很难做到，因此我们只有在两类错误的发生概率间进行平衡。一般地，发生哪一类错误的后果更为严重，就应该首先控制该类错误发生的概率。但在假设检验中，由于犯第一类错误的概率可以由研究人员事先控制，因此我们往往控制犯第一类错误的概率。

显著性水平是研究人员事先指定的犯第一类错误的概率 α 的最大允许值，即当原假设实际上正确时，我们抽到的样本数据却拒绝原假设（弃真）的概率。在实际研究中，通常会取一个较小的 α 值，如 0.01、0.05、0.1，这些均为假设检验中常用的显著性水平，但也不是固定不变的，当犯弃真错误的后果非常严重时，研究人员也可以降低 α，如取 0.001。

假设检验中通常的表述是，如果根据样本数据我们拒绝原假设，则称检验的结果是显著的；如果不拒绝原假设，则称检验的结果是不显著的。

11.1.3 假设检验的决策规则

在化妆品的例子中，如果抽到的被访者的平均年龄为 41 岁，我们可能认为这 1 岁的差异不够大，可能是抽样误差造成的，觉得没有足够的理由拒绝原假设，毕竟 41 岁距离 40 岁只差了 1 岁。如果抽到的被访者的平均年龄为 50 岁，我们可能认为这 10 岁的差异足够大，抽样误差造成如此大的差异的可能性很小，我们有足够的理由拒绝原假设，购买者总体的平均年龄可能不是 40 岁。那如果差异为 5 岁呢？3 岁呢？我们需要一个临界值，如果抽到的样本均值与假设的总体均值的差异超过了这个临界值，我们就拒绝原假设；如果没有超过这个临界值，我们就没有足够的理由拒绝原假设。这个临界值如何确定呢？

在推断统计中，我们用样本统计量对总体参数进行假设检验，但在进行假设检验之前，通常会将样本统计量进行标准化处理，经过标准化处理的样本统计量称为检验统计量。根据抽样分布理论，检验统计量服从相应的分布，如经过标准化处理的样本均值服从 t 分布（或正态分布，但统计软件中一概使用 t 分布）、样本方差服从卡方分布等。我们通常用检验统计量服从的分布来定义相应的检验方法，如对单个总体和两个总体均值的检验称为 t 检验，对单个总体方差的检验称为卡方检验，对两个总体方差的检验称为 F 检验等。t 检验、卡方检验、F 检验都是我们经常用到的检验统计量，即检验方法。

定义了检验统计量和显著性水平后，假设检验的决策规则就可以确定了：如果检验统计量落在由显著性水平围成的区域内，就拒绝原假设。以总体均值的假设检验为例，显著性水平围成的区域为远离假设真值的极大值一端和极小值一端。如此决策的依据是，如果原假设为真，那么我们抽到极大或极小的极端值的概率为显著性水平，如 $\alpha = 5\%$，因为小概率事件在一次试验中是几乎不可能发生的，那么我们为什么抽到了落于拒绝域里的极端值呢？我们认为这是因为真值本来就不是我们假设的那个值，也就是拒绝原假设。相反，如果我们抽到的检验统计量未落入拒绝域，即远离假设真值的程度没有达到那么极端，我们就没有充分的理由拒绝原假设。见图 11-1。

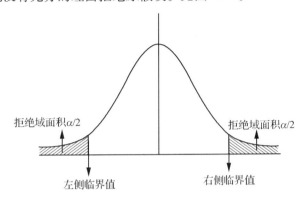

图 11-1 假设检验的决策规则：显著性水平、拒绝域及临界值

回头再来看显著性水平 α，如果原假设为真，我们却抽到了位于拒绝域的极端样本呢？根据假设检验的决策规则，我们拒绝了原假设，认为原假设不成立，那我们就犯了弃真错误。犯弃真错误的概率即为样本检验统计量落在拒绝域的概率，就是拒绝域所围成的面积，值为 α，也即我们犯弃真错误的概率为 α。

在左侧检验和右侧检验中，拒绝域在一侧，因此单侧面积即为 α。如在左侧检验中，我们的原假设为总体真值大于等于某个值，因此，抽到的样本的值越大，我们越没有理由拒绝原假设，右侧没有拒绝域，拒绝域在左侧。见图 11-2。

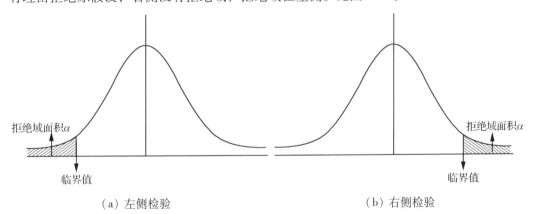

（a）左侧检验　　　　　　　　　　（b）右侧检验

图 11-2　左侧检验和右侧检验

11.1.4　利用 P 值进行决策

在利用显著性水平和临界值进行假设检验时，我们需要计算检验统计量的值，根据显著性水平查临界值，确定拒绝域，查看检验统计量是否落在拒绝域内。另一种假设检验的思路是将检验统计量的值转化为对应的概率，将这个概率与显著性水平对比，如果小于显著性水平，就拒绝原假设。这就是利用 P 值进行假设检验。

P 值的含义是：原假设为真的情况下，获得像此次观察到的值那么极端或比观察到的值还要极端的样本的概率。见图 11-3。在双侧检验中，假如我们计算出的检验统计量在右侧，即样本统计量大于假设的真值，那么我们计算出位于该值右侧的面积。由于对称的左侧也有对应的极端值和概率，两边面积加在一起即为 P 值。

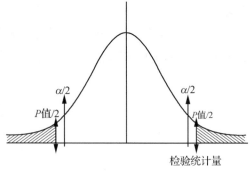

图 11-3　假设检验中的 P 值

P 值也称为观测到的显著性水平。若 P 值小于我们设定的显著性水平 α，我们即可得出拒绝原假设的结论，称为结果显著。P 值越低我们越有充分理由拒绝原假设。在统计软件中，所有假设检验结果中都会给出 P 值。

11.2　均值比较

在 SPSS 中，可以分组计算均值，也可以对均值进行假设检验。

11.2.1　分组计算均值

选择"分析（A）"→"比较均值（M）"→"均值（M）"，打开计算均值对话框，如图 11-4 所示。"因变量列表（D）"栏用于放置待分析的尺度变量。

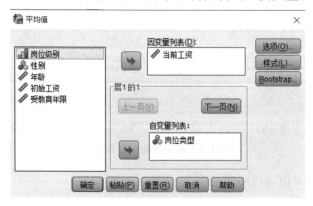

图 11-4　均值比较之计算均值

"层 1 的 1"栏用于放置自变量，即分类对比中的类别变量、序数变量或离散的尺度变量。"自变量列表"中可以放置 0 至多个变量，若列表为空，则输出结果只统计因变量的描述统计量。若同一层自变量列表中放置多个变量，则输出结果中以每一个自变量为分类变量进行一次描述统计量的对比分析，放入几个自变量就输出几张表格。若放入一个自变量后单击"下一页（N）"，再放入第二个自变量，以此类推，即将多个自变量放置在不同的层，则对比分析时以多个自变量的类别数交叉来进行分类对比。如第一层放置一个值为两类的分类自变量，第二层放置一个值为三类的分类自变量，则输出以 $2 \times 3 = 6$ 类进行对比分析的一个表格。

单击"选项（O）"按钮，打开选项对话框，如图 11-5 所示。用户可以根据数据分析的需要将相关统计量从左侧移入右侧"单元格统计量（C）"中。从统计量列表中可以看出，除了频数分析能够完成的常规统计量分析以外，还可以进行组内中位数、调和均值、几何均值等指标的统计分析。"第一层的统计量"中包含两个选项，第一个选项"Anova 表和 eta（A）"为以第一层自变量为分类变量给出方差分析表和 η 相关统计量。第二个选项"线性相关检验（T）"给出第一层自变量为三个以上类别的数值型变量时自变量与因变量之间的线性相关程度（R 和 R^2）。

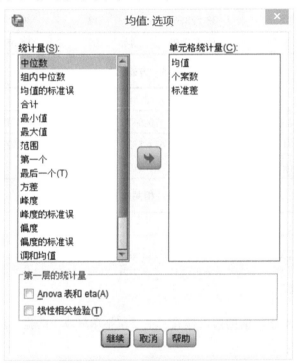

图 11-5　计算均值可供选择的统计量

某企业 100 位雇员平均收入水平的性别分类对比结果如表 11-2 所示（原数据见"09.3 雇员信息.sav"），统计量选取了系统默认的均值、个案数及标准差。以"当前工资"为因变量，以"岗位类型"为自变量，选项中的"Anova 表和 eta（A）"为勾选状态，因自变量"岗位类型"为分类变量，故不要勾选"线性相关检验"选项（T）。输出结果如表 11-2 至表 11-4 所示。

表 11-2 中显示三种岗位类别雇员的平均收入水平。表 11-3 为方差分析表，该表会

在后面方差分析部分进行介绍。表 11-4 中的"Eta"表示当一个变量为分类变量，而另一个变量为尺度变量时的相关性度量指标。Eta 的取值范围在 0 到 1 之间，其中 0 值表示行变量和列变量之间无相关性，接近 1 的值表示高度相关。"Eta 平方"称为效果值，表示尺度变量的总变异中有多少比例可以由自变量即分类变量来解释。效果值小于等于 0.06 表示分类变量与检验变量之间存在低度关联强度，效果值大于 0.06 且小于 0.14 表示分类变量与检验变量之间存在中度关联强度，效果值大于或等于 0.14 表示分类变量与检验变量之间存在高度关联强度。表中 Eta 平方为 0.256，说明当前工资与岗位类型高度相关，岗位类型可以解释当前工资 25.6% 的差异。

表 11-2 男女雇员收入水平

岗位类型	均值	N	标准差
文员	13 430.15	49	1 972.809
生产	16 703.45	33	1 508.970
管理	33 578.64	18	30 258.685
总计	18 137.07	100	14 657.728

表 11-3 方差分析

分类		平方和	自由度	均方	F	显著性
当前工资 * 岗位类型	组之间（组合）	5 445 376 847	2	2 722 688 423	16.689	0.000
	组内	15 824 674 573	97	163 140 975		
	总计	21 270 051 419	99			

表 11-4 相关性分析

分类	Eta(E)	Eta 平方
当前工资 * 岗位类型	0.506	0.256

11.2.2 t 检验

t 检验可以实现对于均值的假设检验，主要包括单样本 t 检验、独立样本 t 检验和配对样本 t 检验。

1. 单样本 t 检验

单样本 t 检验用于一次抽样，利用样本均值来检验总体均值是否等于（大于等于或小于等于）假设的某个值。如某化妆品消费者的平均年龄是否等于 40 岁？某地区家庭平均年收入是否不低于 10 万元？

打开"分析（A）"→"比较均值（M）"→"单样本 T 检验（S）"，出现如图 11-6 所示对话框。"检验变量（T）"栏放置待检验的尺度变量。在"检验值（V）"栏内填写假设的总体均值。单击"选项（O）"按钮，出现如图 11-7 所示对话框。"置信区间百分比（C）"用于设置总体均值与假设均值之差的区间估计的置信水平，默认为95%。"缺失值"定义对于含有缺失值的观测量的处理方式。"按分析顺序排除个案（A）"表示分析时剔除涉及的变量存在缺失值的观测量；"按列表排除个案（L）"表示只要观测量中有变量存在缺失值，不管分析时是否涉及该变量，均将该观测量剔除。

下面以"09.3 雇员信息.sav"数据为例，检验该企业雇员当前平均工资是否为15 000元。在如图11-6所示对话框中，将待检验的变量"当前工资"移入"检验变量（T）"栏。在"检验值（V）"栏内填写假设的总体均值15 000。在"选项（O）"中均取默认设置。分析结果如表11-5和11-6所示。表11-5给出了样本统计量，包括均值、标准差和均值的标准误。表11-6给出了单样本t检验的结果。

本例中原假设H_0为"总体平均收入水平 = 15 000 元"，从统计分析和检验结果可以看出，样本均值为18 137.07元，双侧显著性水平即假设检验中的P值Sig. = 0.035，小于显著性水平0.05，认为总体平均收入水平不等于15 000元。从差分的置信区间也可以看出，若取95%置信区间，即显著性水平α为5%，则置信下限为228.66，置信上限为6 045.48，置信下限和置信上限均大于0，所以有充分理由认为总体均值与15 000元存在显著差异。

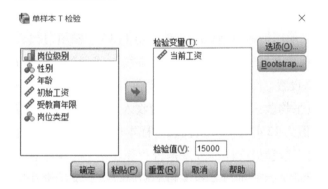

图11-6 单样本t检验

图11-7 单样本t检验选项对话框

表11-5 单样本t检验样本统计量

分类	数字	平均值（E）	标准偏差	标准误差平均值
当前工资	100	18 137.07	14 657.728	1 465.773

表11-6 单样本t检验结果

分类	检验值 = 15 000					
	t	自由度	显著性（双尾）	平均差	差值的95%置信区间	
					下限	上限
当前工资	2.140	99	0.035	3 137.068	228.66	6 045.48

2. 独立样本 t 检验

独立样本 t 检验用于从两个总体中抽取两个不同的样本，即独立样本，利用两个样本均值来检验两个总体的均值是否存在差异。如网购消费者与实体店消费者对产品属性的关注程度是否存在差异？我们店铺的顾客总体满意度是否高于竞争对手？女性消费者的每月通信费用支出是否高于男性消费者？

打开"分析（A）"→"比较均值（M）"→"独立样本 T 检验"，出现如图 11-8 所示对话框。在"检验变量（T）"栏放置待检验的尺度变量。"分组变量（G）"用于放置对比分析中的分类变量，可以为类别变量、序数变量或尺度变量中的任一种，移入的变量必须以数值形式表示，类别数可以不为 2；通过"定义组（D）"来定义欲对比分析的两类，如图 11-9 所示，"使用指定值（U）"选项用于定义参与对比分析的两个类别的值代码，"割点（C）"选项用于定义参与对比分析的两个类别的分界点，该选项多用于定序变量和尺度变量作为自变量时，需要通过指定分界点来重新产生对比分析的两类。"选项（O）"的内容与单样本 t 检验相同，不做重复介绍。

下面仍以"09.3 雇员信息.sav"数据为例，检验男性雇员和女性雇员的平均收入是否存在差异。在如图 11-8 所示对话框中，将"当前工资"变量移入"检验变量（T）"栏，将"性别"变量移入"分组变量（G）"栏，单击"定义组（D）"，在如图 11-9 所示定义组对话框中选择默认的"使用指定值（U）"，在"组 1(1)"栏填写代表男性的数字 1，在"组 2(2)"栏填写代表女性的数字 2，单击"继续"回到独立样本 t 检验对话框。"选项（O）"中均取默认设置。分析结果如表 11-7 和 11-8 所示。

本例中的原假设 H_0 为"男性雇员平均收入 = 女性雇员平均收入"，从统计分析结果表 11-7 可以看出，男性雇员样本均值为 22 428.97，女性雇员样本均值为 14 331.04。表 11-8 中"Levene 方差齐性检验"用于检验男女样本方差是否相等。在 t 检验之前首先要做方差齐性检验，因为男性和女性收入水平的方差相等和不相等时检验统计量及自由度的计算方法都是不同的。方差齐性检验的原假设 H_0 为"男性雇员收入水平的方差 = 女性雇员收入水平的方差"，显著性水平 Sig. = 0.001 < 0.05，则拒绝原假设，两总体方差不等。那么表格中 t 检验结果就读取"未假设方差齐性"这一行结果，t 检验显著性水平 Sig. = 0.010 < 0.05，拒绝原假设，男性和女性雇员当前工资存在显著差异。"差值的 95% 置信区间"为"男性雇员平均收入 − 女性雇员平均收入"的 95% 置信区间估计结果，置信下限为 2 048，置信上限为 14 148，均为正值，也说明男女雇员收入水平存在显著差异，男性雇员平均收入高于女性雇员。

图 11-8　独立样本 t 检验

图 11-9　独立样本 t 检验定义组

表 11-7　独立样本 t 检验统计量

性别		N	平均值（E）	标准差	均值的标准误
当前工资	男	47	22 428.97	20 472.530	2 986.225
	女	53	14 331.04	2 619.516	359.818

表 11-8　独立样本 t 检验结果

分类		Levene 方差齐性检验		平均值相等性的 t 检验					差值的 95% 置信区间	
		F	显著性	t	自由度	显著性（双尾）	平均差	标准误差差值	下限	上限
当前工资	已假设方差齐性	12.370	0.001	2.855	98	0.005	8 098	2 836	2 470	13 726
	未假设方差齐性			2.692	47.337	0.010	8 098	3 008	2 048	14 148

在数据分析中，研究人员需要注意的是，若 t 检验显著性水平大于等于 0.05，即两组均值不存在显著差异，虽然描述统计的结果显示两组均值不同，但此时均值的差异没有统计意义，研究人员不能得出一组均值高于另一组均值的结论。

3．配对样本 t 检验

配对样本在市场调查中也是很常见的，如同一批顾客对本店铺和竞争店铺的满意度是否存在差异？顾客在观看品牌广告后对品牌的喜好程度是否显著提高？家庭食品支出在假日期间是否高于平时？

打开"分析（A）"→"比较均值（M）"→"配对样本 t 检验（P）"，出现如图 11-10 所示对话框。将待配对比较的两个变量分别移至"对 1"的"Variable1""Variable2"处，若想进行更多配对比较，可以建立更多的数据对。"选项（O）"的内容与单样本 t 检验相同，不做重复介绍。

下面以店铺满意度调查数据为例，介绍配对样本 t 检验。在某次关于店铺满意度的调查中，调查人员要求 50 名被访者分别给出对 A、B、C 三家店铺的满意度打分，打分范围为 0—100 分，数据见 "11.2 店铺打分.sav"。在此次调查中，每一名被访者都会同时对三家店铺进行对比打分，因此分析时应采用配对样本 t 检验。需要注意的是：① 虽然本例中给出了三家店铺的打分，但是 t 检验只能进行两两比较，在数据分析的时候可以进行三次 t 检验，以完成三家店铺的两两比较。② 配对样本 t 检验的数据呈现方式与独立样本 t 检验不同，配对样本 t 检验中每家店铺的打分均为独立变量；而在独立样本 t 检验中所有店铺打分值存于一个变量中，还要有另一个变量用于存放构成独立样本的分类变量。

打开配对样本 t 检验对话框，将 A 店铺打分和 B 店铺打分两个变量移入 "对1"，将 A 店铺打分和 C 店铺打分移入 "对2"，将店铺打分 B 和 C 店铺打分移入 "对3"，单击 "确定"。分析结果见表 11-9、11-10、11-11 所示。所有分析结果均以对比分析中的配对形式输出，表 11-9 给出各配对打分的描述统计量，表 11-10 为各配对打分的简单相关系数（关于相关系数将在第 12 章介绍），表 11-11 为配对比较的结果。从打分均值来看，A 店铺均值为 92.26，B 店铺均值为 80.00，C 店铺均值为 82.54；从配对样本 t 检验结果可以看出，A 店铺与 B 店铺、C 店铺满意度打分存在显著差异，A 店铺打分均值高于 B、C 店铺；B 和 C 店铺满意度打分不存在显著差异；从 "差分的 95% 置信区间" 也可以得出这些结论。

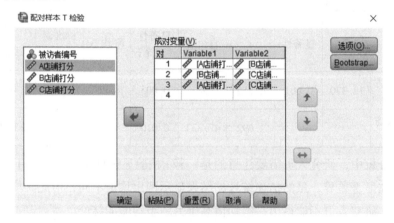

图 11-10　配对样本 t 检验

表 11-9　配对样本统计量

分类		均值	N	标准差	均值的标准误
对 1	A 店铺打分	92.26	50	9.851	1.393
	B 店铺打分	80.00	50	12.616	1.784
对 2	A 店铺打分	92.26	50	9.851	1.393
	C 店铺打分	82.54	50	11.338	1.603
对 3	B 店铺打分	80.00	50	12.616	1.784
	C 店铺打分	82.54	50	11.338	1.603

表 11-10　配对样本相关系数

分类		N	相关系数	Sig.
对 1	A 店铺打分 & B 店铺打分	50	0.384	0.006
对 2	A 店铺打分 & C 店铺打分	50	0.853	0.000
对 3	B 店铺打分 & C 店铺打分	50	0.252	0.077

表 11-11　配对样本 t 检验结果

分类		成对差分			差分的95%置信区间		t	df	Sig.（双侧）
		均值	标准差	均值的标准误	下限	上限			
对 1	A 店铺打分 − B 店铺打分	12.26	12.68	1.79	8.66	15.87	6.84	49	0.000
对 2	A 店铺打分 − C 店铺打分	9.72	5.92	0.84	8.04	11.41	11.61	49	0.000
对 3	B 店铺打分 − C 店铺打分	−2.54	14.68	2.08	−6.71	1.63	−1.22	49	0.227

11.2.3　单因素方差分析

在均值比较中，t 检验适用于分组变量将待检验的尺度变量分为两组进行比较的情况，若分组变量的值为三类或以上，则需采用方差分析。如放于三个不同货架位置的商品的销量是否存在差异？青年、中年和老年消费者对价格的关注程度是否相同？三种广告诉求对产品销量是否产生显著影响？

打开"分析（A）"→"比较均值（M）"→"单因素 ANOVA"，出现如图 11-11 所示对话框。① 将待比较均值的尺度变量放入"因变量列表（E）"，将分类变量放入"因子（F）"。② 打开"对比（N）"按钮，出现如图 11-12 所示对话框，"多项式"选项为当因子为定序或离散的定距数据时，可以对因变量组间偏差平方和进行趋势分解，"度（D）"可以定义分解方式为线性、二次、三次或更高次的趋势成分。若不定义多项式趋势成分，则方差分析只给出组间、组内和总差异平方和，不对组间方差进行进一步分解。"1 的对比 1"用于定义参加均值比较的两组的组合系数，两两比较不仅可以是分类变量下的不同类比较，还可以以类的加权组合的形式，生成新的两组进行两两比较。如图 11-12 中定义的系数比较的第一组为"0.4 第一类均值 +0.6 第二类均值"，第二组为"第三类均值"，用户定义好第一张系数后可以单击"下一张"定义新的组合系数，从而可以定义多张两两比较的组合系数，进行多次两两比较。③ 在如图 11-11 所示主对话框中单击"事后多重比较（H）"按钮，打开如图 11-13 所示对话框，在总体方差相同和不同的假定下，可以选择不同的两两比较方法。两两比较的显著性水平默认为 0.05，用户也可以进行自定义。④ 单击如图 11-11 所示主对话框中的"选项（O）"按钮，打开如图 11-14 所示对话框。"统计量"选项下"描述性（D）"复选框为按组别输出各类的观测量、均值、标准差等描述统计量;"固定和随机效果(F)"选项为输出固定和随机效应模型的标准差、标准误和95%置信区间;"方差同质性检验(H)"为输出方差齐性检验结果;"Brown-Forsythe(B)""Welch(W)"适用于方差不具齐性时方差分析中的检验,优于 F 统计量。通过"均值图(M)"可绘制各类均值折线图。"缺失值"的处理方式与 t 检验相同。

下面以三种广告诉求方式下的产品销量为例,进行单因素方差分析,数据见"11.2 广告及销量.sav"。① 打开单因素方差分析对话框,将变量"产品销量"移入因变量列表栏,将"广告诉求方式"移入因子栏。② 单击"事后多重比较(H)",选择"假定方差齐性"下面的"LSD(L)"和"未假定方差齐性"下面的"Tamhane's T2(M)",显著性水平取默认值 0.05,单击"继续"。③ 单击"选项(O)"按钮,选择"统计量"下面的"描述性(D)""方差同质性检验(H)",勾选"均值图(M)",单击"继续"回到单因素方差分析主对话框,单击"确定"。统计分析结果如表 11-12 至表 11-15,以及图 11-15 所示。

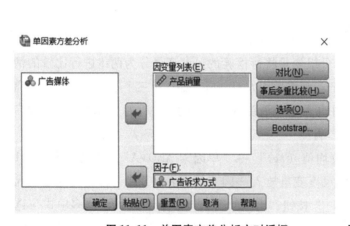

图 11-11　单因素方差分析主对话框

图 11-12　方差分析两两比较对话框

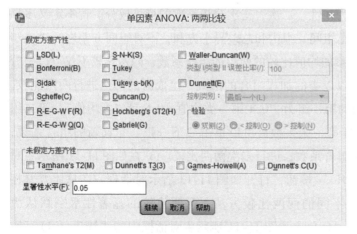

图 11-13　方差分析多重比较方法选项

图 11-14　方差分析可以输出的统计量

表 11-12 方差分析样本统计量

分类	N	均值	标准差	标准误	均值的95%置信区间		极小值	极大值
					下限	上限		
1	10	211.80	36.063	11.404	186.01	237.60	161	250
2	10	336.48	42.674	13.495	305.96	367.01	284	405
3	10	294.44	50.148	15.858	258.56	330.31	208	366
总数	30	280.91	67.261	12.280	255.79	306.02	161	405

表 11-13 方差齐性检验结果

Levene 统计量	df1	df2	显著性
0.241	2	27	0.788

表 11-14 方差分析结果

分类	平方和	df	均方	F	显著性
组间	80 471.101	2	40 235.550	21.415	0.000
组内	50 728.039	27	1 878.816		
总数	131 199.139	29			

表 11-15 方差分析两两多重比较结果

分类	(I)广告诉求方式	(J)广告诉求方式	均值差(I-J)	标准误	显著性	95%置信区间	
						下限	上限
LSD	1	2	-124.680*	19.385	0.000	-164.45	-84.91
		3	-82.632*	19.385	0.000	-122.41	-42.86
	2	1	124.680*	19.385	0.000	84.91	164.45
		3	42.049*	19.385	0.039	2.27	81.82
	3	1	82.632*	19.385	0.000	42.86	122.41
		2	-42.049*	19.385	0.039	-81.82	-2.27
Tamhane	1	2	-124.680*	17.668	0.000	-171.30	-78.06
		3	-82.632*	19.533	0.002	-134.56	-30.71
	2	1	124.680*	17.668	0.000	78.06	171.30
		3	42.049	20.823	0.167	-12.88	96.98
	3	1	82.632*	19.533	0.002	30.71	134.56
		2	-42.049	20.823	0.167	-96.98	12.88

＊．均值差的显著性水平为 0.05。

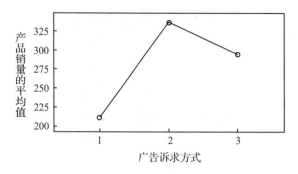

图 11-15　方差分析均值图

表 11-12 为三种广告诉求方式下产品销量的各描述统计量,总观测量为 30,其中每种诉求方式各包括 10 个观测量;产品销量的总平均数为 280.91,三种广告诉求方式下的产品平均销量分别为 211.80、336.48 和 294.44;另外表格中还给出了产品销量的标准差、标准误、均值的 95% 置信区间估计、极小值和极大值。

方差分析的原假设 H_0 为所有组的均值都等于总体均值,备择假设 H_1 为至少有一组的均值不等于总体均值。从描述统计量中均值的 95% 置信区间估计的结果也可以对该假设进行检验。当某组均值的置信区间估计范围包括总体均值时,则认为该组均值与总体均值不存在统计意义上的显著差异;当某组均值的置信区间估计范围不包括总体均值时,则认为该组均值与总体均值存在统计意义上的显著差异;而当所有组别的体均值的置信区间均包括总体均值时,则没有理由拒绝方差分析的原假设,方差分析结果不显著;若存在任一组均值的置信区间不包括总体均值,则有充分理由拒绝方差分析原假设,方差分析结果显著。从表 11-11 来看,第一种和第二种广告诉求方式下的产品销量均值的置信区间估计分别为(186.01,237.60)和(305.96,367.01),均不包含总体均值 280.91,因此方差分析结果显著。

表 11-13 为方差齐性检验结果,P 值为 0.788,大于 0.05,因此拒绝原假设,认为三种广告诉求方式下样本方差不存在显著差异。

表 11-14 为方差分析结果,F 检验的显著性水平小于 0.05,因此拒绝方差分析原假设,方差分析结果显著。这与表 11-12 中根据各组均值的置信区间估计得出的方差分析结论一致,表明不同诉求方式下的产品销量存在显著差异。

表 11-15 为多重比较表。表中给出了满足方差齐性假设下的 LSD 法和方差不等条件下的 Tamhane 法的多重比较结果。本例中,从表 11-13 得出的结论为方差相等,因此读取 LSD 法下的结果。因表格中均值差(I-J)的值为正负对称的,因此只要读取正数或负数所在行的结果就可以。以读取负数所在行为例,从两两比较的结果来看:① 第一种诉求方式下的均值与第二种诉求方式下的均值差为 -124.680,显著性水平小于 0.05,因此两类均值存在显著差异,第一种诉求方式下的产品销量低于第二种诉求方式。② 第一种诉求方式下的均值与第三种诉求方式下的均值差为 -82.623,显著性水平小

于 0.05，因此两类均值存在显著差异，第一种诉求方式下的产品销量低于第二种诉求方式。③ 第三种诉求方式下的均值与第二种诉求方式下的均值差为 -42.049，显著性水平为 0.039，小于 0.05，因此两类均值存在显著差异，第三种诉求方式下的产品销量低于第二种诉求方式。④ 从均值之差的 95% 置信区间估计结果也可以得出以上结论。表格中所有统计显著性水平达到 0.05 的均值差均用星号 * 标记。

图 11-15 为三种诉求方式下的均值折线图。折线图结合假设检验的结果，可以看出，第二种诉求方式下的产品销量高于另外两种，第三种诉求方式下的产品销量高于第一种。

11.3 双变量交叉表及卡方检验

数据分析人员将两个分类变量联系起来进行分析时，往往更能发现新的营销机会。如洗衣皂的使用频率（重度使用、中度使用、轻度使用、不使用）与性别是否相关？上下班通勤方式是否与职业类型存在显著关系？不同地区的消费者服装购买方式（网店、实体店）是否存在差异？不同年龄段的购房者在选购商品房时的区域偏好是否存在显著差异？这些问题都涉及两个或两个以上的类别/序数变量之间的关系，在数据分析时采用交叉表可以进行两个或多个类别/序数变量之间关系的描述统计，变量之间的关系是否显著，则采用卡方检验方法进行检验。

打开"分析（A）"→"描述统计（E）"→"交叉表（C）"，出现如图 11-16 所示对话框。将待分析的两个变量分别移入行和列。若想将观测量按照某个变量的不同类别分别进行交叉表分析，则将分类变量移入"层 1 的 1"，系统会对该变量的每一类观测量以及所有观测量分别作交叉表和假设检验。

单击"精确（X）"按钮，打开如图 11-17 所示对话框。"仅渐进法（A）"适用于大样本数据。当样本量较小，分类中观测量数量较小时，可以采用精确检验的方法。"Monte Carlo（M）"方法和"精确（E）"方法均可以完成精确检验。勾选"Monte Carlo（M）"方法，定义置信水平，输入样本数。若勾选"精确（E）"方法，由于精确方法耗费系统资源和时间，因此需定义检验的限制时间。

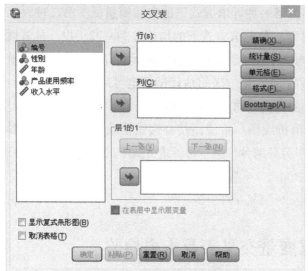

图 11-16　绘制交叉表对话框

图 11-17　精确检验方法

单击"统计量（S）"按钮，打开如图 11-18 所示对话框。勾选"卡方（H）"选项，可以输出卡方检验的结果。勾选"相关性（R）"选项，可以输出 Pearson 和 Spearman 相关系数，Pearson 相关系数用于分析两个尺度变量之间的线性相关程度（关于相关系数将在第 12 章介绍），Spearman 相关系数用于分析两个序数变量之间的相关程度。在交叉表和卡方检验中，参与分析的两个变量通常为类别变量，不符合 Pearson 和 Spearman 相关系数对变量的要求；若参与分析的两个变量为序数变量，则可以计算 Spearman 相关系数。"名义"栏下的统计量为基于分类变量的统计量，主要用于度量两个类别变量之间的关联性。"有序"栏下的统计量为基于序数变量的统计量，主要用于度量两个序数变量之间的关联性。"按区间标定"栏下的 Eta 用于度量一个变量为类别变量，另一个变量为尺度变量时两变量之间相关程度（对于 Eta 的介绍详见 11.2.1 分组计算均值）。

单击"单元格（E）"按钮，打开如图 11-19 所示对话框，可以定义交叉表中单元格显示的内容。"计数"栏用于指定单元格中的频数，包括单元格实际频数和期望频数。"百分比（C）"栏用于指定单元格中的频数百分比，其中列百分比以列的总和为基数，行百分比以行的总和为基数，而总的百分比以表的总和为基数。"残差"栏用于指定输出的残差，残差为单元格中的观测值与期望值的差；经标准化处理后均值为 0、标准差为 1 的残差为标准化残差，调整后的残差为残差除以其标准误。"非整数权重"为指定加权情况下单元格频数出现小数时的处理方法。

单击"格式（F）"按钮，可以定义输出交叉表中行变量的排列顺序。左下角"显示复式条形图（B）""取消表格（T）"选项，用于定义是否输出图形和交叉表。

表 11-16 和表 11-17 为性别变量和某产品使用频率的交叉表和卡方检验结果（原数

据见"11.3 性别与产品使用频率.sav")。本例中原假设 H_0 为性别和产品使用频率两变量相互独立。从表 11-17 中可以看出，1 个单元格期望计数小于 5，因此应采用 Fisher 精确检验，双侧显著性水平为 0.009，小于 0.05，因此产品使用频率和性别变量有关。从交叉表 11-16 中可以看出，男性中以轻度使用者为主，占比为 55.3%，女性中中度使用者和重度使用者比例高于男性。

图 11-18 交叉表分析中的统计量

图 11-19 交叉表单元格选项

表 11-16 交叉表示例

分类			产品使用频率				总计
			不使用	轻度使用	中度使用	重度使用	
性别	男	计数	5	21	9	3	38
		性别内的百分比	13.2%	55.3%	23.7%	7.9%	100.0%
	女	计数	8	22	33	19	82
		性别内的百分比	9.8%	26.8%	40.2%	23.2%	100.0%
总计		计数	13	43	42	22	120
		性别内的百分比	10.8%	35.8%	35.0%	18.3%	100.0%

表 11-17 卡方检验

分类	值	df	渐进 Sig.（双侧）	精确 Sig.（双侧）	精确 Sig.（单侧）	点概率
Pearson 卡方	11.476[a]	3	0.009	0.009		
似然比	11.759	3	0.008	0.011		
Fisher 精确检验	11.257			0.009		
线性和线性组合	7.997[b]	1	0.005	0.005	0.003	0.002
有效案例中的 N	120					

a. 1 个单元格（12.5%）的期望计数小于 5。最小期望计数为 4.12。

b. 标准化统计量是 2.828。

本章小结

1. 原假设和备择假设是关于总体参数（均值、比例等）的陈述，原假设是带有等号的陈述（=、≥、≤），备择假设是原假设的对立陈述（≠、<、>）。

2. 在假设检验中，弃真称为第一类错误，犯第一类错误的概率记为 α；取伪称为第二类错误，犯第二类错误的概率记为 β。显著性水平是研究人员事先指定的犯第一类错误的概率 α 的最大允许值，即当原假设实际上正确时，我们抽到的样本数据却拒绝原假设（弃真）的概率。在实际研究中，通常会取一个较小的 α 值，如 0.01、0.05、0.1。

3. 经过标准化处理以后的样本统计量称为检验统计量。如果检验统计量落在由显著性水平围成的区域内，就拒绝原假设。

4. P 值的含义是：原假设为真的情况下，获得像此次观察到的值那么极端或比观察到的值还要极端的样本的概率。P 值也称为观测到的显著性水平。若 P 值小于我们设定的显著性水平 α，我们即可得出拒绝原假设的结论，称为结果显著。

5. 均值比较方法用于分组计算均值、检验均值是否等于某个特定的值（单样本 t 检验）、检验两组（独立样本 t 检验、配对样本 t 检验）或多组均值是否相等（单因素方差分析）。SPSS 菜单"分析（A）"→"比较均值（M）"，可以实现分组计算均值、单样本 t 检验、独立样本 t 检验、配对样本 t 检验、单因素方差分析等。

6. 交叉表可以进行两个或多个类别或序数变量之间关系的描述统计，变量之间的关系是否显著，则采用卡方检验方法进行显著性检验。SPSS 菜单"分析（A）"→"描述统计（E）"→"交叉表（C）"可以绘制交叉表，进行卡方检验。

本章思考题

1. 何为显著性水平？其含义是什么？
2. 何为 P 值？其含义是什么？
3. 根据数据特征，均值比较有哪些方法？
4. 什么样的数据适合进行交叉表分析？如何读取卡方检验结果？

第12章 相关与回归分析

【学习目标】

- 理解相关分析、相关系数的概念
- 能够绘制散点图
- 能够进行双变量相关分析，并对分析和检验结果进行解读
- 理解回归分析基本思想
- 能够进行一元和多元线性回归分析
- 理解并解读回归系数、判定系数的含义
- 理解并解读回归分析中的假设检验，包括回归系数的 t 检验、回归方程的方差分析

前面介绍了自变量为类别变量，因变量为尺度变量时的均值比较方法（t 检验和方差分析）以及两个类别变量之间的关系分析方法（交叉表和卡方检验），本章介绍两种尺度变量之间的相关分析以及因果关系的分析方法：一元线性回归分析，进而扩展至因变量为尺度变量、自变量为多个变量时的多元线性回归分析方法。相关分析和回归分析在市场研究中应用非常广泛。例如，营销人员经常会关注产品销量与促销费用、产品价格、销售人员努力程度之间的关系如何，消费者对产品的购买意愿受哪些因素影响，店铺周围居民数、店铺面积、店铺门口车流量如何影响店铺营业额。

12.1 相关分析

相关分析是研究两个变量间关系密切程度的一种常用统计方法。线性相关分析研究两个变量间线性关系的强弱程度和方向。相关系数是描述这种线性关系强弱程度和方向

的统计量。正态分布的尺度变量之间的线性相关系数采用 Pearson 相关系数。Pearson 相关系数的取值在 -1 和 +1 之间，相关系数的符号表明两变量间相关关系的方向；绝对值的大小表明两变量相关的程度，绝对值越大，两变量间相关性越强，取值为 0，表明两变量间不存在线性相关关系。

在进行相关分析之前，应该使用绘图命令作散点图（图 12-1），进行初步观察，确认两个变量间有相关趋势，再按下列步骤进行相关分析。

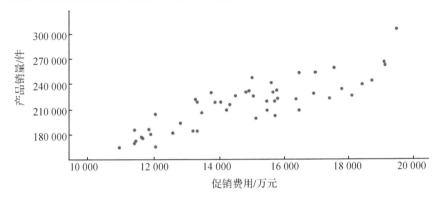

图 12-1 促销费用与产品销量散点图

打开"分析（A）"→"相关（C）"→"双变量（B）"菜单项，出现如图 12-2 所示双变量相关分析主对话框。将待分析的两个变量从左侧变量列表中移入右侧"变量（V）"栏，也可以同时移入多个变量，分析结果以矩阵形式显示多个变量两两之间的相关系数。"相关系数"栏显示相关系数类型，若两变量均为尺度变量，选择系统默认的 Pearson 相关系数；若两变量均为序数变量或不满足正态分布的尺度

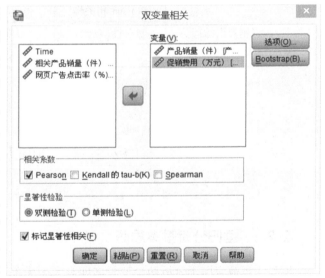

图 12-2 双变量相关分析对话框

变量①，则选择 Spearman 秩相关系数或 Kendall τ-b 等级相关系数。"显著性检验"栏提供了双侧和单侧检验两种检验方法，一般选择默认的双侧检验，若事先知道两变量相关的方向，也可以选择单侧检验。勾选"标记显著性相关（F）"选项，则输出结果中自

---

① 本书讲解的很多分析方法除了对变量类型（类别、序数和尺度变量）有要求以外，还对数据分布有要求，如独立样本 t 检验、配对样本 t 检验、方差分析、Pearson 相关系数的计算，以及后面讲到的回归分析等要求数据满足正态分布，但在市场调查数据分析中，分析人员更关注的是变量类型是否符合数据分析要求。

动标记显著的相关系数,"*"表示显著性水平达到 0.05,"**"表示显著性水平达到 0.01。单击"选项(O)"按钮,可以在打开的对话框中选择输出的统计量和对于缺失值的处理方法。

表 12-1 为某企业产品销量与促销费用两变量相关分析结果(原数据见"12.1 产品销量.sav"),表格中的数字为 2×2 的对称矩阵,行列变量交叉处的第一个数值为相关系数,行列变量相同的情况下相关系数为 1,产品销量和促销费用交叉处的相关系数为 0.671;关于总体相关系数的原假设 H_0 为两变量相关系数为 0,"**"表示显著性水平达到 0.01。第二个数值为相关系数显著性,数字显示,显著性远小于 0.01,拒绝两变量相关系数为 0 的原假设,认为产品销量与促销费用高度相关。第三个数值 52 为参与分析的观测量数目。

表 12-1 双变量相关分析结果

分类		产品销量(件)	促销费用(万元)
产品销量(件)	Pearson 相关性	1	0.671**
	显著性(双侧)		0.000
	N	52	52
促销费用(万元)	Pearson 相关性	0.671**	1
	显著性(双侧)	0.000	
	N	52	52

**. 在 0.01 水平(双侧)下显著相关。

12.2 回归分析

12.2.1 回归分析基本思想

相关分析被应用于分析两个变量之间有无因果关系的情况。如果两个变量之间具有因果关系,那么可以运用回归分析方法来构建回归方程,从而进一步考察自变量如何影响因变量,还可以通过回归方程对给定自变量的情况下因变量的值进行预测。例如,可以构建产品销量与促销费用之间关系的回归方程,那么在促销预算既定的情况下,就可以预测产品销量。

自变量与因变量之间呈线性关系时,可以构造线性回归方程。根据参与线性回归的自变量个数,可将线性回归分为一元线性回归和多元线性回归。下面以一元线性回归分析为例,介绍回归分析的基本概念。

只有一个自变量的线性回归，称为一元线性回归，又称直线回归。通过散点图，可以形成对自变量和因变量之间关系的初步认识，如图 12-1 所示，促销费用越高，产品销量总体也就越高，这两个变量之间的关系大致呈直线趋势，因此可以用直线方程来拟合两个变量之间的关系。如何构建这条直线方程呢？

我们可以在散点图中画出很多条不同截距和斜率的直线来拟合这种趋势，如图 12-3 所示，但是要确定哪一条最优，就要求最优直线回归方程，常用的方法是最小二乘法，也就是使各点到直线的垂直距离平方和最小，按照这一标准可以计算出直线的截距和斜率。一元线性回归方程表示为

$$\hat{Y} = b_0 + b_1 X$$

其中 $\hat{Y}$ 表示因变量 Y 的估计值或预测值，b_0 和 b_1 分别为回归直线的截距和斜率，b_1 称为回归系数。b_0 的含义是：在自变量 X 为 0 的情况下，因变量 Y 的估计值。在市场调查数据分析中，b_0 有时具有实际含义。如果回归分析结果显示 b_0 为负值，或者明显不符合实际情况，或者没有实际意义，可以不对 b_0 进行解释。回归系数 b_1 的含义是：在其他因素保持不变的情况下，自变量 X 每增加一个单位，因变量 Y 平均增加 b_1 个单位。

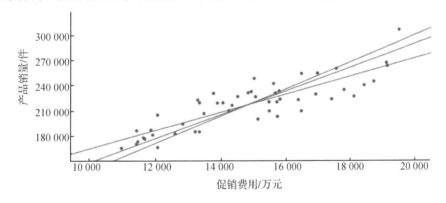

图 12-3　对促销费用和产品销量之间关系的拟合直线

多元线性回归即将多个独立变量作为自变量，构建因变量与多个自变量之间的线性方程，回归方程可以表示为

$$\hat{Y} = b_0 + b_1 X_1 + b_2 X_2 + \cdots + b_n X_n$$

多元线性回归方程中，对于回归系数的解释同一元线性回归方程。

12.2.2　回归方程拟合优度分析

运用最小二乘法，我们找到了一条最优的回归直线，量化拟合了因变量 Y 和自变量 X 之间的关系，如图 12-4 中的两张散点图所示。假设均采用最小二乘法得到同样的两条回归直线，直观上来看，第一条直线对 X 和 Y 之间关系的拟合度优于第二条直线，那么判断直线对自变量和因变量之间关系拟合好坏的量化标准是什么呢？

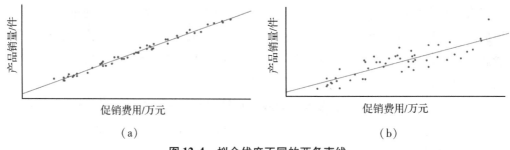

图 12-4 拟合优度不同的两条直线

判定系数 R^2 是判定回归方程拟合优度的重要指标。R^2 等于回归方程已解释离差平方和在总离差平方和中所占的比率，体现了回归模型所解释的因变量变异的百分比，因此 R^2 的取值为 0—1，越接近 1，说明回归方程拟合越好。对于 R^2 达到多少是好的，没有普适的标准。一般而言，对于统计数据，0.7 左右或是大于 0.7 的 R^2 值即可被认为是比较理想的。而对于调查问卷数据，只要方程显著（下一小节会介绍回归方程的检验），较低的 R^2 也是可以接受的。

关于判定系数 R^2，还有三点说明。第一，拟合优度分析中的 R^2 是基于因变量的均值和总离差计算得到的。以产品销量 Y 对促销费用 X 的回归方程为例，通俗地讲，假如某月产品销量高于各月的平均产品销量，那么高于平均产品销量的部分就是离差，这个离差有一定比例的部分是可以通过促销费用来解释的，剩下的部分就是促销费用无法解释的、其他因素以及随机因素引起的产品销量高于平均值，即产品销量中有 R^2 比例的离差平方和是可以由促销费用解释的，或称促销费用可以解释产品销量 R^2 比例的变异。第二，在多元线性回归中，判定系数的值随着进入回归方程的自变量的个数（或样本容量的大小）的增加而增加，为了消除自变量的个数以及样本容量的大小对判定系数的影响，通常使用调整的 R^2，其解读同于判定系数 R^2。第三，在相关分析中，两变量间线性相关程度用相关系数 r 来表示，在一元线性回归分析中，R^2 为判定系数，相关系数与判定系数之间是有关系的，两变量间线性相关程度越高，回归直线拟合就越好，这两个指标的数量关系为相关系数的平方就是判定系数。

12.2.3 回归分析中的假设检验

以上关于回归系数和判定系数的计算均基于样本数据，在总体数据中，回归系数是否有意义？R^2 所代表的变量之间的线性关系是否存在？我们需要运用假设检验的方法，对回归系数和整体回归方程进行显著性检验。

1. 回归系数的 t 检验

对回归系数的检验原假设是总体回归系数为 0，采用 t 检验，若 P 值小于 0.05，则拒绝原假设，回归系数显著。

2. 回归方程的方差分析

回归方程的方差分析是对 R^2 的检验，检验统计量为 F 统计量，其原假设为自变量和因变量之间没有线性关系,用于检验整体回归方程的显著性。若 P 值小于 0.05,则拒绝原假设,回归方程显著。

在一元线性回归分析中,由于只有一个回归系数(截距项不算在内),对于回归系数的 t 检验与对回归方程的整体 F 检验是等价的,t 检验中回归系数显著,那么整个回归方程也就有意义。在多元线性回归分析中,由于存在多个回归系数,每个回归系数均需要进行 t 检验,而对于回归方程整体的 F 检验原假设是所有回归系数均为 0,备择假设是至少有一个回归系数不为 0,若 P 值小于 0.05,则拒绝原假设,回归方程显著。

12.2.4 回归分析的 SPSS 实例

下面以"12.1 产品销量.sav"数据为例,介绍 SPSS 回归分析操作以及对于分析结果的解读。

1. 线性回归分析

按"分析(A)"→"回归(R)"→"线性(L)"顺序单击菜单项,展开回归分析主对话框,如图 12-5 所示。将变量"产品销量(件)"从左侧变量列表中移入右侧"因变量(D)"栏,将变量"相关产品销量(件)""促销费用(万元)""网页广告点击率(%)"移入"自变量(I)"栏,单击"确定"按钮。回归分析结果见表 12-2、12-3、12-4。

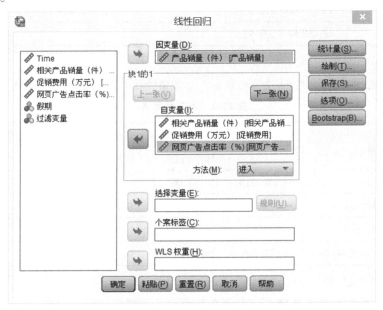

图 12-5 回归分析主对话框

从表 12-2 中可以看到,调整的 R^2 为 0.622,说明回归方程可以解释产品销量 62.2% 的变异;表 12-3 方差分析表中,F 检验的显著性水平远小于 0.05,说明回归方程显著;表 12-4 为回归系数表,根据表格第二列非标准化回归系数 B 的值可以写出回归方程：

$$产品销量预测值 = 44\,186.316 + 0.919 \times 相关产品销量 + 7.955 \times 促销费用 + 6\,177.839 \times 网页广告点击率$$

对回归系数的解释：$b_0 = 44\,186.316$ 说明当所有自变量为 0 时，产品销量的预期值为 44 186.316 件；$b_1 = 0.919$ 说明在其他因素保持不变的情况下，相关产品销量每增加 1 件单位，产品销量预期增加 0.919 件；$b_2 = 7.955$ 说明在其他因素保持不变的情况下，促销费用每增加 1 万元，产品销量预期增加 7.955 件；$b_3 = 6\,177.839$ 说明在其他因素保持不变的情况下，网页广告点击率每增加 1%，产品销量预期增加 6 177.839 件。

表 11-4 对应的系数 t 检验结果，从显著性水平来看，所有系数均显著不为 0。

表 12-2 回归模型汇总

模型	R	R^2	调整的 R^2	标准估计的误差
1	0.803[a]	0.644	0.622	18 962.510

a. 预测变量：（常量），网页广告点击率（%），促销费用（万元），相关产品销量（件）。

表 12-3 方差分析表

模型		平方和	df	均方	F	Sig.
1	回归	31 229 157 876.538	3	10 409 719 292.179	28.950	0.000[b]
	残差	17 259 686 016.676	48	359 576 792.014		
	总计	48 488 843 893.215	51			

a. 因变量：产品销量（件）。
b. 预测变量：（常量），网页广告点击率（%），促销费用（万元），相关产品销量（件）。

表 12-4 回归系数表

模型		非标准化系数		标准化系数	t	Sig.
		B	标准误差	试用版		
1	（常量）	44 186.316	19 478.085		2.269	0.028
	相关产品销量(件)	0.919	0.244	0.327	3.766	0.000
	促销费用(万元)	7.955	1.114	0.619	7.141	0.000
	网页广告点击率(%)	6 177.839	2 049.044	0.263	3.015	0.004

a. 因变量：产品销量（件）。

2. SPSS 中多个自变量进入回归方程的方式

在如图 12-5 所示回归分析主对话框中，"方法（M）"下拉菜单选项提供了自变量进入回归方程的顺序和方法。①"进入"选项。所选择的自变量全部强行进入回归模型，不管该变量系数是否显著，该选项是默认方式。②"删除"选项，消去法。建立回归方程时，根据设定的条件剔除部分自变量。③"向前"选项，向前选择法。从模型中无自变量开始,每次将一个最符合判据的变量引入模型,直至所有符合判据的变量都进入模型为止。第一个引入回归模型的变量应该是与因变量的相关系数的绝对值最大的变量。⑤"向后"选项,向后剔除法。先将所有自变量引入回归方程,建立全模型,然后每次剔除一个最不符合判据的变量,直到回归方程中不再含有不符合判据的自变量为止。⑥"逐步"选项,逐步回归法。依次将各变量引入回归方程,首先选择与因变量相关关系最显著的自变量,即对因变量影响最大的自变量进入方程;然后选择次重要的自变量,依次将所有变量引入回归方程,从变量进入方程的顺序可以看出各变量对因变量影响的重要性;最后再将模型中 F 值最小且符合剔除条件的变量剔除出模型,重复进行直到回归方程中所有自变量均符合进入模型的判据。

3. 用回归方程进行预测

回归方程给出了因变量随自变量变化的方向和敏感程度,将给定自变量的值代入回归方程,可以计算因变量的预测值,实现回归分析的预测功能。仍以产品销量数据为例,假如公司预计投入 18 000 万元的促销费用,网页广告点击率和相关产品销量以均值 5% 和 220 000 件计,则产品销售量预计达到

$$产品销量预测值 = 44\ 186.316 + 0.919 \times 220\ 000 + 7.955 \times 18\ 000 + 6\ 177.839 \times 5 \approx 420\ 459\ 件$$

在 SPSS 中,可以实现回归分析的预测功能。首先在原数据中,插入一个新观测量,录入促销费用 = 18 000,网页广告点击率 = 5,相关产品销量 = 220 000,因变量产品销量值为空缺,然后打开回归分析主对话框,在如图 12-5 所示回归分析主对话框中,设置好自变量和因变量后,单击"保存(S)"按钮,打开如图 12-6 所示对话框,在"预测值"和"残差"栏内均勾选"未标准化(U)"和"未标准化(N)",单击"继续"回到主对话框,然后单击"确定"完成回归分析。回到数据视图中,会发现系统自动生成了两个变量:PRE_1 和 RES_1,其中 PRE_1 为因变量预测值,即根据回归方程和自变量的值计算出的产品销量预测值;RES_1 为残差值,表示因变量预测值与实际值之间的差距,即每一个观测量下的实际产品销量 – 产品销量的预测值。在插入的新

图 12-6 回归分析"保存"选项对话框

观测量所对应的行中，可以看到 PRE_1 的预测值为 420 459.560 59，RES_1 的残差值为空缺，这是因为实际销售量数据为缺失值，故无法计算残差值①。

4. 引入二值类别自变量的回归分析

在前面介绍的回归分析中，要求自变量和因变量均为尺度变量，若自变量为类别变量，可以以哑变量进入回归方程。若类别变量为二值变量，以 0 和 1 作为变量值，可以与尺度变量一样，直接进入回归方程；若类别变量为三个类别，则需要构建两个哑变量进行回归分析。下面仍以产品销量数据为例，仅介绍类别变量为二值变量时的回归分析。

以产品销量为因变量，以相关产品销量、促销费用和网页广告点击率为自变量的回归方程，调整的 R^2 为 0.622，是否还有其他因素对销量产生显著影响呢？我们引入一个观测量是否为假期的二值变量，用以说明二值变量如何以哑变量进入回归方程以及对该变量系数如何进行解释。

原数据中在原有变量的基础上，加入了一个二值变量"假期"。进入回归方程的二值变量需以 0、1 的形式定义其取值，该变量值为 1 = 假期，0 = 非假期。在进行回归分析时，将"促销费用""相关产品销量""网页广告点击率""假期"四个变量作为自变量，将"产品销量"作为因变量，进行回归分析，分析结果见表 12-5、12-6（这里只给出回归模型汇总表和回归系数表，方差分析表略）。

可见，加入"假期"变量以后，调整的 R^2 变为 0.832，方程对因变量的解释能力更强；根据回归系数表，我们仍可以写出回归方程，对方程中截距和原来三个变量的解释方法不变；对方程中新增的"假期"变量的系数 101 497.672 解释为：在其他因素保持不变的情况下，假期变量值从 0 变为 1，产品销量预测值增加 101 497.672 件，即假期较非假期产品销量增加 101 497.672 件。

表 12-5　回归模型汇总表

模型	R	R^2	调整的 R^2	标准估计的误差
1	0.919ª	0.845	0.832	12 905.439

a. 预测变量：(常量)，假期，相关产品销量（件），促销费用（万元），网页广告点击率（%）。

b. 因变量：产品销量（件）。

---

① 对于残差的分析是回归方程建模前提检验中的重要组成部分，其出发点是：如果回归方程能够较好地反映被解释变量的特征和变化规律，那么残差序列中应不包含明显的规律性和趋势性。对于残差的分析主要包括：分析残差是否为正态分布；分析残差项均值是否为 0；分析残差方差是否恒定；分析残差项是否相互独立；分析残差项与自变量是否相互独立；借助残差探测样本中的异常值；等等。这些分析已经超出本书的范畴，不过多介绍。

表 12-6　回归系数表

模型		非标准化系数		标准化系数	t	Sig.
		B	标准误差	试用版		
1	（常量）	34 114.964	13 427.363		2.541	0.014
	相关产品销量(件)	1.109	0.168	0.387	6.606	0.000
	促销费用(万元)	8.873	0.798	0.676	11.125	0.000
	网页广告点击率(%)	3 393.436	1 473.619	0.141	2.303	0.026
	假期	101 497.672	10 282.897	0.625	9.871	0.000

a. 因变量：产品销量（件）。

4.2.5　回归分析注意事项

尽管本书并未过多提及，但在进行回归分析时，需要注意回归分析的前提条件。在进行线性回归分析时，可以通过散点图查看自变量与因变量间的关系是否为线性关系；对于残差的分析可以检验残差项是否独立、是否呈正态分布以及存在异方差性；在进行多元线性回归分析时，还要注意自变量之间是否存在共线性。

在定义自变量和因变量时，要明确变量间是否存在因果关系及因果关系的方向。即使变量间不存在合理的因果关系，或者在因果倒置的情况下，我们也很有可能会得到一个统计上显著的回归方程，从而得出错误的结论，因此变量之间因果关系的特定方向必须来源于先验研究或实际上的考虑。

在运用回归方程进行预测时，当自变量的取值范围明显超出构建方程时自变量的取值范围时，会存在更大的风险。换句话说，我们的回归方程是在给定的自变量取值的情况下构建的，如果给出的自变量取值超出这个范围，那么它们对因变量的影响程度也可能会发生变化，从而导致回归方程可信度降低。如在产品销量的例子中，我们据以构建回归方程的自变量"促销费用"取值大概在 10 000 至 20 000 之间，如果促销费用取值明显超出这个范围，如 500 或 100 000，我们很难确定这个范围之外的促销费用对产品销量的影响程度是否会发生变化，因此预测结果是不可靠的。

本章小结

1. 相关分析是研究两个变量间关系密切程度的一种常用统计方法。线性相关分析研究两个变量间线性关系的强弱程度和方向。

2. 通过散点图可以直观地看到两个连续型尺度变量之间的相关关系强弱。

3. 相关系数是描述这种线性关系强弱程度和方向的统计量。正态分布的尺度变量之间的线性相关系数采用 Pearson 相关系数。Pearson 相关系数的取值在 -1 和 $+1$ 之间，相关系数的符号表明两变量间相关关系的方向；绝对值的大小表明两变量相关的程度，绝对值越大，两变量间相关性越强，取值为 0，表明两变量间不存在线性相关关系。

4. 采用最小二乘法，可以计算回归系数，一元线性回归方程为 $\hat{Y}=b_0+b_1 X$，多元线性回归方程为 $\hat{Y}=b_0+b_1 X_1+b_2 X_2+\cdots+b_n X_n$。以多元线性回归方程为例，回归方程中的常数项为截距项，其含义是：当 X 的值为 0 时，Y 的估计值。自变量的系数为回归方程的斜率项，如回归系数 b_1，其含义是：在其他自变量不变的情况下，X 每增加一个单位，Y 平均增加 b_1 个单位。

5. 判定系数 R^2 是判定线性回归方程拟合优度的重要指标，等于回归方程已解释离差平方和在总离差平方和中所占的比率，体现了回归模型所解释的因变量变异的百分比，因此 R^2 的取值为 0—1，越接近 1，说明回归方程拟合越好。在一元线性回归分析中，R^2 值等于自变量和因变量相关系数的平方。在多元线性回归分析中，一般读取调整的 R^2，其解释与 R^2 相同。

6. 回归系数的检验采用 t 检验，用于检验各回归系数是否显著不为 0。回归方程的检验采用 F 检验，用于检验回归方程是否显著。

7. 以 0 和 1 表示的二值类别变量可以以哑变量的形式进入回归方程，其系数的解读与其他自变量相似。

8. 将给定自变量的值代入回归方程，可以进行因变量的预测。但是要注意在自变量的取值范围明显超出构建方程时自变量的取值范围时，预测结果可能出现更大偏差。

9. SPSS 菜单"分析（A）"→"相关（C）"→"双变量（B）"可以实现相关分析和相关系数的 t 检验。SPSS 菜单"分析（A）"→"回归（R）"→"线性（L）"可以实现一元和多元线性回归分析、相关检验以及因变量预测。

本章思考题

1. 如何分析两个变量间的线性相关关系？Pearson 相关系数的含义是什么？如何解读？

2. 如何解读相关系数 t 检验的结果？

3. 如何绘制散点图？为什么对于两个离散的尺度变量之间的关系不适合绘制散点图？

4. 如何解释回归分析中的判定系数？

5. 打开数据文件"09.3 雇员信息.sav"。

（1）绘制"初始工资"和"当前工资"散点图。从散点图来看，两个变量之间的关系是什么样的？

（2）分析"初始工资"和"当前工资"两个变量之间的相关系数，并对 t 检验结果进行解释。

（3）以"当前工资"为因变量，以"初始工资"为自变量，构建回归方程，并对回归分析的结果进行解释。

（4）根据（3）中构建的回归方程，估计初始工资为 $20 000 的雇员的当前工资是多少。

（5）你认为"当前工资"还受哪些因素影响？试以这些因素为自变量，以"当前工资"为因变量进行多元回归分析，并对分析结果进行解释。

第13章 因子分析

【学习目标】

- 理解因子分析基本思想
- 理解因子载荷的含义
- 理解变量共同度、因子特征值及解释的总方差等概念
- 理解如何进行因子命名
- 理解因子分析对数据的要求
- 能够完成因子分析相关操作

在市场调查的数据收集阶段，调查人员通常会尽可能多地收集信息，以便更全面地了解调查对象。例如，对消费者消费心理和态度的研究，采用李克特量表的形式，设置很多描述消费心理和态度的语句，这样通常会有几个、十几个甚至几十个题项，在后续数据分析中，每一个题项就是一个变量；又如在对各个城市进行评估以选择目标市场的过程中，要收集城市的人口规模、收入状况、行业发展、竞争情况、发展趋势等相关信息。在数据处理阶段，我们会发现，这么多的信息虽然全面、具体，但是变量数量过多，在很大程度上会增加数据分析的工作量，同时也很难准确发现数据特征；另外，很多变量之间的信息重叠，具有较强的相关性，因此有必要对信息进行浓缩，在保留或很少损失原变量信息的前提下将如此多的原变量化简为少数新的变量。

13.1 因子分析基本思想

因子分析是研究如何以最少的信息丢失将众多的原有尺度变量浓缩成少数几个具有代表性的新变量（因子），并使因子具有实际解释意义的过程。下面以一个简单的例子

来介绍因子分析的基本思想。

假设在关于减肥产品的消费者信息原始数据中有身高和体重两个变量,我们将每一个消费者的身高和体重数据用散点图绘制出来,如图 13-1(a)所示。显然,身高和体重两个变量是高度相关的,从图上看,两个变量的变化是朝着一个方向的,因此,我们在很少损失两个变量所承载的原始信息的前提下,把两个变量的大部分信息通过一个变量反映出来,如图 13-1(b)所示。原始的两个变量的信息,主要变化是在新的变量 F_1 方向上,而在 F_2 方向上则变化很小,因此,将原始的两个变量的信息用一个新的变量 F_1 来表示,可以反映原始数据的大部分信息,而变量的数量由身高和体重两个变量浓缩为一个变量 F_1,这就是因子分析,新的变量 F_1 称为因子,观测量在 F_1 方向上的得分反映了消费者身高和体重的两个变量的信息。在因子分析中,我们力争使新变量即因子具有实际的解释意义,并对因子进行命名,如在本例中,我们可以将 F_1 因子命名为"块头",一个消费者在 F_1 上的得分高,一般来说,意味着他是个大块头,身高和体重值都比较大。

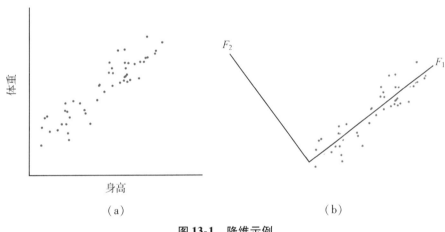

图 13-1 降维示例

现实中对于观测量的描述大多不仅仅只有两个变量,对于提取的因子的数量也不会仅仅只有一个因子,但是,基本思想是相同的。只要原始变量之间存在着相关性,就可以用新的因子来描述原始变量的变化趋势。但是,如果原始变量之间不相关,那么这种趋势就不能用少数的因子来描述,因子分析就不适用。如图 13-2 所示,两个原始变量 X_1 和 X_2 相关性很弱,我们找不到任何一个方向能够描述数据变化的趋势,降维就会失败,因此不适合进行因子分析。这个例子说明了因子分析的前提条件,那就是原始变量之间要具有较强的相关性。

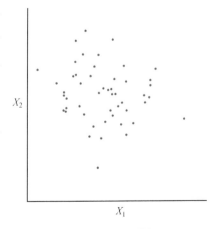

图 13-2 无法降维的例子

13.2 因子分析结果及其解释

理解了因子分析的基本思想后,下面将结合相关概念,对因子分析的主要结果进行解读。

假设某次市场调查涉及被访者对购物的态度,该调查问卷由具有6个题项的李克特量表构成,6个题项分别为"X_1 我喜欢货比三家""X_2 我喜欢尝试新产品""X_3 我很享受买东西的过程""X_4 我对自己的花销非常谨慎""X_5 我喜欢买特价商品""X_6 我喜欢追求流行趋势",要求被访者对题项进行打分,分值为1—7分,1分表示"非常不同意",7分为"非常同意"。原数据见"13.2 因子分析 sav"。

13.2.1 因子载荷

首先结合相关概念,介绍最重要的因子分析结果:因子载荷矩阵,如表13-1所示。因子载荷矩阵反映了原始变量和提取的公因子之间的关系。表格中横行为对应的 X_1 至 X_6 共6个原始变量,纵列为提取的两个公因子,分别为 F_1 和 F_2,变量和因子行列交叉处的数字为因子载荷,因子载荷是对应的变量与提取的公因子之间的相关系数,也称载荷系数。

表13-1 因子载荷矩阵

变量	因子		变量共同度
	F_1	F_2	
X_1 我喜欢货比三家	0.928	0.096	0.870
X_2 我喜欢尝试新产品	0.128	0.898	0.822
X_3 我很享受买东西的过程	0.083	0.903	0.822
X_4 我对自己的花销非常谨慎	0.927	0.017	0.860
X_5 我喜欢买特价商品	0.908	0.083	0.832
X_6 我喜欢追求流行趋势	-0.015	0.853	0.729
因子特征值	2.569	2.366	
每个因子解释的总方差的比例	0.428	0.394	

13.2.2 变量共同度

在因子载荷矩阵中,因为每一个载荷系数都是对应的变量与因子之间的相关系数,在第12章回归分析中介绍过,相关系数的平方表示一方的差异中有多少比例的差异可以由另一方解释。以变量 X_1 对应的载荷系数为例,F_1 在变量 X_1 上的载荷系数为

0.928，说明 X_1 和 F_1 的相关系数为 0.928，F_1 可以解释 X_1 的变异百分比为 $0.928^2 \approx 0.861$；因子 F_2 在变量 X_2 上的载荷系数为 0.096，说明 X_1 和 F_2 的相关系数为 0.096，F_2 可以解释 X_1 的变异百分比为 $0.096^2 \approx 0.009$；那么两个因子 F_1 和 F_2 能够解释的 X_1 的变异程度为 $0.928^2 + 0.096^2 \approx 0.870$，也即 X_1 的变量共同度为 0.870，其他 5 个变量的变量共同度也为对应的载荷系数的平方和。变量共同度反映了因子分析所保留的原始变量的信息百分比，该值越高，说明因子分析所保留的原始变量的信息越多，即信息损失越少。在本例中，每一个变量的变量共同度都超过了 0.7，说明提取的两个因子对原始变量的信息保留比例较高。

13.2.3 因子特征值及解释的总方差

将因子 F_1 对应的 6 个变量的载荷系数求平方求和，即 $0.928^2 + 0.128^2 + 0.083^2 + 0.927^2 + 0.908^2 + (-0.015)^2 \approx 2.569$，计算结果为因子 F_1 的因子特征值。同理，因子 F_2 的因子特征值为 2.366。因子特征值为该因子所能够解释的总方差。由于每个原始变量都经过标准化处理，方差均为 1，因此原始信息中的总方差就等于原始变量的个数，本例中为 6，每个因子解释的总方差的比例等于该因子特征值除以总方差。本例中，因子 F_1 解释的总方差比例为 $2.569/6 \approx 0.428$，因子 F_2 解释的总方差比例为 $2.366/6 \approx 0.394$，两个比例之和为 $0.428 + 0.394 = 0.822$，说明 6 个原始变量中的信息有 82.2% 可以由提取的两个因子所解释，信息损失较少，因子分析结果较理想。

13.2.4 因子的解释

因子分析非常重要的一步就是对因子进行命名和解释，力争使因子具有实际意义。在本例中，根据因子载荷矩阵中的载荷系数可以看出，因子 F_1 主要与变量 X_1、X_4 和 X_5 高度相关，而与其他 3 个变量的相关性较弱，因此 F_1 主要反映了变量 X_1、X_4 和 X_5 的信息，我们要做的就是观察这 3 个变量的原始含义，力争找到这 3 个变量的共同点，据以命名对应的因子。我们可以发现，这 3 个变量均与节俭有关，因此我们命名第一个因子 F_1 为节俭因子。同理，因子 F_2 主要与 X_2、X_3、X_6 高度相关，从这 3 个变量的原始含义可以看出，第二个因子与时尚、前卫、流行等相关，因此将第二个因子 F_2 命名为时尚因子。

值得注意的是，对于因子的解释是非常主观的，只有好坏并无对错之分。

13.3 SPSS因子分析过程

13.3.1 因子分析基本过程

本节仍以消费者购物态度量表的6个题项为例，介绍因子分析过程。按"分析（A）"→"降维（D）"→"因子分析（F）"顺序单击菜单项，展开因子分析主对话框，如图13-3所示。将量表题项中的6个变量X_1至X_6从左侧变量列表中移入右侧"变量（V）"栏，其他选项设置为默认项，单击"确定"，即可完成因子分析过程，分析结果见表13-2、13-3、13-4。

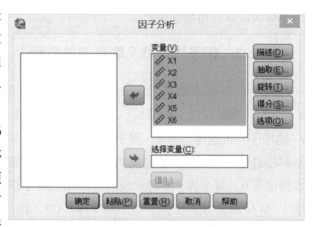

图13-3 因子分析主对话框

表13-2为公因子方差表，给出了各变量中所含原始信息能被提取的公因子所解释的百分比。表格中"初始"一列为提取公因子前变量的方差，因为在进行因子分析之前系统首先对各变量进行标准化处理，因此各变量方差均为1；"提取"一列为公因子能够解释的各变量方差的百分比，即变量共同度，数值与表13-1中所计算的数值一致。

表13-3为因子解释的总方差。本例数据中有6个原始变量，从理论上来讲，研究者最少可以提取1个公因子，最多可以提取6个公因子。在因子分析结果中，可以由研究者指定因子数量，也可以由系统来决定因子数量。系统默认的方法为提取特征值大于1的因子，本例中，默认提取2个公因子。表格中第一列为提取的可能的公因子（主成分）序号，初始特征值列中的"合计"为因子的特征值，"方差的%"为因子解释总方差的百分比。"提取平方和载入"列给出了因子提取的结果，6个主成分中，提取了2个公因子，第一个公因子特征值为2.840，可以解释总方差的47.327%，第二个公因子特征值为2.095，可以解释总方差的34.922%，两个公因子共解释原始数据82.249%的信息。数据与表13-1中的数据有些许偏差，是因为因子载荷矩阵未经过旋转（这一内容后面会做介绍）。

表13-4为初始的因子载荷矩阵，表格中数字为载荷系数，载荷系数与表13-1中的载荷系数含义相同，为提取的因子与原始变量之间的相关系数，系数值与表13-1中不

同，因为因子载荷矩阵未经过旋转。

表 13-2 公因子方差表

变量	初始	提取
X_1	1.000	0.870
X_2	1.000	0.822
X_3	1.000	0.822
X_4	1.000	0.860
X_5	1.000	0.832
X_6	1.000	0.729

提取方法：主成分分析。

表 13-3 因子能够解释的原始变量的总方差

成分	初始特征值			提取平方和载入		
	合计	方差的百分比	累积百分比	合计	方差的百分比	累积百分比
1	2.840	47.327	47.327	2.840	47.327	47.327
2	2.095	34.922	82.249	2.095	34.922	82.249
3	0.405	6.751	89.000			
4	0.272	4.541	93.541			
5	0.218	3.635	97.175			
6	0.169	2.825	100.000			

提取方法：主成份分析。

表 13-4 初始因子载荷矩阵

变量	成分	
	1	2
X_1	0.798	−0.483
X_2	0.643	0.639
X_3	0.611	0.670
X_4	0.750	−0.545
X_5	0.775	−0.481
X_6	0.503	0.690

提取方法：主成分。

以上为因子分析的基本操作，下面介绍因子分析中其他按钮下的扩展功能。

13.3.2 检验数据是否适合因子分析

因子分析对于数据的要求是变量之间有相关性，如果原始变量之间相关性很弱，那么降维可能会失败，SPSS 提供了检验数据是否适合因子分析的方法。在如图 13-3 所示因子分析主对话框中单击"描述（D）"按钮，打开如图 13-4 所示对话框。"统计量"选项下选择默认的"原始分析结果（I）"，"相关矩阵"选项下勾选"系数（C）""显著性水平（S）""KMO 和 Bartlett 的球形度检验（K）"，单击"继续"，回到主对话框单击"确认"。表 13-6 和表 13-7 为输出结果。

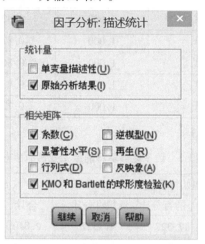

图 13-4　因子分析描述统计对话框

表 13-5　原始变量相关系数矩阵

变量		X_1	X_2	X_3	X_4	X_5	X_6
相关	X_1	1.000	0.216	0.133	0.805	0.777	0.082
	X_2	0.216	1.000	0.769	0.138	0.153	0.635
	X_3	0.133	0.769	1.000	0.106	0.157	0.638
	X_4	0.805	0.138	0.106	1.000	0.758	−0.005
	X_5	0.777	0.153	0.157	0.758	1.000	0.084
	X_6	0.082	0.635	0.638	−0.005	0.084	1.000
Sig.（单侧）	X_1		0.066	0.178	0.000	0.000	0.286
	X_2	0.066		0.000	0.170	0.145	0.000
	X_3	0.178	0.000		0.232	0.137	0.000
	X_4	0.000	0.170	0.232		0.000	0.487
	X_5	0.000	0.145	0.137	0.000		0.280
	X_6	0.286	0.000	0.000	0.487	0.280	

表 13-6　KMO 和 Bartlett 的球形度检验

取样足够度的 KMO 度量		0.729
Bartlett 的球形度检验	近似卡方	171.674
	df	15
	Sig.	0.000

表 13-5 为原始变量相关系数矩阵以及相关系数的显著性水平，可以看出，变量之间多个相关系数较高且显著，说明数据适合做因子分析。

表 13-6 为 KMO 和 Bartlett 的球形度检验结果。KMO 的取值为 0—1，是否适合因子分析的判断标准如下：

KMO≥0.9，非常适合；
0.8≤KMO<0.9，适合；
0.7≤KMO<0.8，一般；
0.6≤KMO<0.7，勉强适合；
0.5≤KMO<0.6，不太适合；
KMO<0.5，非常不适合。

Bartlett 的球形度检验是用来检验样本是否来自变量不相关总体的方法。其前提条件是待检测变量服从正态分布，其原假设是总体中的变量不相关。

在本例的输出结果中，KMO 的值为 0.729，可以做因子分析；Bartlett 的球形度检验的显著性水平远小于 0.05，拒绝原假设，总体中的变量相关，适合做因子分析。

13.3.3 提取公因子的方法

在如图 13-3 所示因子分析主对话框中单击"抽取（E）"按钮，打开如图 13-5 所示因子分析抽取对话框。在"方法（M）"下拉菜单中可以查看提取公因子的方法，应用最多的为主成分法，其他方法在此不做介绍。

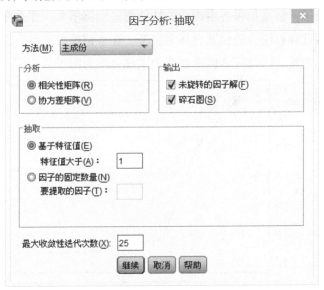

图 13-5　因子分析抽取对话框

13.3.4 确定因子数量

在因子分析中，一般会选择默认的提取特征值大于1的主成分作为因子。如果提取的因子解释的总方差过低，说明因子分析不理想，用户可以自定义增加因子数量。但是增加的新的因子特征值小于1，原始变量标准化处理后的方差为1，说明增加的新的因子对原始数据的解释力还不如原始变量，因此，在解释的总方差过低的情况下，研究者可能需要重新考量原始数据而不是仅增加因子数量。另外，如果研究者进行因子分析是用于对问卷进行效度分析，此时的因子分析重在发现原始变量是否按照预想归入设想的潜变量（因子），这种情况下，因子数量和因子含义都是事先定义好的，那么研究者在进行因子分析时，需要自定义因子数量。

在如图13-5所示对话框中，可以定义决定因子数量的方法。系统默认的方法为抽取特征值大于1的主成分作为因子，用户还可以自定义因子数量，选中"抽取"下的"因子的固定数量（N）"选项，在"要提取的因子（T）"栏内填写自定义的因子数量即可。

对话框中的"输出"选项下的"碎石图（S）"可以作为确定因子数量的参考。勾选该选项，分析结果中绘制的特征值碎石图如图13-6所示。图中横轴为提取的因子（主成分）序号，纵轴为主成分对应的特征值，可以结合表13-3来进行分析。在特征值碎石图中，各特征值用线连在一起，连接的两个主成分特征值之差最大的地方会出现一个明显的拐点，那么拐点左边的点的个数即代表了适合提取的因子的个数。如此选择的理由是，拐点右边的点特征值很小且各点特征值差别不大，对原始数据的解释力很弱，因此不适合作为因子。但是如果各主成分的特征值差别都不大，那么在碎石图中很难出现明显的拐点，因此碎石图方法仅适合作为参考。在本例输出的碎石图中，明显的拐点出现在主成分3的位置，因此应该提取前两个主成分作为因子。

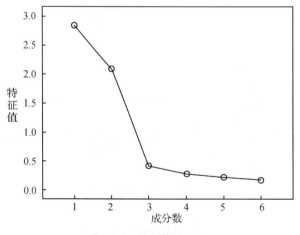

图 13-6 特征值碎石图

13.3.5 因子旋转

通常我们进行因子分析的目的不仅在于找到公因子，更重要的是要对公因子进行解释，力争使公因子具有实际意义。观察表 13-4 中的初始因子载荷矩阵，会发现载荷系数并不像表 13-1 中的那样好解释，很多变量的载荷系数在两个因子上都比较大，因此，很难对因子进行命名，因此需要对提取的因子进行旋转。因子旋转是指对原始因子重新进行线性组合，以期找到一组新的因子，目的是使因子载荷系数要么尽可能地接近 0，要么尽可能地接近 1，从而使因子具有实际的解释意义。新的因子是初始因子的线性组合，对原始变量的总的解释力没有变化，经过旋转后变量共同度并不发生变化，而新的因子特征值与初始因子特征值不同。

图 13-7　因子分析旋转对话框

因子旋转的具体操作方法是在如图 13-3 所示因子分析主对话框中，单击"旋转（T）"按钮，打开因子旋转对话框，如图 13-7 所示。系统提供了多种因子旋转的方法，这些方法总体来说有两大类：正交旋转方法和斜交旋转方法。经过正交旋转而得到的新的公因子仍然彼此独立，经过斜交旋转而得到的新的公因子不再彼此独立。"方法"选项下的最大方差法、最大四次方值法、最大平衡值法均为正交旋转方法，直接 Oblimin 方法和 Promax 方法为斜交旋转方法。

表 13-1 中的因子载荷为最大方差法旋转后的因子载荷，对比表 13-1 和表 13-4，两个公因子与原变量的相关性更直观，因此也能更好地解释因子意义。

13.3.6 计算因子得分

在实际研究中，我们除了关注因子的实际意义外，还会关注每个观测量在各因子上的具体表现，即因子得分，这样我们在后续分析中就可以运用因子得分参与其他统计分析，而不再使用数量繁多的原有变量。

图 13-8　计算因子得分对话框

计算因子得分的基本思想，就是将生成的公因子变量表示为原有变量的线性组合。统计软件中提供了很多计算因子得分的方法，具体操作是在如图 13-3 所示因子分析主对话框中单击"得分（S）"按钮，打开因子得分对话框，如图 13-8 所示。"保存为变量（S）"选项为在原数据中将因子得分保存为新变量，新变量经过标准化处理，均值为 0，标准差为 1。"方法"选项中提供了计算因子得分的方法。"显示因子得分系数矩阵（D）"选项为在因子分析结果中输出因子得分系数矩阵。

表 13-7 为本例中的因子得分系数矩阵。根据因子得分系数矩阵，可以写出因子得分的计算表达式，据以计算每一个观测量在两个因子上的得分。原数据中新增的两个变量"FAC1_ 1""FAC1_ 2"即为各观测量的因子得分。

F_1 得分 $= 0.363 \times X_1 - 0.003 \times X_2 - 0.021 \times X_3 + 0.368 \times X_4 + 0.356 \times X_5 - 0.057 \times X_6$

F_2 得分 $= -0.014 \times X_1 + 0.038 \times X_2 + 0.385 \times X_3 - 0.048 \times X_4 - 0.019 \times X_5 + 0.369 \times X_6$

表 13-7 因子得分系数矩阵

变量	成分	
	1	2
X_1	0.363	-0.014
X_2	-0.003	0.380
X_3	-0.021	0.385
X_4	0.368	-0.048
X_5	0.356	-0.019
X_6	-0.057	0.369

13.3.7 将变量按因子载荷排序

为了使因子载荷矩阵具有较强的可读性，可以设置载荷矩阵中变量的显示顺序，具体操作是在如图 13-3 所示因子分析主对话框中单击"选项（O）"按钮，打开选项对话框，如图 13-9 所示。勾选"系数显示格式"选项下的"按大小排序（S）"，输出结果如表 13-8 所示。在"系数显示格式"选项中还可以设置成不显示小于某个值的系数。选项对话框中还提供了对于缺失值的处理方法。

图 13-9 因子分析选项对话框

表 13-8 系数按大小排序的因子载荷阵

变量	成分	
	1	2
X_1	0.928	0.096
X_4	0.927	0.017
X_5	0.908	0.083
X_3	0.083	0.903
X_2	0.128	0.898
X_6	-0.015	0.853

13.4 因子分析在市场研究中的应用

因子分析作为一种数据缩减方法，在市场研究和数据分析中具有广泛的应用。

首先，因子分析可以简化变量维度、挖掘出潜在的因素、计算因子得分，从而深入了解调查对象。如对消费者的购物态度研究中，提炼的因子包括节俭因子、时尚因子、享受因子等，还可以根据因子得分对消费者进行市场细分；在对产品的研究中，可以提炼出声望、绩效等因子，了解各品牌产品的定位。

其次，研究者可以运用因子分析开发量表。第 4 章已经介绍过量表的开发过程，首先需要构建大量的相关语句，然后根据问卷数据进行因子分析，提炼出相关的测量维度。例如，某公司想要开发一个包含 15 个题项的量表，用以测量顾客对该公司产品的态度，初始构建的量表包括 100 个题项，通过对问卷数据的因子分析，得到 3 个因子：认知、情感和行为，这三个因子就是态度的三个维度。在确定最终的 15 个题项的时候，可以从 3 个因子对应的 100 个题项中选择因子载荷最大的 15 个题项作为最终的态度量表。因子分析还是量表结构效度的建立和检验方法。（探索性因子分析用于发现量表题项之间的关系，以建立量表的结构效度。而验证性因子分析用于检验量表题项的结构效度。本书介绍的是探索性因子分析。验证性因子分析须通过 Amos 等软件来实现。）

最后，因子分析可以作为其他多元统计分析方法之前的数据预处理方法。常见的应用就是在多元回归分析之前，一是可以对数据进行简化，将过多的原因变量简化为少数几个因子作为自变量；二是经过正交旋转的因子之间彼此独立，避免了多元统计分析中的自变量间共线性的问题。

因子分析要注意以下事项：

注意因子分析方法的前提条件。前文已经介绍过，如果原始变量之间相关性弱，降维就会失败，因此在因子分析之前，需要首先检验数据是否适合进行因子分析。

在因子分析过程中要反复尝试，以找到最佳的分析方案。因子数量的确定、参与因子分析的变量的选择及剔除要反复尝试，直到找到最佳的分析方案。

在前面介绍的回归分析中，变量之间存在因果关系，一个变量是因变量，一个或多个变量是自变量。在 t 检验、方差分析、交叉表分析和卡方检验中，变量之间往往也存在因果关系。但是在因子分析中，我们对变量之间的关系不做因果研究，只考察变量之间的互依关系。

本章小结

1. 因子分析是研究如何以最少的信息丢失将众多的原有尺度变量浓缩成少数几个具有代表性的新变量（因子），并使因子具有实际解释意义的过程。

2. 因子分析中重要的概念包括因子载荷、变量共同度、因子特征值和解释的总方差。因子载荷是对应的变量与提取的公因子之间的相关系数，也称载荷系数。变量共同度为该变量对应的所有因子载荷系数的平方和，反映了因子分析所保留的原始变量的信息百分比，该值越高，说明因子分析所保留的原始变量的信息越多，即信息损失越少。因子特征值为该因子对应的所有的载荷系数的平方和，表示该因子所能够解释的总方差。提取的所有因子特征值之和/原始变量的总方差＝因子分析解释的总方差，表示保留的所有因子对原始数据信息的保留（或解释）程度。

3. 因子分析对于数据的要求是变量之间有相关性，如果原始变量之间相关性很弱，那么降维可能会失败。在因子分析之前，可以通过相关分析、KMO 和 Bartlett 的球形度检验来查看和检验数据是否适合进行因子分析。

4. SPSS 菜单"分析（A）"→"降维（D）"→"因子分析（F）"可以实现因子分析。除了基本操作以外，还可以进行相关分析、KMO 和 Bartlett 的球形度检验、指定因子数量、进行因子旋转、自定义因子载荷系数的显示方式、计算因子得分等。

本章思考题

1. 简述因子分析基本思想。
2. 何为变量共同度？如何计算？
3. 何为因子特征值？如何计算？
4. 因子分析中一般根据什么确定因子数量？
5. 为什么要对初始因子分析结果进行旋转？
6. 什么样的数据不适合进行因子分析？为什么？
7. 在因子分析之前如何检验数据是否适合进行因子分析？

第14章 市场调查报告写作

【学习目标】

- 认识调查报告的主要作用
- 理解市场调查书面报告的基本内容和基本要求
- 理解市场调查口头报告的基本要求

【导入案例】

经理们究竟需要什么样的市场调查报告?

某地区的一位调查人员曾经谈起他为某国一家最大的糖果制造商精心准备的长达250页的报告(包括图表和统计数据)的故事。在经历了大约6个月的艰苦调查后,他直接向公司3名最高决策者做口头汇报。他信心百倍,自认为他的报告中有许多重大发现,包括若干个可开发的新细分市场和若干条产品理念方面的创意。

然而,在听了一个小时的充满事实、数据与图表的汇报后,糖果公司的总经理站起来说道:"打住吧,伙伴!我听了一个多小时枯燥无聊的数字,完全被搞糊涂了,我想我并不需要一份比字典还要厚得多的报告。明天早晨8点前务必把一份5页纸的摘要放到我的办公桌上。"说完就离开了房间。在此,这个调查人员遇到了将使他在整个职业生涯中受益的一个教训。

可见,无论调查设计得多么科学,数据分析得多么恰当,市场多么能够具有代表性,问卷调查表达得如何仔细,数据收集的质量控制得多么严格,以及调查本身是多么与调查目标相一致,如果调查人员不能够与决策者进行有效沟通,那么一切努力都将付诸东流。

(资料来源:汤杰,郭秀颖,刘威娜. 市场调查与预测 [M]. 3版,哈尔滨:哈尔滨工业大学出版社,2016.)

经过调查方案的设计、实地调查、数据的整理与分析,终于到了市场调查核心流程的最后阶段,也是同样至关重要的一步:向委托方沟通调查结果。沟通的方式可以采用书面调查报告或口头调查报告的形式,甚至两种方式的沟通都是需要的。市场调查报告是调查工作和调查成果的集中体现;调查报告的内容、形式、质量决定了与客户沟通的效果;调查报告中的结论和建议是委托方据以作出营销决策的重要依据。本章主要介绍书面和口头调查报告的写作,包括报告的写作要求、报告中的内容、写作方法、注意事项等。

14.1 调查报告的作用

市场调查报告是市场调查人员对特定调查问题进行专业、深入、细致的调查之后,通过文字、图形和表格等,为介绍调查过程、展现调查结果、给出结论建议而形成的有形展示。

市场调查报告是市场调查项目最终成果的主要表现形式。市场调查报告展示和汇报的方式可以是书面形式,也可以是口头形式,或者书面展示和口头汇报相结合。书面调查报告是最为详尽的书面展示形式,而口头汇报是书面报告的浓缩版本,在口头汇报过程中,除了书面报告以外,可能还需要进行PPT展示。

调查报告的读者主要为委托方的管理者,可能包括总经理、各部门负责人,如市场部、产品部、广告策划部、销售部等的负责人。读者不同,对于调查报告的关注重点会存在差异。总经理一级的决策者可能更加关注调查的主要结果以辅助决策,而部门负责人可能需要更多与本部门相关的详细信息。

调查报告的重要作用主要体现在以下三个方面。

第一,调查报告是调查活动的有形成果。通过对调查背景、目的、内容、方法、过程、结果及建议的详细展示,调查报告将调查过程及结果完整展现给委托方,是调查过程中形成的唯一一份完整的材料。将调查过程和结果通过调查报告有形地展示出来也是调查过程中最重要的环节之一。

第二,调查报告是委托方据以作出营销决策的依据。调查报告中的结论和建议是委托方管理层最关注的部分,也是对调查的价值起决定作用的部分。

第三,调查报告是委托方衡量项目质量的依据。委托方往往不会全程参与调查,他们看到的能够去展示调查全貌的材料就是调查报告,委托方会根据调查报告的质量形成对本次调查质量的印象,同时形成对调查公司的印象。一份结构合理、格式规范、写作流畅、内容有价值的高质量报告,能够使委托方形成好的印象,同时对整个调查过程甚至对于调查公司有良好的印象和较高的评价。而结构欠佳、语言晦涩、结果呈现方式不当甚至错误百出的报告会使委托方认为调查的整体质量差、可信度低,甚至影响调查公司的声誉。

14.2 书面调查报告的写作

14.2.1 书面调查报告的写作要求

1. 客观

客观是调查报告写作的重要准则。报告应客观、准确、实事求是地叙述调查项目所采用的方法、调查概要、调查样本、调查结果和结论,而不应该刻意歪曲、夸大、忽略调查结果以迎合决策者的期望。

2. 无误

调查报告应该是无误的,避免出现任何表述、计算、拼写、印刷错误。调查报告中的任何一个小错误都可能会误导读者,或者使读者产生一种报告质量不佳的感觉,甚至对调查本身产生怀疑。因此,调查报告完成以后应该反复检查、核对,避免出现任何错误。

3. 简洁

调查报告应该简明扼要。报告的内容应该尽可能简短,反复斟酌调查的哪些部分需要向读者展现,哪些内容尽管调查人员为此付出了很多努力但是确实没有必要通过报告展现给读者。报告的语言应该简明、准确,避免冗长而繁琐的表述。

4. 规范

整篇调查报告中的语言表达、写作风格、图表呈现、报告排版等要规范、统一,使读者产生良好的第一印象,从而相信报告的专业性。需要特别注意的是图表的规范,尤其是统计图。在一份调查报告中,可能包括各种统计图,统计图的配色、标题编号、数值标签的字体和字号、数据来源、坐标轴等,都要努力做到规范且统一。

14.2.2 书面调查报告的内容

一份完整的书面调查报告包括标题/标题页、目录、摘要、调查背景、方法论、调查结果、结论与建议、附件等八个部分。

1. 标题/标题页

调查报告的题目是用简明扼要的文字表现本次调查的调查对象和所要揭示的内容,要求用准确简练的语言表达报告的主要内容。如果报告篇幅较长,可以单独设置标题页,标题页中的内容包括报告的标题、委托方、调查机构、报告日期等。调查报告的标题可以采用直叙式、标明观点式或提出问题式。

(1) 直叙式标题

直叙式标题是反映调查意向或指出调查地点、调查项目的标题。例如,"北京市中高档商品房需求调查",这种标题的特点是简明、客观。

（2）标明观点式标题

标明观点式标题直接阐明作者的观点、看法，或对事物作出判断、评价。例如，"高档羊绒大衣在北京市场畅销"，这种标题既表明了作者的态度，又揭示了主题，具有很强的吸引力。

（3）提出问题式标题

提出问题式标题以设问、反问等形式，突出问题的焦点和尖锐性，吸引读者阅读、思考。例如，"消费者愿意到网上购物吗？"。

标题按形式可以分为单行标题和双行标题。报告可以只有一个正标题，也可以既有正标题又有副标题，如"关于常熟地区居民家电消费状况与趋势的调查报告""农村家电需求市场到底有多大？——常熟地区农村居民家电需求状况与趋势的调查报告""北京人的梦中家园——对北京居民住宅择向的调查报告"。

2. 目录

目录便于读者对报告的整体架构和内容有一个了解，还可以帮助读者确定调查报告中信息的位置以便能方便地找到感兴趣的内容，如图14-1所示。在报告中，如果图表资料比较多，为了阅读方便，还可以在报告中添加图表目录。

```
                            目录
一、摘要 ............................................................... 1
二、调查概况 ......................................................... 2
   1. 研究背景及目的 ............................................ 2
   2. 研究内容 ..................................................... 4
三、研究方法 ......................................................... 6
四、调查结果分析 .................................................. 8
   1. 样本分布情况 ................................................ 8
   2. 消费者选择网络购买IT产品的基本情况 ........... 10
      2.1 消费者近期购买IT产品的次数 ................. 10
      2.2 消费者网购的主要原因 ............................ 11
      2.3 消费者近期关注过的IT产品种类 .............. 12
   3. 消费者网购行为和态度 ................................. 12
      3.1 消费者网购IT产品关注因素 ..................... 12
      3.2 消费者网购品类偏好 ............................... 13
         3.2.1 ××××× ........................................ 14
         3.2.2 ××××× ........................................ 14
         3.2.3 ××××× ........................................ 15
         3.2.4 ××××× ........................................ 16
   4. 影响消费者网购IT产品的因素 ...................... 16
      4.1 ××××× ............................................... 17
      4.2 ××××× ............................................... 18
      4.3 ××××× ............................................... 18
      4.4 ××××× ............................................... 19
      4.5 ××××× ............................................... 19
   5. 消费者网购IT产品支付情况 ......................... 20
      5.1 ××××× ............................................... 21
      5.2 ××××× ............................................... 21
      5.3 ××××× ............................................... 22
      5.4 ××××× ............................................... 22
      5.5 ××××× ............................................... 23
   6. 消费者网购IT产品后的行为和态度 ............... 24
      6.1 ××××× ............................................... 24
      6.2 ××××× ............................................... 25
      6.3 ××××× ............................................... 25
      6.4 ××××× ............................................... 26
五、结论及建议 ................................................... 27
附录 1 调查问卷 ................................................. 29
附录 2 原始统计数据 .......................................... 31
```

图 14-1 调查报告目录示例

3. 摘要

即使报告的读者会通读整篇调查报告，在这之前，也可能需要首先对报告有一个总体的了解；另外还有一部分读者可能根本就没有时间阅读报告的细节，而是需要快速阅读结论与建议；还有的读者不仅想快速阅读结论与建议，还想先对调查的概况有一个认识。摘要的目的就是为各种读者提供一个调查的概要。注意，这个"概要"不仅包括调查的结论和建议概要，也要包括调查的设计、执行等情况的概要。简单来说，摘要应该提供调查报告中最有用的概括信息。

一般而言，摘要包括如下几个方面内容：① 简要介绍调查背景；② 准确描述调查问题、调查方法和调查设计；③ 简述主要调查结果、结论及建议。摘要的写作一定要注意把握调查背景部分的篇幅，不能过长；调查的结果、结论及建议才是摘要的重点，尽管如此，也不一定要把所有调查结论罗列出来，只需陈述主要结论和发现即可；并不是所有调查报告都一定包括建议，所以摘要中是否包括建议也要视情况而定；最后注意摘要是在调查报告完成以后撰写的，是通篇调查报告内容的浓缩，不要写成课题介绍或者背景分析。

4. 调查背景

调查背景部分需要介绍整个调查项目的由来或对受委托进行该项调查的原因进行说明。一般而言，调查背景部分需要结合委托方所处的行业状况进行说明，重点阐述以下两个方面的内容：企业的产品或服务面临的问题或所处的状态；想通过调查解决什么问题。调查背景的介绍可以作为调查提出的铺垫。

5. 方法论

方法论重点介绍调查是如何实施的并解释为什么这样实施。方法论部分也可以理解为对调查方案中的内容以及实施情况做具体的说明，包括调查目的、调查内容、调查对象、采用的调查方法、调查的时间、样本选择、抽样方法、样本代表性、样本规模、数据处理、使用的统计分析方法等。

6. 调查结果

调查结果部分是调查报告的重点部分，也是占用篇幅最多的部分，具体包括调查结果分析、得出的结论、给出的建议、调查的局限性及展望等。

调查报告中提出的调查结果包括市场总体调查结果、市场分组细分的研究结果和关联性分析结果，内容应紧紧围绕调查内容和目标，按照一定的逻辑顺序进行安排。调查结果部分包括数据图表资料以及相关的文字说明。统计图和统计表能够直观形象地呈现数据资料，但是对图表的说明也是必不可少的，调查报告要对图表中数据资料所隐含的趋势、关系或规律加以客观的描述和分析，也就是说，要对调查的结果作出解释。

调查的局限性及展望主要是对本次调查的局限性进行一些必要的解释。如调查受到调查时间、经费预算、调查组织上的种种限制，调查结果可能存在一定的误差。

7. 结论与建议

结论与建议要说明调查得出了哪些重要结论，根据调查的结论应该采取什么措施。结论与建议有时可以与调查结果合并在一起。一般而言，如果调查课题小、结果简单，可以直接与调查结果合并成一部分来写。

8. 附件

调查报告的附件中可以包括以下内容：调查问卷、访谈提纲、抽样方案设计、数据汇总表、访谈记录、统计分析计算的细节、对一些技术问题的探讨、参考文献等。

14.2.3　书面调查报告的写作技巧

调查报告中的重点内容是调查结果分析部分，包括调查结果分析、调查结论、建议、调查的总结等。这部分也是报告写作中最困难的部分，这里主要介绍调查结果分析部分如何写作，而关于调查结果的图表展示，可以查看数据分析部分的章节。

1. **调查结果分析部分的写作思路**

调查方案设计者、调查结果分析人员、调查报告的撰写者都能够清晰地感觉到：调查从问题分析入手，提出调查目标，从调查目标展开为调查内容，根据调查内容设计调查问卷，调查报告的写作也是基于以上目标和内容的，从调查前期到最后形成调查报告，是一个连续的过程，每一步都是基于前面的步骤来完成的。在调查报告的写作过程中，特别是调查结果分析、结论及建议部分，是对前面从调查目的到内容，再到调查问卷的调查结果展示。因此，调查结果分析部分的首选组织方式为按照调查内容来展开；另外，还可以结合问题分析的思路，按照调查数据的分析方法来展开报告的写作；也可以按照调查的结论来组织报告写作；还可以将以上方法结合使用。

（1）按照调查内容组织写作思路

按照调查内容或调查设计中的调查内容模块来组织调查结果部分的写作是最常见的组织方式。例如，调查设计中将调查内容分为两大块内容：对消费者购买行为的研究和对消费者使用态度的研究，那么在调查结果分析部分可以仍然按照这两部分来展开。又如在如图14-1所示消费者IT产品网购行为调查报告目录中可以看出，根据调查的内容，调查结果分析部分可分为消费者选择网络购买IT产品的基本情况、消费者网购行为和态度、影响消费者网购IT产品的因素、消费者网购IT产品支付情况、消费者网购IT产品后的行为和态度等五个方面的内容展开。

（2）按照数据分析方法组织写作思路

调查报告中的结果分析部分还可以采用数据分析方法来组织写作。通常在调查报告中首先会进行样本的描述统计，即向读者呈现样本分布，这部分放在调查结果分析中的最前面。对于其他部分的数据分析，可以先向读者展示单变量描述统计结果，然后再展示交叉分析结果。例如，对于消费者早餐偏好的研究，首先展示消费者最偏爱哪一种早餐，以便报告的读者得到一个总体认识，然后再展示不同群体消费者如不同年龄、不同性别等的早餐偏好的差别，以便读者进一步了解更详细的信息。又如对于篇幅长的调查报告，首先在总体层面上进行展示，然后再分群体（如不同地理区域、年龄结构等细分市场）进行展示。

（3）根据调查结论来组织写作思路

通常比较小型的调查报告的结论会比较明了，可以以调查结论作为调查结果分析部分的组织方式。例如，关于消费者近5年消费情况的调查报告，将调查结论按照以下几个方面展开分析：19%的人认为存款受疫情影响减少；收入越低，受疫情冲击越大；对未来预期收入下降；收入信心进一步降低；更多中国人打算更多存钱、减少投资；日本家庭平均储蓄创20年新高；消费开支并没减少。可以看到，每一个部分的标题都是结论的概括。

（4）将以上组织思路结合起来

在大型调查报告中，可以考虑结合使用以上两种或三种组织方式。如在移动支付用户研究报告中，首先按照研究内容，将调查结果分析分为三大部分：行业发展状况、场景支付发展状况、行业竞争状况。然后每一部分再按照调查结论来组织展开。

2. 调查结果的文字分析

对调查结果的文字分析，包括三个层次：说明、推论和讨论。

（1）说明

说明是指根据调查所得统计结果来叙述事物的状况、现象的情形、事物发展的趋势、变量之间的关系等。结合数据分析方法，文字说明不仅仅局限于对图表、数字的说明，还可以采用分类说明、对比说明、举例说明等。

图表和数字说明。报告中的数据能够给人以精确、可信的感觉，通过图表展示数据更加直观、形象，可以增强报告的可读性。文字说明通常需要对于图表中重要的数字进行客观陈述。除了图表中的数字以外，还可以引用图表以外的数字进行详细说明。

分类和对比说明。在调查报告中，可以按照时间特征、被访者特征、地理区域等进行分类说明。在分类的基础上，还可以进行对比，以增加报告的信息深度。读者也可以从报告中获取自己感兴趣的类别的特征。

举例说明。可以从市场调查对象中选取有代表性的实例，通过实例让读者自己体会、提炼调查结果。

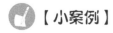【小案例】

调查报告中结合图表的数字说明

在新汉服目标消费者中，男性用户占比25.2%，女性用户占比74.8%，女性用户占比优势明显,是绝对的核心群体。从年龄分布来看,35 岁以下的消费者群体占 71.4%,其中 18 到 25 岁占比接近三成,这表明新汉服的主要消费人群是 35 岁以下的年轻人,未来消费增量潜力巨大。

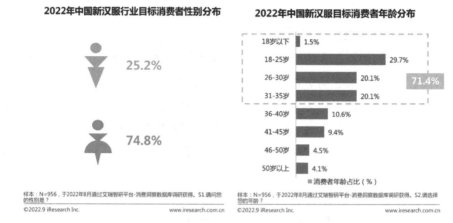

(资料来源:艾瑞咨询. 2022 年中国新汉服行业发展白皮书. [2024 - 09 - 30]. https://www.iresearch.com.cn/Detail/report? id = 4072&isfree = 0.)

调查报告中的分类及对比说明

2022 年第二季度,拼多多总营收达到 230.46 亿元,同比增长 85%,用户参与度和用户数都实现增长。

月狐数据《2022 年第二季度的最受喜爱 APP 排行榜》显示,进入 TOP 10 的购物 APP 的有三个,分别是淘宝、拼多多和京东。其中,淘宝以 3.4 亿季均日活用户数排名第三,拼多多以 2.3 亿排名第四,京东以 9 102 万排名第十。抖音的季均日活用户数则更高,以 3.7 亿排名第二。

在不同的 APP 里购物,年轻人下单的东西和考虑的因素也有所不同。

以抖音为例,有米有数《2022 上半年抖音商家生存报告》显示,相比 2021 年下半年,日用百货(43.5%)和文化娱乐(34.3%)的整体销量增长最多,且 90% 售出的日用百货商品价格低于 50 元。在彩妆护肤方面,100 元以内的商品销量占比高,50 元以上的商品的整体销量占比在上升。

(资料来源:DT 财经. 一二线都市白领,都喜欢在抖音拼多多买什么? [2024 - 10 - 14]. https://tech.ifeng.com/c/8k6ofo9vui4.)

调查报告中的举例说明

上海的 90 后关瑟(化名),是预制菜的老顾客,并且从疫情开始陆续接触了各种半成品预制菜:"疫情之前自己吃早餐会煮速冻的饺子、包子、饼,疫情防控期间在家发现叮咚、山姆都有很多预制菜,在抢菜和团购的时候开始尝试买直接加热就可以吃的预制菜，有些味道蛮好的。"

疫情缓和之后，关瑟依然会购买半成品预制菜："有时候自己做几个菜，复杂一点的就用预制菜补上，加热一下就好了，摆上桌感觉有一桌子菜，很丰富。"手撕鸡、水煮鱼这样的预制菜，是她和未婚夫周末餐桌上的"常客"。

重庆的栗子（化名）和公公、婆婆、老公、孩子一起生活，偶尔也会买梅菜扣肉、辣子鸡这样的预制菜。她买预制菜则是为了尝到新的口味："平时吃的预制菜是各地的美食，比如老家的辣子鸡，再比如朋友带来的特产，主要是想尝到一些新的口味。"

免去制作的繁琐流程，天南海北的大菜也能直接上桌，对想吃点好的又厨艺有限的年轻人来说，预制菜可以说是最好的选择之一。

关瑟和栗子都认为目前预制菜的价格可以接受："出去吃可能要二三百块，在家自己热一热可能也就一半不到的价格，蛮划算的。去店里吃可能也是预制菜，花钱买店里的氛围、服务，对我来说不太必要。"95后JOJO（化名）表示，净菜价格虽然比食材高，但自己心甘情愿买单，毕竟可以偷懒。

（资料来源：DT财经. 疯狂的预制菜：谁在买？哪些火？［2024 - 10 - 19］. https://www.yicai.com/news/101795663.html.）

（2）推论

推论就是根据调查的数据来估计总体的情况。在问卷调查结果的推论中，如果调查中对抽样误差作了估计，那么就可以根据抽样误差对总体作出估计。如果调查中无法估计抽样误差，那么推论时就必须十分小心。

在市场实验中，如果实验设计合理科学，实验单元的抽取和实验处理的分配符合随机性原则，研究结果的推论就比较简单。例如，某品牌产品为了检查3种包装A、B、C哪一种在上海地区更好销售，随机抽取9家商店作为主实验单位，并把3种包装随机分派到这9家商店销售。经过4个月的试销，发现A包装明显比B包装和C包装的销量大，那么即可直接作出推论，在上海地区A包装比B包装和C包装更有利于销售。

（3）讨论

讨论主要是对调查结果产生的原因作分析。例如，有一项抽样调查得出如下结论：能描述清楚A品牌商标图案的消费者远比能描述清楚B品牌商标图案的消费者多。对于这一结论，研究者可以结合调查结果，对可能的原因做如下几点讨论：第一，A品牌商标图案比较简洁；第二，A品牌商标图案比较具体，B品牌的商标图案比较抽象；第三，A品牌商标图案的广告重复次数多，消费者见到该商标图案的机会也比较多。

【小案例】

调查报告中的数字说明、对比说明和讨论

尽管经济增长放缓似乎并未影响到"年轻购物达人",但大多数中国消费者并非如此。绝大多数被访者在支出方面都表现得更加谨慎。约60%的被访者告诉我们,即使自己感觉比较富有,但仍希望把钱花在"刀刃上",这一比例高于2017年的52%。

这背后的原因不难理解,2012年至2018年,中国城市居民人均消费增长了65%,远远超过通货膨胀率和GDP增长率,而同期的收入增长却在放缓。中国人均可支配收入增长已经从2012年的13%下降到2018年的9%。但消费者应对经济紧缩的方式不尽相同,在较为谨慎的消费者群体中,我们发现了几类代表性人群——有的人仍在增加开支,也会为高档商品支付更高价格,但也有的调整了消费方向,开始努力省钱。

"品位中产"这一群体以忙碌而富有的中年人为代表,他们跟消费新生代一样富裕。但与后者不同的是,"品位中产"群体更看重品质,他们愿意为高品质商品付出昂贵的价钱,但是并不愿意单单为了凸显自己的社会地位而买单。"品位中产"群体在我们调查的25个品类中的23个增加了支出,为2018年消费支出增长贡献了23%。

(资料来源:麦肯锡. 2020年中国消费者调查报告——中国消费者多样化"脸谱". [2024 – 07 – 24]. https://www.mckinsey.com.cn/wp-content/uploads/2019/12/麦肯锡2020年中国消费者调查报告.pdf.)

 调查结果的口头汇报

除了书面报告以外,绝大多数的市场调查需要对调查结果进行口头汇报。与书面报告相比,口头汇报往往会有时间要求,涉及的内容不会像书面报告那样面面俱到,因此在准备口头汇报之前,需要充分了解听众,反复斟酌展示的内容、展示的顺序、视觉辅助等。

了解听众。准备一份成功的口头报告需要提前了解听众,如听众的职务、技术水平、对项目的涉入程度、兴趣点、对调查的期望等。

展示的内容和顺序。一定要注意并不是所有书面报告中的内容都要在口头汇报中展示出来。大多数情况下,听众对调查和数据分析中的技术性细节并不是很感兴趣,因此不要过多地展示技术性细节。对于调查结果,只展示最重要的内容。展示的顺序可以按照书面报告中的顺序,先展示调查结果,然后展示结论与建议,也可以考虑先给出主要结论,再展示支持这些结论的调查结果。

视觉辅助。口头汇报最常使用的展示工具就是 PPT，图表、动画、录像等都是良好的视觉辅助方式。

充分准备，积极自信。对你所汇报的内容和你的外表着装感到自信。练习越多、准备得越充分，你对自己的感觉就越好，也就越不会担心和恐慌。演示前一定要提前到场，检查房间和多媒体设备。要充满自信，作为演示者，你就是权威，你比别人更了解你的演示主题和内容。

【小链接】

有效使用幻灯片

1. 简单。以听众能理解的方式传达复杂的想法。每张幻灯片只演示一个观点，附以尽可能少的词语或图案，只使用关键文字。

2. 不要在一张幻灯片上展示太多观点。在解说时，少即是多。

3. 每张幻灯片展示时间控制在 1 分钟左右，然后换到下一张。幻灯片应该安排紧凑。

4. 强调和突出重点，利用模板的大小、风格、颜色或其他方法来突出和强调有重要意义的观点。

5. 使幻灯片容易阅读。使用大的、清晰的字体，并且限制字体的种类，不要超过三种字体。确保正文颜色与背景色搭配得当。

6. 注意颜色的使用。颜色能增强兴趣和重点，但如果使用不恰当，则会分散观众的注意力。要确定好颜色方案并贯穿始终。

7. 注意使用幻灯片的背景。一致的背景图案（如图片、标识语等）有助于视频演示。

8. 有序地陈述复杂观点。如果你有一个复杂的观点要传达，就从基础内容开始，然后利用三四张幻灯片完成陈述。

9. 准备好幻灯片以及书面调查报告的复印件，在演示开始之前或之后把它交给听众。

10. 标记演示稿的页数。

本章小结

1. 市场调查报告是市场调查人员对特定调查问题进行专业、深入、细致的调查之后，通过文字、图形和表格等，为介绍调查过程、展现调查结果、给出结论建议而形成的有形展示。调查报告是调查活动的有形成果，是委托方据以作出营销决策的依据，也是委托方衡量项目质量的依据。

2. 调查报告的写作要求客观、无误、简洁、规范。

3. 一份完整的书面调查报告包括标题/标题页、目录、摘要、调查背景、方法论、调查结果、结论与建议、附件等八个部分。

4. 调查报告中调查结果分析部分的首选组织方式为按照调查内容来展开；另外，还可以结合问题分析的思路，按照调查数据的分析方法来展开报告的写作；也可以按照调查的结论来组织报告写作；还可以将以上方法结合使用。

5. 对调查结果的文字分析，包括三个层次：说明、推论和讨论。

6. 在进行调查结果的口头汇报之前，需要充分了解听众，反复斟酌展示的内容、展示的顺序、视觉辅助等。

本章思考题

1. 简述调查报告的作用。
2. 调查报告的写作要求有哪些？
3. 调查报告的完整内容包括哪些？
4. 调查报告中结果分析部分的组织方式有哪些？
5. 调查结果的口头汇报中要注意什么问题？

参考文献

[1] 纳雷希·马尔霍特拉. 营销调研：应用导向 [M]. 熊伟，郭晓凌，译. 6 版. 北京：中国人民大学出版社，2020.

[2] 陆军，梅清豪. 市场调研 [M]. 3 版. 北京：电子工业出版社，2012.

[3] A. 帕拉苏拉曼，德鲁弗·格留沃，R. 克里希南. 市场调研 [M]. 王佳芥，应斌，译. 2 版. 北京：中国市场出版社，2011.

[4] 卡尔·迈克丹尼尔，罗杰·盖兹. 市场调研精要 [M]. 范秀成，杜建刚，译. 6 版. 北京：电子工业出版社，2010.

[5] 陶广华，吴倩君，万青. 市场调查与分析 [M]. 2 版. 北京：北京理工大学出版社，2020.

[6] 张华，等. 市场调查与预测 110 方法和实例 [M]. 北京：中国国际广播出版社，2000.

[7] 纳雷希·马尔霍特拉. 营销调研基础：结合社会化媒体 [M]. 王学生，杨安良，等译. 4 版. 北京：清华大学出版社，2015.

[8] 杨勇. 市场调查与预测 [M]. 2 版. 北京：机械工业出版社，2021.

[9] 小吉尔伯特·A. 丘吉尔，汤姆·J. 布朗. 营销调研基础 [M]. 景奉杰，杨艳，王毅，等译. 6 版. 北京：北京大学出版社，2011.

[10] 杨凤荣. 市场调查方法与实务 [M]. 北京：科学出版社，2007.

[11] 戴维·莱文，凯瑟琳·赛贝特，戴维·斯蒂芬. 商务统计学 [M]. 岳海燕，胡滨海，等译. 7 版. 北京：中国人民大学出版社，2017.

[12] 徐映梅. 市场调查理论与方法 [M]. 2 版. 北京：高等教育出版社，2023.

[13] 汤姆·布朗，特蕾西·苏特，小吉尔伯特·丘吉尔. 营销调查基础 [M]. 景奉杰，杨艳，译. 8 版. 北京：中国人民大学出版社，2019.

[14] 阿尔文·伯恩斯，罗纳德·布什. 营销调研 [M]. 于洪彦，金钰，译. 7 版. 北京：中国人民大学出版社，2015.

[15] 戴力农. 设计调研 [M]. 2 版. 北京：电子工业出版社，2016.

[16] 刘华，马程程，马连福. 现代市场调查与预测［M］. 6版. 北京：首都经济贸易大学出版社，2021.

[17] 酒井隆. 图解市场调查指南［M］. 郑文艺，陈菲，译. 广州：中山大学出版社，2008.

[18] 汤杰，郭秀颖，刘威娜. 市场调查与预测［M］. 3版，哈尔滨：哈尔滨工业大学出版社，2016.

[19] 王庆丰. 市场研究［M］. 北京：中国纺织出版社，2020.

[20] 蒋萍，金钰. 市场调查［M］. 3版. 上海：上海人民出版社，2018.

[21] 辛玲，龚曙明. 市场调查与预测［M］. 2版. 北京：清华大学出版社，北京交通大学出版社，2014.

[22] 陈启杰. 市场调查与预测［M］. 4版. 上海：上海财经大学出版社，2014.

[23] 伊铭，吴培培. 市场调查与预测：原理、方法与应用［M］. 上海：立信会计出版社，2021.

[24] 于磊，元明顺，叶明海. 市场调查与预测［M］. 上海：同济大学出版社，2014.

[25] 李晓梅，傅书勇. 市场调查分析与预测［M］. 北京：清华大学出版社，2020.

[26] 李桂华. 市场调查［M］. 天津：南开大学出版社，2016.

[27] 袁岳. 市场调查操作手册［M］. 北京：中国经济出版社，2010.

[28] 诺曼·布拉德伯恩，希摩·萨德曼，布莱恩·万辛克. 问卷设计手册：市场研究、民意调查、社会调查、健康调查指南［M］. 赵锋，译. 重庆：重庆大学出版社，2011.

[29] 吴明隆. 问卷统计分析实务：SPSS操作与应用［M］. 重庆：重庆大学出版社，2010.

[30] 张灿鹏. 市场调查与分析［M］. 北京：清华大学出版社，北京交通大学出版社，2021.

[31] 阳翼. 大数据营销［M］. 2版. 北京：中国人民大学出版社，2021.

[32] 克劳斯·巴克豪斯，本德·埃里克森，伍尔夫·普林克，等. 多元统计分析方法：用SPSS工具［M］. 2版. 上海：格致出版社，上海人民出版社，2017.

[33] 阿尔文·伯恩斯，安·维克. 营销调研［M］. 于洪彦，金钰，译. 9版. 北京：中国人民大学出版社，2021.